赵卫东　许东　主编

中国古典学

第三辑

山东大学出版社
SHANDONG UNIVERSITY PRESS
·济南·

图书在版编目(CIP)数据

中国古典学.第三辑 / 赵卫东,许东主编.—济南:山东大学出版社,2022.10

ISBN 978-7-5607-7651-4

Ⅰ.①中… Ⅱ.①赵… ②许… Ⅲ.①儒家—哲学思想—中国—古代—文集 Ⅳ.①B222.05-53

中国版本图书馆 CIP 数据核字(2022)第 188769 号

策划编辑 李 港
责任编辑 郭凯迪
封面题字 聂 清
封面设计 张 荔 王秋忆

中国古典学 第三辑
ZHONGGUO GUDIANXUE DISANJI

出版发行 山东大学出版社
社　　址 山东省济南市山大南路 20 号
邮政编码 250100
发行热线 (0531)88363008
经　　销 新华书店
印　　刷 济南华林彩印有限公司
规　　格 720 毫米×1000 毫米 1/16
　　　　 18.25 印张 295 千字
版　　次 2022 年 10 月第 1 版
印　　次 2022 年 10 月第 1 次印刷
定　　价 55.00 元

《中国古典学》

编委会

目　录

《道德经》第七十三章释读

戈国龙

摘要：本文分三部分：一是论述本文的诠释进路；二是文本释读，详细解释《道德经》第七十三章的文本；三是道的阐释，从修行的角度阐释道的意义。通过对《道德经》第七十三章的详细释读，展示研究《道德经》的总体思路，并对老子之“道”作出意味深长、别具一格的独特诠释。

关键词：道　文本诠释　整体诠释

一、诠释进路

本文首先对《道德经》第七十三章进行详细的释读。在一字一句地进行文本释读之前，我们先阐述一下本文整体的诠释进路。

第一点，要理解老子的《道德经》，我一开始就有一个印象——从当年在南京大学读《道德经》并开始练功起，就有这样一种认识——《道德经》的各章之间实际上有一种内在的照应，有一种很美的旋律，前后是互相照应、浑然一体的。有的时候真的不需要看很多注解，把前后的东西连贯起来，找到其中的内在脉络，对理解《道德经》是非常有帮助的。

第二点，就是我们读《道德经》的每一章时，要去诵读它。诵读的时候是可以不求甚解的，就是慢慢去吟诵它。读多了以后，它就会有一种味道，或者

戈国龙，中国社会科学院世界宗教研究所研究员、道家与道教文化研究中心主任，主要从事道家道教研究。

有一种意境，用修持的话来讲，就会有一种加持。读着读着，就好像有一种东西生发出来了，那个"东西"就是我们所要的"意义"。当然，一字一句地精读各种版本，是很重要的学问工夫，但是这种学问工夫最后一定要融会、上升到一个道的层面，或者到一种更加融会贯通的层面去体会其意味。

今天我们要释读的《道德经》第七十三章，表面上是《道德经》研究里面一个专门的、具体的问题，但实际上这一章整个的逻辑或者它的核心思路，跟《道德经》的整体逻辑、总体思路是一以贯之的。

整个《道德经》的脉络，从一个角度表述，就是"无为而无不为"①。这个"无为而无不为"之"道"，包含了人道和天道两个方向，这样就有一种鲜明的对比。从"无为而无不为"这个角度出发，你可以得到整个《道德经》的核心，领悟到它整个的思维逻辑及其核心原则。比如，第七十三章讲到的"敢"是什么意思？"不敢"又是什么意思？很多人用"柔弱"和"刚强"来解释，这当然可以，因为《道德经》的整个概念是相互关联或者是全息对应的。但是不能把它解释死，不能说一定要用这一对概念来解释它。实际上，更通的解释，就相当于从一个更大的范围来理解，即可以从道和无为、有为和人为这样两个层面去理解"敢"与"不敢"的问题。这样，在大的脉络中去理解会更加灵活，也就是不要仅从某一个方面去理解，把它理解死了。

在整个《道德经》里面，这种整体思路和原则是一以贯之的。也就是说，我们要在《道德经》的整体视野之下去理解每一个部分，然后又透过每一个部分探知《道德经》的总体意境或者整体思路。

对《道德经》可以有很多的理解，比如哲学的理解、宗教的理解、语文的理解、历史的理解……每种理解都能找到它的道理。因此，我们不能说哪一种是对或错的，只能说是从哪一个路子切入它的。对我来讲，从"体道"的角度切入它是最契合《道德经》本来的意思的，也就是《道德经》给予我们的最高的意思。对于任何一章，我们都要从"体道"的角度去体悟它，你体悟到那个"道"，就能了解每一章，或者通过每一章的"体道"，一起回归老子讲的那个"道"。这种读经方法，就属于悟道的范畴。

但是，我们要区分释读《道德经》的两种进路：一种是知识的进路，一种是智慧的进路。知识的进路，就是你要了解每一个文本，或者整个文本发展的历史，这都属于知识考据的范围；智慧的进路，就是从人生或者道的境界，

① 王弼注，楼宇烈校释：《老子道德经注》，中华书局 2011 年版，第 95 页。

从领悟生命的角度来探讨老子的“心”，与老子处在同一种境界或者同一种道的感觉上来了解老子。

我的思路就是，要进入老子的心，要体道。

《道德经》每一章都是在讲这个“道”，那么应该怎么体道？道的工夫论、道的本体论、道的境界论，工夫、本体、境界，是了解老子道论的理论体系、思想脉络。本体是讨论体道何以可能的根本原理，工夫意味着不只是讲一个道理，而是要有相应的修养工夫去体会它，有了这种工夫以后，一定会体会出某种人生的境界，或达到某种层次的境界。从宗教的意义上来讲，《道德经》的每一章是一种“教导”。而教导是一种精神指引，也就是指导我们到某个地方去，或者是我们通过做某种工夫，达到某种境界，而不是说了解一个概念、一种判断或几个知识点。

这是我讲的诠释进路问题，下面主要谈文本释读，一句一句地详细分析一下。

二、文本释读

我们先看《道德经》第七十三章通行本（王弼本）的原文：

> 勇于敢则杀，勇于不敢则活。此两者，或利或害。天之所恶，孰知其故？是以圣人犹难之。天之道，不争而善胜，不言而善应，不召而自来，繟然而善谋。天网恢恢，疏而不失。①

“勇于敢则杀，勇于不敢则活”这两句要连起来读，不能仅读一句。这种对照句式在《道德经》中有很多，如“为学日益，为道日损”②之类都是一种对比。老子永远是站在两个层面来看问题，即超越一般的“人”的层面，以及更高的层面——“道”的层面。但是，一般人总执着于“人”的层面，所以老子苦口婆心道，你们一般“人”总是“这样”，实际上“道”是“那样”。可是，他讲的这个东西一般人又理解不了，也比较微妙，所以就导致了一些恍恍惚惚的微妙说法。

“勇于敢”这个“敢”到底是“敢”什么？我们可以说有很多具体的内容，

---

① 王弼注，楼宇烈校释：《老子道德经注》，第 189～190 页。

② 王弼注，楼宇烈校释：《老子道德经注》，第 132 页。

既可以解释为“敢于某个方面”的“敢”，也可以从更大的范围将它理解为人的向外的抓取，或者向外的冲动，或者向外的发作，也就是“发而欲作”的那种感觉。或者说是勇于去造作，勇于离开道的本来的层面，去把人为的那方面呈现出来。这也可说是“杀”，就是你背离了道的这种行为，去造作，那你得到的就是“杀”的结果。“杀”不一定就是“杀身之祸”的“杀”，“杀”表示的是走向毁灭或者走向灭亡。到底“杀”到哪个程度，那是不确定的，不是定指“敢”做什么事，你就会死，而是说，你走上的就是一条毁灭之路。

从宗教修行的角度来讲，我们的心要向外追逐、向外发泄，追逐外面的欲望，这些都属于“勇于敢”的范畴。就我们修行而言，整个精、气、神都是向外耗散的，耗散生命就会走向枯竭。就像我们现在的人，做的事情越来越多，追逐各种各样的事情，拼命向外追，但是永远没有回到生命的源头，没有向内找生命的那个根基在哪里。

“勇于不敢”，就是勇于与俗人的这种行为相对、相反，勇于向内走，或者向道的那个方向走，回到道的源头那里去，找那个更大的生命力之所在。这种智慧的源泉在哪里？一切出于人为的这种向外的冲动、向外的欲望的追寻、向外的发泄，都属于“勇于敢”。“勇于不敢”，对于“不敢”，我们为什么要“勇”？我们要逆着俗人的方向，就需要勇气。我们要去修行，要跟人家不一样，就需要勇气。要走上修行之路，也是要勇气的，所以要“勇”于“不敢”，就是说要跟俗人相反，要勇于去做那个与道更相应的那种举动。如此，“勇于不敢”，则是“活”的方向，可以使生命充满活力，生机勃勃。

“勇于敢”是出于一种“气”，是出于“后天之气”，这就是一种气的冲动，一种生命本能的感性的冲动；而“勇于不敢”则是出于“理”，出于先天之理，这里就加了一个智慧的观照。就是要以“理”来化“气”，这样就有一个“道”“理”层面的观照，在原始本能上面加了一个东西。这样的话，它才能够把这个方向调转，才能够回归内心的源头，回归道的源头。从人的修养来讲，就是逆反于常人的欲望而回归本性，这个本性就来源于道；从道来讲，就是回归道。

《道德经》指明了两个大的方向：一个是道生万物的方向，即“顺”的方向；一个是从万物回归于道的修道的方向，即“逆”的方向。“顺则凡，逆则仙”，其实跟“敢”与“不敢”是相应的。所以，我把这个“敢”与“不敢”放在一个大的框架下来理解，而不是简单地说成是一个敢做什么、不敢做什么的问题。

“此两者，或利或害”，这里的“两者”就是前面的“勇于敢”“勇于不敢”。“勇于敢”是杀，是害；“勇于不敢”是活，是利。一个是得利，一个是得害，这种思维逻辑在整个《道德经》中是一以贯之的。你要顺着道，你无为，你就可以无不为，就可以得到道的智慧、道的加持，这是利；你顺着人的欲望向外追寻，向外冲动，向外争斗，这会导致生命逐渐走向损害或者灭亡的方向。

“此两者，或利或害”是对前面两句的总结陈述，后面就是提出问题：“天之所恶，孰知其故？”老子提出了天道和人道两种不同的方向，以及利和害两种不同的结果。但是，老子认为，道本身是无为的，没有一个真正的有意志的上帝或者有意志的人格来控制整个局面，这个局面是一种自然而然的结果，“道法自然”①，没有一个有意志的主宰者在控制一切。天道为什么会使这种“勇于不敢”的人活之，“勇于敢”的人则杀之？为什么会有“所杀”“所活”两种不同的结果呢？实际上，“天之所恶”应该包含了这样一个追问：不光是一个方向，而应该包括“所恶”和“所好”两个不同的方向。“孰知其故”就是问这里面真正核心的原理在哪里，那就是天机不可泄露。不是有一个简单的答案，或者有一个什么简单的法则，这里面包含着天道之微妙，道之无穷无尽的奥秘，以人的眼光是无法给它作一个机械或者全面的逻辑分析的，存在最终是一个奥秘。

“是以圣人犹难之”这句话，从文本上来讲，多数学者都认为这可能是个错简（这基本上是一个定论了），但是你要去勉强解释它，也是解释得通的。这一点就是天道这种奥秘、微妙，即使圣人要完全理解也是很难的。因为人只能尽可能地去接近那个道，去体会那个道，不能以上帝自居，以上帝的眼光看待一切，把这一切看得很清楚。这也是老子一贯的态度，即尽量去除人的这种我执、我相，这种自命不凡的态度，一定要谦虚，要回到那种低下的态度。所以，对圣人，也不能把他说得太圆满、太伟大，好像他什么都知道。

本章一开始就提出敢和不敢两个方向，后面实际上讲的是天道是微妙的、很难理解的，我们无法用人的这个逻辑或者人的这种认识去完全把握它，很难用分析的概念去了解它。对老子来讲，道是可以体悟的，是可以达到的一种境界，但是要把道完全说出来，则是做不到的。如果要用分析的语言完全把道表达出来，是有问题的，因为道是无可言说的整体。

本章后面其实是在对“天之道”作进一步的阐述。对于这个道，我们不

---

① 王弼注，楼宇烈校释：《老子道德经注》，第66页。

能够从逻辑或者分析上把它说得非常清楚，但是老子能体会到这个道，所以他可以指点出来，可以像写诗一样用一种指引的方法，指出这个“天之道”的特点。后面所描述的这几个“天之道”的表现，用的是《道德经》里面常见的一种句式，所以可以说它就是“无为而无不为”这种句式在不同领域的体现。

常人总是通过争斗的方式获取胜利，但这是人为的、有为的、造作的方向，离开了道之源头，离开了体道的方向。道本身是无为的，是不争的，是没有任何去得到什么、去争强好胜的意志的，根本就不存在“争”。但道又是一切圆满的，成就了万事万物的。从整个道来讲，它本身没有任何的主观意志和作为，天地万物，生机勃勃，这都是自然而然的。所以，“不争而善胜”算是道之“无为而无不为”的一种独立描述。

“不言而善应”亦是如此。“天何言哉”[①]，天没有任何表达，道也没有任何言说，老子所说的一切只不过是自己对道的体会，而不是“道”本身在说。道虽然没有言说，但是其表现或者功能是具备回应的，所以我们在道里面永远可以得到回应，不言而喻的东西永远在那里。当我们能够真正静下来，或者真正进入体道的境界时，那个道一下子就活了，好像它不是一个没有生命力的东西，而是可以源源不断地给我们很多东西。

当能够回到道之中，我们就会发现，道本来就在，一直就在。道就像一个无限的海洋，作为我们生活的本来的基础和背景，一直存在着，只不过我们遗忘了这个道。当我们能够回到道之中的时候，我们可以感受到一种道的力量、道的智慧和道的加持。当与道相应的时候，我们就会感受到道的那种无穷无尽的智慧和能量。但是道又不属于某个人，不是一个有意志的东西，而是微妙的，属于“不召而自来”，你召反而不会来。从体道的角度来讲，越是去追寻那个道，道就离你越远；当你放下不去求道的时候，道就来了。

也就是说，道与我们之间没有距离，而是我们生活本来的“如是”。当你放下一切的时候，道就在那里，而且会给你回应，给你作用；而当你有意识地去寻求道的时候，你往往找不到。道永远不可能作为一个对象、一个东西而被你抓住、被你找到，求道的人越是急迫、越是主动，越找不到道。当你完全寂静，没有造作，一切都停下来的时候，“道”就显现了。这是悟道的一个微妙之处，里面蕴含着一种体道的方法论。所以我说，《道德经》里面的表达，不光是在谈本体，同时也是在谈方法、境界。

---

① 朱熹撰：《四书章句集注》，中华书局1983年版，第180页。

“缂然而善谋”这一句，实际上是接着前面三句来讲的，四个排比句连贯下来，都在讲一个方向。“缂然”就是一种坦然，一种优雅，一种不急不躁的态度，一种完全放松的姿态，用练功的语言讲，就是完全松下来，什么也不去做，让过去的过去，让要来的来，有一种开放、接受的态度，你的心沉浸到寂静的那一刻，就会有智慧之光闪现。

智慧和知识不同:知识需要你天天去胡思乱想，竭尽所能去想，但是你完全什么都不想的宁静片刻，就会有智慧的闪光，有灵光一现。

这里的“善谋”是一个广义的概念，但不是说它一定有一种谋略，而是说它会呈现出一种智慧。表面上你好像不用去分别，但到了一定的时候，无分别即善分别，这就是我们追求的境界。但仅仅是彻底的无分别，昏沉了，像草木一样，那就不是智慧。智慧是经过无分别之后，而能善分别，即首先需要从我们俗人这种分别当中跳出来，不去分别，不分别而与道相应的时候，你就能达到一种智慧的分别。这就是修道的不同层次、不同境界。

“天网恢恢，疏而不失”是对整个这一章的总结，是对道的这种存在方式的陈述。“天网”，实际上就是整个宇宙、整个大海，道就像一个相互关联的全息网络，里面的每一件事情都与道相关，都在道之中，通过道而相互联系在一起的。这是一个真正的万物互通、互联的世界，比我们这个互联网要高级得多。因为它是关于整个宇宙、整个世界、整个道的一个互通互联的“网”，这个“天网”也是我们这个互联网之所以可能的依据，如果没有“那个网”，就没有“这个网”，“这个网”只不过是“那个网”的一个小小体现。

那个“天网”完全开放，是无边无际、无穷无尽的一个大网。这样一个没有时空限制的网络，当然就是“恢恢”而有余地，没有任何被遗忘的角落，没有任何局限，没有“防火墙”，没有任何障碍，就是一个无边无际的东西，所以叫“天网恢恢”。虽然它无限大，没有任何局限，看起来是“疏”，但实际上里面有一种和谐的旋律，隐藏了某种和谐，不会失算，最终善有善报、恶有恶报。但是因为“疏”，所以有时候会觉得有点错误，出一点小岔子。比如，某个人做了很多好事情，没得到什么好结果，看起来有点不公平，但最终算总账的时候，结果是一样。有的是“朝三暮四”，有的是“朝四暮三”，看起来不太一样，实际上加起来都是七，最后是“疏而不失”，算总账都是七。如果搞不清这个全体，看到“朝三暮四”就会不高兴，但其实我们有这种道的远大的整体眼光的时候，就会知道，“天网”不会算错。我们对这个天道的信任、信仰不是一种迷信，而是在对道有了深入的理解之后所得到的一种陈述。

老子只需要描述他对道的理解，而不需要证明给你看。你要是一直问为什么，那么这个“圣人犹难之”是说不清的。没有为什么，老子只是很自信地给你陈述。也就是说，老子是很清楚道的，他体悟到了，所以就展示给你看，告诉你这些法则。你如果去跟他相应，就能理解他了，也就站在跟他一样的高度了。如果你要跟他过不去，要跟他争论，他是不会和你争论的，他本来就沉默，很少说话，就连《道德经》也不是他想写的，所以你要找他辩论，是找不到人的。你一辩就已经落入“规范”之中，已经输了。

《道德经》就是这样一种风格，就是这样一种体道的诗篇，它是对整个宇宙人生之道的一种描绘、展示。真正的经典都应该是这样的，就像一个“神启”，是圣人的开示、启示，而不是我们学者写的论著。学者写的论著，当然有学术价值，但是与圣人的启示不是一个级别的。你证明得越详细，说明你心里越没数、越没底，因为你自己可能都不太相信，所以才要拼命找很多材料来证明。其实，真的理解了，就不需要证明，比如在整个《道德经》里面，你看不到这种证明，只看到一种自信的描绘。

三、道的阐释

《道德经》的核心是“道”。在本文的最后，我想再讲一下我对道的体会，讲一下当初我是怎么体会道的。

其实，我一开始读《道德经》就没有选择一种学术的、文本的方式。我在读大学时有人生困惑，感觉到相较于无限的宇宙长河，这短暂的人生、生命又有什么意义，总有一天我们会化为烟云，所做的一切也会烟消云散。在这种感觉当中，我就想去追寻生命真正的存在意义，我先到文科阅览室读书，开始读老庄，后又因为打太极拳，就开始站桩。

站桩的时候，我就体会老子的一些话，发现老子的话确实有加持力，它就像练功的一种诀窍、一个引导语。你不能把《道德经》当作西方哲学认识论的思辨体系，对我而言，老子就像是在教练功，你默诵几遍，就能进入一种状态。所以一开始我就没有读太多的注解，而是拿一个版本就开始诵读。读完，我在静心的时候、站桩的时候，脑海里就会闪出老子的话语，体会进去以后，我就能进入一种状态。

后来，我在读《道德经》的过程中，就感觉到它的核心思想是一以贯之的，即要如何从我们这个后天的人为世界进入先天的道的世界。这个道的世界只有在静心当中、在宁静当中与之融为一体后才能体会，而不是用一种思辨的方法去分析。如果我当年不是去站桩，不是去入静，而是通过学术研究的方法去理解《道德经》，那我可能永远不会成为今天这个样子。我一开始就是走上了体道这条路，这个路子其实是有真实的体验作为支撑的。

这个"道"到底是什么？"道"肯定不是一个我们能抓住的东西，永远不是一个对象的世界，不是我们主观所面对的某个客观的对象。就道而言，主观和客观是不恰当的、不合适的，因为道是浑然一体，里面是非二元的，有一个无限广阔、无边无际的世界。从空间来讲，这个世界是没有边际的，从时间来讲，它也是无始无终的，我们不能用时空去说它。因为时空也在"道"之中，时空因道而有，道超越时空。

当我这样说的时候，你就可以体会一下无可言说了。因为你用时空不合适，用主客也不合适，但我们的语言一出来，就是有主客之分别。那个道的世界是什么样的呢？那是一个浑然一体、整体无分别的世界。在这个无分别的世界里面，天地万物、人我的差别都没有了，真就是不可言说的寂静。但是这个寂静当中有一个非常重要的东西，那就是人的灵明，那个能觉知的"觉性"。当你昏沉了，昏睡了，昏昏沉沉的，什么也没有，但是这种状态是大昏沉，跟智慧隔得很远，连常人的境界都达不到。而那个浑然一体是超越常人的一种智慧境界，这个智慧境界里面一定有一种灵觉的光芒。

从修行的角度来讲，你进入一种状态，里面一定要有"觉"，同时要没有分别，"觉"和"无分别"加在一起，就是"空明不二"。一个是空，一个是明，两者缺一不可。对于"空"，佛教讲得多，其实佛教的"空"虽然语境不同，但跟老子讲的"道"是完全相通的，属于同样的意境。因为这种智慧是不分东西的，不管是东方的哲人还是西方的圣人，都体会到了那个东西。那个最高的觉悟，不管是用哪个体系来讲，最后都是可以会通的。

佛家讲的戒定慧、无分别，跟老子讲的无为，都是能够相通的。那个道的境界当中就包含两者：首先是空性，这是无分别的，没有时空，是无边无际、无穷无尽的一个状态；其次是回到你那个灵明觉知的状态。也就是说，我们现在所有的思想状态都是向外发散的，总是想着某件事情或者看着某个东西，或者听着某个东西。在这个向外发散的过程中，我们被所思所想的东西带走了，整天就在这个思维的对象中流转。这就是心随境转，跟着外面跑来跑去，这种状态就是找不到家了。你就在外面，被无数意识的客体占据，而忘掉了意识的本来面目，一直在想这想那。如果不想这个不想那个，就是昏昏沉沉。所以我经常讲，人的状态就是八个字——“昏昏欲睡，胡思乱想”。有时候就想打瞌睡，昏昏欲睡；有时候就驾着思想的野马，在天地间奔驰，胡思乱想。如果既没有胡思乱想，又没有昏昏欲睡，那就是比较好的状态，就是与道相应的状态。

当你不再被意识的对象牵挂，而是回到这个意识自身，意识的光亮就会照亮自己，这个就叫“自觉”。平时我们意识的光是向外照的，现在再回来照亮它自己，此时，“能觉”和“所觉”这个二元性也消失。能觉、所觉都是那个“觉”，平时我们意识的目光是往外看某个东西，现在我们就要“觉”那个“觉自身”。“觉”那个“觉自身”，本身就是“觉”的“自觉”，“自觉”就没有“能觉”“所觉”之别了。

你的心始终在想很多的东西，此时再反过来看是谁在想这些东西，在回过来看的时候，这个所想的东西就没有了，只剩下那个能看能想的东西，而能看能想的东西再看它自己，那就是纯粹的意识，让纯粹意识自身呈现出来的就是你的觉性的呈现，那就是智慧的源头。

回归这个纯粹觉性，也就是回到我们的心之本性。这个心之本性与道是相通的，因为道也是这个东西，也是一个无边无际的、无始无终的、没有分别的存在状态。只不过这个存在状态里面最重要的是那个觉性，离开觉性，就不是智慧。我们不是追求那种像石头一样的无分别，而是追求无分别当中的觉性。

当你回到这种状态且长久保持这种状态以后，整个身心都会有所变化，精神像是受了洗礼，特别清爽，身体的能量也有序化，身心会有变化，这就是性命双修。整个修道的过程，就是怎么样把“小我”这种执着、分别去掉，再回到道的无穷无尽的、无分别的世界，但又要保留那个灵觉。这个灵觉就是我们生命真正的主人，也就是禅家讲的“本来面目”。

我们追问我是谁，就是要找到这个，我们的心不再追逐外在的事物，而是回到它自身，找到生命的中心点。心随境转，心永远随着外境而变化，就是轮回；回到心的中心，回归觉性，当下寂静，就是涅槃。你“迷”的时候，就向外抓东西；你“觉”的时候，就回归它自身。实际上，整个儒、释、道，包括各家各派灵修传统里面，修道的核心都是这个东西。进入这个无分别的状态，你再看着自己这个念头，此时念头反而没有了。因为任何念头本身都是空的，是当生即灭的。念头一空，剩下的那个灵明是什么？

以上我们从修道的角度阐释了道，而道在修行上的意义也就在其中了。

作为摹状词的《老子》之道

沈顺福

摘要：道的原义是道路，后延伸为正确的方法，这是道的基本内涵。不同学派有不同的方法。《老子》之道的外延或内容是无为而自然。从正面来说，在老子看来，顺由事物自己而生存才是万物正确的生存方式或方法；从反面来说，不人为干涉才是正确的方法。因此，道的内涵指自然而无为。万物的生存不仅以自然之道为基础，即道生万物，还有一个物理性、实体性本源，即事物自己。无为之道虽然能够超越现实，但是由于它并不是实有之物，因而不属于形而上者。

关键词：《老子》 道 自然 无为 摹状词

中国学术史上讨论最多的概念大概要属道了，尤其是《老子》之道。关于《老子》之道，学术界已有较多研究，至于这些研究的成就究竟如何，或者说，前人的研究是否准确解释了《老子》之道，在笔者看来，情形似乎不是那么乐观。虽然有些学者的观点接近于真实，但是多数人或者小题大做，或者汉话胡说，或者异想天开，诸如等等，并未提供令人满意的解释。本文将不揣谫陋，试图根据摹状词理论对《老子》之道（简称“道”）作一个简易化的解释，以供学界参考。

按照现代哲学的定义，《老子》之道是一个摹状词。作为摹状词，它包括两项内容：作为通名（generic name）的“道”和作为限定条件的“《老子》”。在此，我们首先对作为通名的“道”进行分析，以便回答“什么是道”。

沈顺福，山东大学儒学高等研究院教授，主要从事儒学研究。

一、作为通名的道之内涵:正确方法

作为通名的道,其原始含义比较明确。《说文解字·辵部》曰:"道,所行道也。"①如《周易·履》曰:"履道坦坦。"②《周礼·地官·遂人》曰:"百夫有洫,洫上有涂;千夫有浍,浍上有道;万夫有川,川上有路,以达于畿。"③《论语·阳货》曰:"道听而涂说。"④《孟子·梁惠王上》曰:"谨庠序之教,申之以孝悌之养,颁白者不负戴于道路矣。"⑤道,原指道路,其至今仍是道的基本内涵。道路是人们到达目的地的路径,由此延伸出去,道即为实现某种目的的正确的方法。这便是作为哲学概念的道的基本内涵。所有的道,包括儒家之道、墨家之道、法家之道以及《老子》之道,都具备这一内涵。道指正确的方法、方式,或曰,正确的方法便是道。

合理的事物必定以某种正确的方式而存在。《老子》曰:"不出户知天下,不窥牖见天道。其出弥远,其知弥少。是以圣人不行而知,不见而名,不为而成。"⑥天道指自然之天的正确的生存或存在方式。《老子》曰:"天之道其犹张弓与?高者抑之,下者举之,有余者损之,不足者补之。天之道,损有余而补不足;人之道则不然,损不足以奉有余。孰能有余以奉天下?唯有道者。"⑦天道即以天为主的自然界的生存方式,人道则是人类社会的所谓的"正确的"方法。《老子》曰:"治人事天,莫若啬,夫唯啬,是谓早服。早服谓之重积德,重积德,则无不克,无不克,则莫知其极。莫知其极,可以有国。有国之母,可以长久。是谓深根固柢,长生久视之道。"⑧"深根固柢",便是生物得以长生的正确方法。

《老子》曰:"天下有道,却走马以粪;天下无道,戎马生于郊。祸莫大于

① 许慎:《说文解字》,天津古籍书店1991年影印版,第42页。
② 王弼注,孔颖达疏:《周易正义》,北京大学出版社2000年版,第75页。
③ 郑玄注,贾公彦疏:《周礼注疏》,北京大学出版社2000年版,第464页。
④ 朱熹撰:《四书章句集注》,中华书局1983年版,第179页。
⑤ 朱熹撰:《四书章句集注》,第204页。
⑥ 崔仲平译注:《老子道德经译注》,黑龙江人民出版社2003年版,第51页。
⑦ 崔仲平译注:《老子道德经译注》,第79页。
⑧ 崔仲平译注:《老子道德经译注》,第62页。

不知足,咎莫大于欲得。"①"天下有道"之"道"几乎与儒家所使用的概念一致,也即正确的方法。"天下有道"指天下世界按照正确的方法生存。《老子》曰:"治大国若烹小鲜。以道莅天下,其鬼不神。非其鬼不神,其神不伤人;非其神不伤人,圣人亦不伤人。夫两不相伤,故德交归焉。"②"以道莅天下",即以正确的方法治理天下。《老子》曰:"古之善为道者,微妙玄通,深不可识。夫唯不可识,故强为之容。豫焉若冬涉川,犹兮若畏四邻,俨兮其若客,涣兮其若冰之将释,敦兮其若朴,旷兮其若谷,混兮其若浊。孰能浊以止?静之徐清?孰能安以久?动之徐生。保此道者不欲盈。夫唯不盈,故能蔽不新成。"③"善为道者"即善于使用正确方法的人。

作为正确的方法,道自然获得了崇高的地位。《老子》曰:"故道大,天大,地大,王亦大。域中有四大,而王居其一焉。"④道是世间最伟大的四种存在物之一,故而为贵。"道生之,德畜之,物形之,势成之。是以万物莫不尊道而贵德。道之尊,德之贵,夫莫之命而恒自然。"⑤此即万物尊道。"道者,万物之奥,善人之宝,不善人之所葆也。美言可以市尊,美行可以加人。人之不善,何弃之有?故立天子,置三公。虽有拱璧,以先驷马,不如坐进此道。古之所以贵此道者何?不曰以求得,有罪以免邪?故为天下贵。"⑥道为天下贵,是天下最为重要的东西。

学界早就有人提出"道是事物生存或存在的正确方法",如汉学家赫伯特·芬格莱特(Herbert Fingarette)曾将道界定为"正确的生活方式、管理方法、生存的理想方式、宇宙的存在方式等"⑦。道这种"正确的原理或基本方法"⑧,对于成就某种(合理的)事情而言,无疑十分重要,故而最尊贵。这便是作为通名的道的基本内涵,即道指正确的方法,儒家之道、道家之道、墨家之道等都具有这一内涵。

---

① 崔仲平译注:《老子道德经译注》,第 50 页。

② 崔仲平译注:《老子道德经译注》,第 63 页。

③ 崔仲平译注:《老子道德经译注》,第 17 页。

④ 崔仲平译注:《老子道德经译注》,第 27 页。

⑤ 崔仲平译注:《老子道德经译注》,第 55 页。

⑥ 崔仲平译注:《老子道德经译注》,第 65 页。

⑦ Herbert Fingarette, *Confucius — the Secular as Sacred*, New York: Harper & Row, Publishers, 1972, p.19.

⑧ 沈顺福:《试论儒家之道》,《中国社会科学院研究生院学报》2016 年第 2 期。

二、道的所指:“自然”与“无为”

既然说道是正确的方法,那么这种正确的方法是什么呢?要回答这个问题,需要加上一定的条件限制,因为不同的学派给出的答案是不同的,如儒家荀子认为礼仪是道,墨家以为兼相爱、交相利是道等等。加上了《老子》一词,道便由通名转换为罗素所说的摹状词了。作为摹状词的《老子》之道,其指称(reference)什么呢?

《老子》曰:“人法地,地法天,天法道,道法自然。”①道即自然事物的自己存在的状态,又,道是正确的方法或方式,由此便可以说,万物自然而然地生存或存在的方式便是正确的方式或方法。这完全符合《老子》的旨趣,《老子》将这种自己独立存在的方式称为“自然”。《老子》曰:“道生之,德畜之,物形之,势成之。是以万物莫不尊道而贵德。道之尊,德之贵,夫莫之命而恒自然。故道生之德畜之,长之育之,亭之毒之,养之覆之。生而不有,为而不恃,长而不宰,是谓玄德。”②符合道的万物能够做到常自然,或者说,道便是万物自然而然。万物自然便是万物自生、自化。《老子》曰:“大道氾兮,其可左右。万物恃之而生,而不辞,功成不名有。衣养万物而不为主。常无欲,可名于小,万物归焉而不为主,可名为大。以其终不自为大,故能成其大。”③即万物自己做主。《老子》曰:“道常无为,而无不为。侯王若能守之,万物将自化。化而欲作,吾将镇之以无名之朴。无名之朴,夫亦将无欲。不欲以静,天下将自定。”④只有无名之道才能够确保万物自己的变化(“自化”),成就天下安宁。万物依赖于大道而自生、自化,独立地、自然地生存。在老子看来,无知的赤子、天真的婴儿,其生存状态便是“自然”:“众人熙熙,如享太牢,如春登台;我独泊兮其未兆,如婴儿之未孩,累累兮若无所归。众人皆有余,而我独若遗,我愚人之心也哉。沌沌兮,俗人昭昭,我独昏昏;俗人察察,我独闷闷。澹兮其若海,恍兮若无所止。众人皆有以,而我独顽似

① 崔仲平译注:《老子道德经译注》,第 27 页。
② 崔仲平译注:《老子道德经译注》,第 55 页。
③ 崔仲平译注:《老子道德经译注》,第 36 页。
④ 崔仲平译注:《老子道德经译注》,第 39 页。

鄙。我独异于人，而贵食母。”[①]婴儿天真、昏昏无知，只知道守本(“食母”)。万物“自然”是万物存在的唯一正确的方法。

在老子看来，万物自然而然、独立存在的方式便是事物存在的正确的方式。这便是《老子》之道的所指(referent)。这种方式简称“自然”，道即“自然”。故有学者指出：“‘道’其实指的就是‘自然’，即‘道’即(是)‘自然’也；且此‘自然’乃为‘存在的自然’：世界和事物之存在是‘自己如此’或‘自己这样’的。”[②]道描述了一种让事物自己独立存在、自然而然的状态，故“‘道法自然’的‘自然’不是‘道’的属性”[③]，而是道的所指。夏侯玄曰：“天地以自然运，圣人以自然用。自然者，道也。”[④]道即“自然”，事物独立而自在。自然的另一种表达方式便是无为。

“自然”即物“‘自己如此’的一种状态”[⑤]。“自己如此”便是人“无为”，故“自然”之道又叫“无为”之道。《老子》曰：“天道无亲，常与善人。”[⑥]天道无亲，自然界没有特别的喜好，无欲无求，天道无为。效法天道的圣道也是无为：“信言不美，美言不信。善者不辩，辩者不善。知者不博，博者不知。圣人无积，既以为人，己愈有，既以与人。己愈多。天之道，利而不害；圣人之道，为而不争。”[⑦]效法天道的圣人之道也是不争而无为。

道自然无为。无为，即无所作为，如无名、无形、不争、处下、不有、守弱、若水等。为什么无名、无知呢？这体现了《老子》的知识论思想，即所有的认识都是相对的、有限的，有所不足。《老子》曰：“道可道，非常道，名可名，非常名。无名，天地之始；有名，万物之母。故常无，欲以观其妙；常有，欲以观其徼。此两者，同出而异名。同谓之玄，玄之又玄，众妙之门。”[⑧]道虽然是可以被言说的，但是一旦被言说，道便成为规律、规范，从而属于人为的规律。因此，还是不被言说为好。名也是一种人为的言说，比如美名、名声等，通常

---

① 崔仲平译注：《老子道德经译注》，第22页。

② 陈徽：《老子的“道”即“自然”思想及其“逻辑”展开》，《安徽大学学报》(哲学社会科学版)2006年第2期。

③ 王中江：《道与事物的自然：老子“道法自然”实义考论》，《哲学研究》2010年第8期。

④ 《列子》，《二十二子》，上海古籍出版社1986年版，第206页。

⑤ 陈鼓应：《老庄新论》，上海古籍出版社1992年版，第25页。

⑥ 崔仲平译注：《老子道德经译注》，第81页。

⑦ 崔仲平译注：《老子道德经译注》，第83页。

⑧ 崔仲平译注：《老子道德经译注》，第3页。

为世人对某种人、事的赞誉,以引导人们的价值观与行为。这些美名、美言都是某种人为,能够诱发人们执着于某物某事等,从而违背无为之道。比如儒家倡导的仁义礼智等,在老子看来,便是可道之道,属于"名":"上德不德,是以有德;下德不失德,是以无德。上德无为而无以为,下德为之而有以为。上仁为之而无以为,上义为之而有以为。上礼为之而莫之应,则攘臂而扔之。故失道而后德,失德而后仁,失仁而后义,失义而后礼。夫礼者,忠信之薄而乱之首。前识者,道之华而愚之始。"[①]仁、义、礼等人为的规范是对无为之道的背叛。

因此,《老子》之道的所指有两种表达方式,即"自然"与"无为"。从正面来说,事物自己独立地生存、自然而然地成长的状态便是道;从反面来说,自然便是不受人为干扰的无为状态,道指称无为。《管子·心术》曰:"以无为之谓道。"[②]道即无为。自然与无为乃是一物两名,都是道的所指,即物自然便是人无为。王中江先生称:"'无为'是'道'的运行和活动方式。"[③]这势必以为道是实体之物。事实上,无为本身便是道。

三、无为之道与本

洛克(John Locke)曾经将事物属性分为两类:第一属性指那些"能够促使产生比如坚固性、广延性、形状、运动或精致以及数量等观念的"[④]属性,主要指那些事物自身所拥有的属性。而"那些不是由物体自身引起,而是由于它们的第一属性刺激我们所产生的各种感觉等,比如那些不可再感知的部分如形状、材料和运动等所引起的颜色、声音、气味等属性,我称之为第二属性"[⑤]。第二属性具有较为鲜明的主观色彩。洛克的这种分类揭示了事物的

---

① 崔仲平译注:《老子道德经译注》,第 43 页。

② 黎翔凤撰:《管子校注》,中华书局 2004 年版,第 770 页。

③ 王中江:《"道法自然"本义》,《寻根》2009 年第 3 期。

④ *The Works of John Locke*, Vol. 1, London: Printed for Thomas Tegg; W. Sharpe and Son; G. Offor; G. And J. Robinson; J. Evans and Co.: Also R. Griffin and Co. Glasgow; and J. Gumming, Dublin, 1823, p.120.

⑤ *The Works of John Locke*, Vol. 1, London: Printed for Thomas Tegg; W. Sharpe and Son; G. Offor; G. And J. Robinson; J. Evans and Co.: Also R. Griffin and Co. Glasgow; and J. Gumming, Dublin, 1823, p.120.

存在至少包含两个方面或方向的内涵,即事物自身的物理性、实体性存在和事物的经验性表现。当我们说一颗大树茁壮成长时,它至少体现在两个方面,即实体性的大树自身和大树生长的样子。事物自身体现了事物的实在性,回答了"是什么"(what)的问题;生长样式则反映了事物的存在方式,回答了"怎么样"(how)的问题。从现象学的角度来看,方式或样式具有被给予性(given),因此方式或样式具有一定的主观性和经验性。

事物存在不仅有事物自身,而且离不开存在方式。事物存在必定同时伴随着存在方式,故存在方式必定是事物存在的基本条件或基础。事物的正确的存在方式是道,故道是事物存在的基础。《老子》曰:"道可道,非常道,名可名,非常名。无名,天地之始;有名,万物之母。故常无,欲以观其妙。常有,欲以观其徼。此两者,同出而异名。同谓之玄,玄之又玄,众妙之门。"[①]道(无)是天地之始,即在万物生存之初便伴随之:天地以自然为始,开始于物自身,完成于物自然。自然或无为是某个事物顺利成长的基础条件,即只有当某物顺其自然时,它才能够顺利成长。作为已经顺利成长的事物,顺其自然或无为必定是其存在基础。故而,道是基础,即自然而无为是事物生长或存在的基础。

基础便是本源。《老子》曰:"道生一,一生二,二生三,三生万物。万物负阴而抱阳,冲气以为和。"[②]"道生万物"的命题很容易让人们想到道如母亲一般能够生育孩子。其实,假如我们将无为之道转换为自然之道,一切便迎刃而解了:万物自然而然地生存是万物生长的基础。故说道生万物也未尝不可。《老子》曰:"道生之,德畜之,物形之,势成之。是以万物莫不尊道而贵德。道之尊,德之贵,夫莫之命而恒自然。故道生之德畜之,长之育之,亭之毒之,养之覆之。生而不有,为而不恃,长而不宰,是谓玄德。"[③]万物生于自然之道。《老子》认为:"有物混成,先天地生。寂兮寥兮,独立不改。周行而不殆,可以为天下母。吾不知其名,字之曰道,强为之名曰大,大曰逝,逝曰远,远曰反,故道大,天大,地大,王亦大。域中有四大,而王居其一焉。人法地,地法天,天法道,道法自然。"[④]道即生物存在的基本方法,它在生物生

---

① 崔仲平译注:《老子道德经译注》,第 3 页。

② 崔仲平译注:《老子道德经译注》,第 47 页。

③ 崔仲平译注:《老子道德经译注》,第 55 页。

④ 崔仲平译注:《老子道德经译注》,第 27 页。

存之初便伴之而存在，或者说，所有的生物从一开始便依赖于一定的方法。《老子》曰："大道氾兮，其可左右。万物恃之而生，而不辞，功成不名有。衣养万物而不为主。常无欲，可名于小，万物归焉而不为主，可名为大。以其终不自为大，故能成其大。"①所以，我们可以将道生万物看作是万物的生长依赖于道的基础性作用。道是基础。《老子》曰："谷神不死，是谓玄牝。玄牝之门，是谓天地根。绵绵若存，用之不勤。"②道是根或本源。

后来的王弼将道称为本："天下之物，皆以有为生。有之所始，以无为本。将欲全有，必反于无也。"③无为之道是本源、基础，本又叫作"心"，故王弼曰："何以得德？由乎道也。何以尽德？以无为用。以无为用，则莫不载也。故物，无焉，则无物不经；有焉，则不足以免其生。是以天地虽广，以无为心；圣王虽大，以虚为主。"④以无为之道为本、根、起点，或者说，万物从一开始便遵循无为的方法，故道是事物存在的基础，是本，是根。

同时，道不仅作用于生物之初，而且表现在生物的生存过程中，这便是用。道有用："三十六辐共一毂，当其无，有车之用。埏埴以为器，当其无，有器之用；凿户牖以为室，当其无，有室之用。故有之以为利，无之以为用。"⑤道有用，即无形之道作用于事物的生长过程。"道冲而用之，或不盈，渊兮似万物之宗。挫其锐，解其纷，和其光，同其尘，湛兮似或存。吾不知谁之子，象帝之先。"⑥此即道用于生物生存过程。《老子》曰："反者道之动，弱者道之用。天下万物生于有，有生于无。"⑦道以柔弱的形式、消极或无为的方式体现自己。静也是一种无为的方式。《老子》曰："致虚极，守静笃，万物并作，吾以观复。夫物芸芸，各复归其根。归根曰静，静曰复命，复命曰常，知常曰明，不知常，妄作凶。知常容，容乃公，公乃王，王乃天，天乃道，道乃久，没身不殆。"⑧守静笃也可以守道。道作用于生物生存的始终。《老子》曰："大成若缺，其用不弊。大盈若冲，其用不穷。大直若屈，大巧若拙，大辩若讷。躁

---

① 崔仲平译注：《老子道德经译注》，第 36 页。

② 崔仲平译注：《老子道德经译注》，第 8 页。

③ 王弼著，楼宇烈校释：《王弼集校释》，中华书局 1980 年版，第 110 页。

④ 王弼著，楼宇烈校释：《王弼集校释》，第 93 页。

⑤ 崔仲平译注：《老子道德经译注》，第 13 页。

⑥ 崔仲平译注：《老子道德经译注》，第 6 页。

⑦ 崔仲平译注：《老子道德经译注》，第 45 页。

⑧ 崔仲平译注：《老子道德经译注》，第 18 页。

胜寒，静胜热。清静为天下正。”[①]道在万物生存过程中自始至终都存在着，故《老子》曰：“谷神不死，是谓玄牝。玄牝之门，是谓天地根。绵绵若存，用之不勤。”[②]大道绵延，伴随着生物而存在。

如果我们将事物的存在方式视为事物存在必不可少的条件，即任何事物必定以某种方式生存，那么道便一定是事物生存或存在的基础，这个基础便可以被理解为本源。万物开始于自然，生于自然，成就于无为，而道生万物。

四、道不是形而上的实体

万物生于有，有生于无，道生万物。人们自然会以为道为天地最后的根源，从而提出“老子是道本原论者”[③]。《老子》的“道法自然”论便被解释为“道以自己为法”[④]。据此，不少学者提出道是“形而上的”[⑤]存在本体，具有超越性[⑥]等等。道是不是形而上的实体并具有超越性呢？

这些立论的基础是道的实物化，即道是一个实在之物。的确，《老子》曰：“有物混成，先天地生。寂兮寥兮，独立不改。周行而不殆，可以为天下母。吾不知其名，字之曰道，强为之名曰大。”[⑦]又曰：“道生之，德畜之，物形之，势成之。”[⑧]“孔德之容，惟道是从。道之为物，惟恍惟惚。惚兮恍兮，其中有象；恍兮惚兮，其中有物。窈兮冥兮，其中有精。其精甚真，其中有信。”[⑨]根据这些材料，人们通常将“道”理解为某种“具有物质属性”[⑩]的东西，或者“为无限性之实存体”[⑪]，以为道是形而上的实体之物。

---

① 崔仲平译注：《老子道德经译注》，第 50 页。

② 崔仲平译注：《老子道德经译注》，第 8 页。

③ 陆建华：《老庄论辨》，《安徽大学学报》（哲学社会科学版）1998 年第 3 期。

④ 张岱年：《中国古典哲学概念范畴要论》，中国社会科学出版社 1989 年版，第 79 页。

⑤ 董京泉：《老子“道”的定义及实质之我见》，《哲学研究》2005 年第 4 期。

⑥ 参见陆建华：《存在与超越：老子生命论》，《哲学研究》2006 年第 8 期。

⑦ 崔仲平译注：《老子道德经译注》，第 27 页。

⑧ 崔仲平译注：《老子道德经译注》，第 55 页。

⑨ 崔仲平译注：《老子道德经译注》，第 23 页。

⑩ 孙熙国：《论老子对“道”的三重规定及其哲学启示》，《哲学研究》2001 年第 10 期。

⑪ 陈鼓应：《论道与物关系问题（上）——中国哲学史上的一条主线》，《哲学动态》2005 年第 7 期。

作为一个摹状词,《老子》之道有所指称,即它描述了事物存在的某种特殊状态;具体地说,它指称事物自然而然、无待人为的状态。冯友兰说:"'自然'只是形容'道'生万物的无目的、无意识的程序。'自然'是一个形容词,并不是另外一种东西。"①自然、无为之道是对某种状态的描述或形容,由于这种状态对于生存而言具有基础性意义,所以老子将这种状态视为事物生存或存在的基础或本源。但是,这个本源不是事物存在的实体性本源。前文说过,对于存在之物来说,事物自身与其存在方式不可分离,所有事物必定以某种方式在世;反过来说,任何的在世方式必定是某种事物的在世方式。故,事物自身与它的在世方式同时存在,前者为物理性、实体性基础,后者为经验性(人们通常依靠经验察觉事物的存在状态或方式)基础。《老子》之道仅仅回答了事物如何在世的问题,或者说,它给出了事物的第二属性,却没有回答存在主体(body)或(近似于)第一属性的问题,即谁自然地存在。《老子》之道并没有直接解决这个问题。

事实上,万物在存在方法的基础上还有一个实体性本源,即自然而自在的事物自身,它是存在方式的行为主体。《老子》:"道常无为,而无不为。侯王若能守之,万物将自化。化而欲作,吾将镇之以无名之朴。无名之朴,夫亦将无欲。不欲以静,天下将自定。"②事物无为而自化、自定。自化、自定者必定还有一个行为主体,这个行为主体便是事物的物理性或实体性本源。故《老子》曰:"致虚极,守静笃,万物并作,吾以观复。夫物芸芸,各复归其根。归根曰静,静曰复命,复命曰常,知常曰明。"③万物自生自长,无关人为。这种自生、自长的实在之物才是万物的物理性、实体性本源。因此,万物有自己的实体性本源,即事物自身。比如身,《老子》曰:"名与身孰亲?身与货孰多?得与亡孰病?是故甚爱必大费,多藏必厚亡。知足不辱,知止不殆,可以长久。"④自然之身、生物之身才是事物存在的物理性、实体性本源,它是一种实在体。因此,存在物除道之外还有一个实体性本源。

于是,万物存在便拥有两个本源,即实体性本源和方式性本源。道回答

---

① 冯友兰:《中国哲学史新编试稿》,《三松堂全集》第7卷,河南人民出版社2000年版,第254页。

② 崔仲平译注:《老子道德经译注》,第39页。

③ 崔仲平译注:《老子道德经译注》,第18页。

④ 崔仲平译注:《老子道德经译注》,第49页。

了方式性本源，而对于事物的物理性、实体性本源，《老子》从未否定："致虚极，守静笃，万物并作，吾以观复。夫物芸芸，各复归其根。归根曰静，静曰复命，复命曰常，知常曰明，不知常，妄作凶。知常容，容乃公，公乃王，王乃天，天乃道，道乃久，没身不殆。"[①]万物如何生存呢？万物因道而长久，长久生存的主体便是万物。故"人法地，地法天，天法道，道法自然"[②]。"道法自然"揭示了道的本质：事物自己独立存在的样子，这种样子被称作"自然"。其主体便是事物自己，故王弼曰："圣人体无，无又不可以训，故不说也。老子是有者也，故恒言无所不足。"[③]老子认可某种本源性实体，这个自然的实体性本源，后来在《庄子》中被称为"性"（未经人为的初生之材质）。当然，从早期的《老子》到魏晋时期的王弼，其所说的事物自身、性、自然之性都不属于形而上的、超验的存在者，仅仅指事物最初的物理性实体，即未经人为影响的事物自身，比如远古的自然界、初生的婴儿等。道是这类事物的存在方式，但仅仅是物的在世方式，而不是实在之物。

虽然道非实在之物，但是作为摹状词的道真真切切地描述了某种状态，即它有所指——事物自身的、未经人为影响的、自然而然的状态。这种自然而无为之道虽然有别于经验生活中的行为规则，但是如果因此而以为它是"形而上的"[④]的，却非实情。道描述了无为、无名、无有、无执、无形等状态。这种存在方式从形式上来看，的确存在着超越现实万有的可能——无名是对人类理性活动的否定，无形是对现实存在者的否定，卑贱是对人类价值观的否定等。从哲学思维的角度来看，否定现实的万有，离超越现实几乎只有一步之遥。然而，就是这一步之差，却将中国传统思维限定在经验的思维领域，未能够实现"超越性思维"[⑤]。

无为之道是一种否定性表述，这种"否定性表达可能在反思力度上要高于肯定性表达"[⑥]，故而是超越性、思辨性思维的必要方式，笔者曾称之为"形

---

① 崔仲平译注：《老子道德经译注》，第 18 页。

② 崔仲平译注：《老子道德经译注》，第 27 页。

③ 陈寿撰，裴松之注：《三国志》卷二八注引何劭《王弼传》，中华书局 1959 年版，第 795 页。

④ 杨国荣：《道与人——〈老子〉札记》，《江西社会科学》2006 年第 3 期。

⑤ 参见沈顺福：《生存与超越：论中国哲学的基本特点》，《学术界》2015 年第 1 期。

⑥ Francis Herbert Bradley, *The Principles of Logic*, Vol.1, London: Oxford University Press, 1922, p.115.

而上学的方法”[①]。但是，否定性思维并不能够直接引导出形而上的存在者，因为形而上者的存在需要以某种信念(belief)为条件，如上帝之于信念等，离开了信念，上帝不可思议。只有“肯定性表达蕴含着信念，而否定性表达则可能没有”[②]。故，否定性表达只能够提供超越性思辨，不能够提供超越者。无为之道是对现实的否定和超越，属于否定性表达。否定之无充其量只能算是一种“自杀”性否定，即自己与现实一起“玉石俱焚”，不能推动超然者的诞生。

无为与自然之道在又不在，若有若无。对现实的超越，似乎让人们看到了超验者的影子，类似于柏拉图通过追问众善而呈现善的“理念”，故而是在、有。同时，无为、无形、无名、无有之无的特殊表达方式，如前所述，又断送了超验者的存在，即并没有什么实在之物，因此是无。故《老子》称：“道之为物，惟恍惟惚。惚兮恍兮，其中有象；恍兮惚兮，其中有物。窈兮冥兮，其中有精。其精甚真，其中有信。自古及今，其名不去，以阅众甫。吾何以知众甫之状哉？”[③]它并非称道是一个实体之物，而是说道这个东西在又不在，故“恍恍惚惚”。《老子》曰：“视之不见名曰夷，听之不闻名曰希，抟之不得名曰微。此三者不可致诘，故混而为一。其上不皦，其下不昧，绳绳不可名，复归于无物。是谓无状之状，无物之象，是谓惚恍。迎之不见其首，随之不见其后。执古之道，以御今之有，能知古始，是谓道纪。”[④]道似有似无。有学者称：“道只是道自身。如果道自身区别于天地及其万物的话，那么它自身就是虚无。于是，道自身既是有，又是无，是有与无的同一，亦即存在与虚无的同一。”[⑤]我不同意此处以自身来解释道，但其提出道既有亦无，却有几分道理。

《易传》有曰：“形而上者谓之道。”人们通常据此以为道是形而上的存在者。这首先犯了一个望文生义的错误。在《易传》的“形而上者”中，“形”即形成、成形，指物体的产生，“而”为连接性词语，“上”指时间之先，“者”即存

---

① 沈顺福：《印度逻辑与形而上学的方法》，《西南民族大学学报》(人文社会科学版)2013年第11期。

② Francis Herbert Bradley, *The Principles of Logic*, Vol.1, London: Oxford University Press, 1922, p.115.

③ 崔仲平译注：《老子道德经译注》，第23页。

④ 崔仲平译注：《老子道德经译注》，第15～16页。

⑤ 彭富春：《论老子的道》，《湖北社会科学》2011年第8期。

在者。四者结合,“形而上者”的意思便是,在物体产生、形成、成型之前的存在者。这正好对应于常识中的正确方法,即任何事情的完成、事物的存在都离不开正确的方式或方法,这个方式或方法便是道。比如制造桌子,必须懂得制作方法,制作方法便是某种道,它是人们制作之前便应该掌握的东西,故曰:“形而上者谓之道。”道先于制作。

结论:道是对“自然”而“无为”状态的描述

流传悠远的《老子》及其道的概念,给世人带来了无限的深思与遐想,甚至激发出许多伟大的智慧。但是,对《老子》之道的理解却未尽如人意。笔者以为,《老子》之道的内容其实并不复杂,它是一个摹状词。虽然摹状词最初被罗素用来解释空名(empty names)现象,但是它的确解决了某些特殊的表达方式的问题,比如“《老子》之道”。作为摹状词的“《老子》之道”,由作为通名的“道”和作为限定条件的“《老子》”组成。作为通名,道的内涵指正确的方法。这个内涵普遍有效于中国古代(唐朝之前)许多思想家的体系,如儒家、墨家、法家以及道家等。在这些古人看来,道即正确的方法或方式。同时,道不仅有基本内涵,而且有限定条件,如此便将其聚焦至某个专有事物身上,比如《老子》之道等。加上了“《老子》”这一限定词,众说纷纭的“《老子》之道”的所指其实也很简单,即“自然”和“无为”。从正面说来,道即顺其自然,任由事物自己生存;从反面说来,道即无为,去除人为的干涉。无为而自然便是《老子》之道的所指或内涵。在老子看来,自然而无为才是正确的生存方式或方法。故,道仅仅是对“自然”而“无为”的状态的描述。作为描述性的摹状词,它本身并不是实体性存在,它的实体性主体是事物自己。同时,作为描述性的摹状词,它仅仅是对某种经验性的状态的描述,它既不神秘,也谈不上什么超经验性,更不是什么形而上的存在而仅仅是一种状态描述。这种状态便是事物自然而然、未经人为影响的存在方式。

自然与人文之间

——老子"器"论的思想意蕴

王玉彬

摘要:老子哲学可被"强为之容"地划分为两个世界:"道生万物"呈现的是"自然世界"之情态,"人文世界"则因"朴散而为器""因物以制器"而绽开。在老子那里,"器"是人文之始,人的"制器""用器"会滋生出"制"与"名","名制"就是人文的顶级表现形态;若不知止,"名制"就会逐渐积聚起外在于人与器的力量,进而蜕变为规制与宰控人文世界的符号系统,终而丧失与自然世界的本源牵系。通过对"道器关系"的阐发,老子意在以"道"之自然价值化解人文之弊,"知止""恬淡""清静"就是在自然价值贞定下对待"器—制—名"的应然态度。在老子的政治视域之中,"天下"可比"神器","大道"堪称"大器",以"大器"之自然价值守护并证成"神器"之尊贵性、公共性与意义饱满性,即为老子的人文精神与人文理想。

关键词:老子　器　道　人文　自然　天下

在老子的思想体系中,"道物关系"堪称其基源问题或根本理路,由此契入,便可谓走在了探览老子自然理念的甚夷大道上。当然,老子之自然理念,本身即体现为某种"立足现实、关心未来"的人文眷注。如果说老子的自然理念主要是通过对"道物关系"的描述而得来的,那么,老子的人文精神又该如何证成?这个问题又可分为两个小问题:第一,老子如何理解"人文"?

王玉彬,山东大学哲学与社会发展学院研究员,主要从事道家哲学、中国哲学史研究。

也即人文“是什么”？第二，老子如何期许“人文”？也即人文“应如何”？一直以来，老子对“自然”的颂赞以及对“人文”的批判备受关注，自然与人文之间的对立得到了更多的强调，老子对“人文自然”[①]的本意追求便隐而不彰了。令人欣慰的是，通过对道家人文精神的深入阐发，陈鼓应、刘笑敢、王博等先生业已从不同维度对上述问题进行了澄清[②]，从而有助于我们对老子之人文眷注的理解。在我看来，如欲继续深入挖掘老子的人文精神，就必须重视《老子》中不甚受关注的“器”之概念。本文之作，即是从“器”这一具体而微的概念出发，将老子对“人文”的理解与期许更多地落实在与之相关的文本疏释与观念推衍之上，以展开对老子人文精神的平实论述。

一、“器”与“名”：人文世界的建构

如果说“自然”与“人文”构成了老子思想中的“两个世界”，那么，老子是如何对这两个世界进行辨别与划界的？

显而易见的是，“自然世界”的起点与终点主要是通过对“道物关系”的讨论而论定的，“道”即“自然”之起点，“物”则意味着“自然”之终点。所谓“自然”，即无形无名之“道”生成有形有名之“物”所遵从的价值或呈现出的样态。老子说：

> 无名天地之始，有名万物之母。[③]
> 天下万物生于有，有生于无。[④]
> 道生一，一生二，二生三，三生万物。[⑤]

《老子》对“道生万物”的过程缺乏详细阐述，而仅以“无名/有名”“无/有”以及“一/二/三”这些比较具有概括性的词汇来传达这一无中生有、由简

---

① “人文自然”这一概念是刘笑敢提出的。在刘先生看来，“人文自然”既是“对世界万物存在状态的描述”，也是“对人类生存状态、人类与宇宙万物关系的状态的期待”。参见刘笑敢：《老子之人文自然论纲》，《哲学研究》2004 年第 12 期。

② 参见陈鼓应《道家的人文精神——从诸子人文思潮及其渊源说起》、刘笑敢《试论道家式责任感》以及王博《道家人文精神的特质》。以上文章均载于陈鼓应主编：《道家文化研究》第二十二辑，三联书店 2007 年版。

③ 王弼注，楼宇烈校释：《老子道德经注》，中华书局 2008 年版，第 2 页。

④ 王弼注，楼宇烈校释：《老子道德经注》，第 113 页。

⑤ 王弼注，楼宇烈校释：《老子道德经注》，第 120 页。

而繁的创生历程。这个过程全然是“自然而然”的——开端是莫可名状、不可思议的“道”，终端是品类盛大、粲然可观的“万物”。而且，以其“生而不有，为而不恃，长而不宰”[①]的无为之“玄德”，“道”可兼畜并衣养万物，使万物向自然性敞开并居于其中。可见，“道”与“物”构成了自然世界的两端，由“无为”之玄德而维系，以“自然”之样态而开显。

那么，“人文”世界的起点与终点又是什么？老子云：

> 朴散则为器，圣人用之则为官长，故大制不割。[②]

对于“朴散则为器”，蒋锡昌直接释为“道散而为万物”[③]。释“朴”为“道”没有什么大问题，但若径将“器”等同于“万物”，则会泯除“物—器”之界限，从而减杀老子“器”之概念的丰饶意蕴。《老子》中关于“朴”的文句有“敦兮其若朴”“见素抱朴”“复归于朴”“道常无名，朴”“无名之朴”“我无事而民自朴”等，细加按察，便可发现与其将“朴”直接理解为“道”，毋宁说“朴”即王弼所谓的“真”。[④] “真”不只是“道”的属性，也指涉着“万物”的本朴或自然状态。这样来看，“朴散则为器”便可理解为，器之成即意味着万物之本朴状态的消散或分解。人通过裁制万物而使之成器，即是将“自然之物”转化而成“人文之器”的过程。在此意义上，“器”构成了人文之始。

《老子》五十一章云：

> 道生之，德畜之，物形之，势成之。是以万物莫不尊道而贵德。[⑤]

“势成之”，马王堆帛书甲、乙本均作“器成之”，或为《老子》原文之旧[⑥]；若非原文之旧，“器成之”也更契合《老子》本身的思想脉络。《周易·系辞上》云：“形而上者谓之道，形而下者谓之器。”于此，孔颖达曰：

---

① 王弼注，楼宇烈校释：《老子道德经注》，第26页。

② 王弼注，楼宇烈校释：《老子道德经注》，第75～76页。

③ 蒋锡昌：《老子校诂》，（台北）东升出版事业有限公司1980年版，第191页。

④ 王弼说：“朴，真也。真散则百行出，殊类生，若器也。”王弼注，楼宇烈校释：《老子道德经注》，第75页。

⑤ 王弼注，楼宇烈校释：《老子道德经注》，第141页。

⑥ 高明认为：“今本中之‘势’应假借为‘器’，当从帛书甲、乙本作‘器成之’。”高明：《帛书老子校注》，中华书局1996年版，第70页。郑开则提供了一种颇有意味的推断：“可以考虑‘势’字之代替‘器’字，也许出乎黄老学者之手（这也符合《老子》经典化过程中黄老学派的历史作用）。”郑开：《试论老庄哲学中的“德”：几个问题的新思考》，《湖南大学学报》（社会科学版）2016年第4期。

"是故形而上者谓之道,形而下者谓之器"者,道是无体之名,形是有质之称。凡有从无而生,形由道而立,是先道而后形,是道在形之上,形在道之下。故自形外已上者谓之道也,自形内而下者谓之器也。形虽处道器两畔之际,形在器,不在道也。既有形质,可为器用,故云"形而下者谓之器"也。[①]

可见,"上、下"实即时间意义上的"先、后","形而上者谓之道,形而下者谓之器"意即"形以前是道,形以后是器"。[②] 据《老子》"物形之"的说法,"形"即"物"。《周易·系辞上》的说法与老子所谓"道生之而德畜之,物刑(形)之而器成之"显然是若合符节的。陈鼓应认为,《老子》中隐含着若干关于"道器"关系的看法,只是未将之显题化,《易传》则予道、器概念以清晰的界定,并明确将其发展成为重要的哲学命题,可谓是对老子思想的进一步发展。[③] 从上述论断来看,陈先生的判断显然过于谨慎了。《老子》对"道—物—器"的联系与区别已有非常明晰的分判,《周易·系辞上》的"道器论"并非是对老子思想的"进一步发展",而可以视为对老子思想的直接借用。[④]

老子明确意识到了"物"与"器"的封界,并认为由"物"而"器"的转化意味着"物"之自然性的消散以及人文性之"器"的创生。而且,"器"有本然之用,有裁制之用。本然之用即"埏埴以为器,当其无,有器之用"[⑤]的"制器"过程,《周易·系辞下》所谓包牺氏为网罟、神农氏作耒耨等均为此类;"裁制之用"即圣人的"用之",也就是"用器"。在老子那里,"器"必有其本然之用与裁制之用,如何"制之""用之"才是问题的关键。二十八章所谓"圣人用之则为官长,故大制不割"即意味着,通过圣人对"器"的合理谋划与安排,是可以建构起某种"不割"之"大制"的。这里的"官长"与"大制",类似于"形乃谓之器,制而用之谓之法"[⑥]中的"法"。也就是说,圣人对"器"的裁制与利用会生

---

① 王弼注,孔颖达疏:《周易正义》,北京大学出版社 2000 年版,第 344 页。

② 戴震说:"形而上犹曰形以前,形而下犹曰形以后。"戴震:《孟子字义疏证》,中华书局 1982 年版,第 22 页。

③ 参见陈鼓应:《道家易学建构》,中华书局 2015 年版,第 41～42 页。

④ 池田知久认为,《易传》的"道器论"是受《老子》的强烈影响而形成的。参见[日]池田知久:《〈老子〉的"道器论"——基于马王堆汉墓帛书本》,陈鼓应主编:《道家文化研究》第十二辑,三联书店 1998 年版,第 154 页。

⑤ 王弼注,楼宇烈校释:《老子道德经注》,第 29 页。

⑥ 王弼注,孔颖达疏:《周易正义》,第 339 页。

发出某种制度或治理方式。

《老子》三十六章云：

> 鱼不可脱于渊，国之利器不可以示人。[①]

"国之利器"，《韩非子·喻老》解读为"赏罚"[②]，河上公释为"权道"[③]，王弼说是"利国之器"[④]，三种解释虽不尽相同，但其义无不指向治国的原则或方法。"器"的这种用法在先秦典籍之中亦属常见，例如，《礼记·经解》说"义与信，和与仁，霸王之器也"[⑤]，即视仁、信、和、道为帝王治理国家的"治器"；《礼记·表记》有"仁之为器重，其为道远"[⑥]之说，不无"仁政"之意；《管子·重令》亦以"号令、斧钺、禄赏"为治国之"三器"[⑦]。这样来看，在宽泛的意义上，我们可以将"国之利器"理解为"国之制度"；而在具体的意义上，老子之"国之利器"则意味着老子所建构的独特的"无为之制"。

由"器"而生"官"与"制"，之后必会衍生出"名"：

> 始制有名，名亦既有，夫亦将知止。知止可以不殆。[⑧]

王弼注云："始制，谓朴散始为官长之时也。始制官长，不可不立名分以定尊卑，故始制有名也。过此以往，将争锥刀之末，故曰'名亦既有，夫亦将知止'也。遂任名以号物，则失治之母也，故'知止所以不殆'也。"[⑨]高明亦曰："朴散则百行出，殊类生，诸器成，圣人因之而立名分职，以定尊卑，即老子所言'始制有名'也。朴散真离，因器立名，锥针之利必争，则徇名忘朴，逐末丧本，圣人亟应知止而勿进，行无为之治，复无名之朴，故知止度限所以不殆也。"[⑩]显然，"名"在老子那里并不只是认识论意义上的对"物"的命名，亦为在对"器"的规制与安排过程中衍生出的名分、名位、名制、名法或名教。在

① 王弼注，楼宇烈校释：《老子道德经注》，第 93 页。

② 王先慎：《韩非子集解》，中华书局 1998 年版，第 159 页。

③ 王卡点校：《老子道德经河上公章句》，中华书局 1993 年版，第 142 页。

④ 王弼注，楼宇烈校释：《老子道德经注》，第 93 页。

⑤ 郑玄注，孔颖达疏：《礼记正义》，北京大学出版社 2000 年版，第 1599 页。

⑥ 郑玄注，孔颖达疏：《礼记正义》，第 1722 页。

⑦ 黎翔凤撰：《管子校注》，中华书局 2004 年版，第 290 页。

⑧ 王弼注，楼宇烈校释：《老子道德经注》，第 84 页。

⑨ 王弼注，楼宇烈校释：《老子道德经注》，第 84 页。

⑩ 高明：《帛书老子校注》，第 401 页。

“制”与“名”之间，如果说“制”是具体的政治运作措施，“名”则意味着对“制”更进一步的名位化处理，在“名”的加持之下，“制”的效用会更为普遍、稳定而权威。

《左传·成公二年》载孔子之言曰：

> 唯器与名，不可以假人，君之所司也。名以出信，信以守器，器以藏礼，礼以行义，义以生利，利以平民，政之大节也。①

在这里，“名”即被视作为政之枢要，且施政过程的展开形式是“名—信—器—礼—义—利”。追本溯源地看，“名”是在“礼义”这种“制度”（器）产生之后才被建构起来的；但在政治运作的现实逻辑下，“名”一旦被建构起来，就会跃升为首位的、基源式的政治原则，正因如此，孔子才将“正名”视作为政之先。② 可见，在通行的政治构架之中，“名”的生成逻辑与运作逻辑实际上是悖反的。在老子看来，这种“本末倒置”正是政治衰败的总根源，因此必须对之深加警惕并进行纠正；但纠正之法不在“正名”，而在“化器”。

二、“器”与“道”：人文的自然化

陈鼓应将“道物关系”视为老子哲学乃至中国哲学的主线，认为老子“以更开阔的视野，从宇宙的规模思考人的存在，并建立道论作为天地万物生成的根源即存在依据”，并对其哲学贡献进行了细致而周密的论述。③ “道物关系”显然是老子思想系统的“道枢”，王博、林光华对这一问题亦有独出机杼而卓有创获的解读。④ 相比之下，与对“道物关系”的聚焦式关注相比，学者们对老子之“道器关系”的研讨则明显不足。

在《论老子在哲学史上的地位》一文中，张岱年意识到，“‘道’与‘器’的

---

① 左丘明传，杜预注，孔颖达疏：《春秋左传正义》，北京大学出版社 2000 年版，第 795 页。

② 《论语·子路》：“子路曰：‘卫君待子而为政，子将奚先？’子曰：‘必也正名乎！’”

③ 陈鼓应：《论道与物关系问题（上）——中国哲学史上的一条主线》，《哲学动态》2005 年第 7 期；《论道与物的关系问题（下）——中国哲学史上的一条主线》，《哲学动态》2005 年第 8 期。

④ 参见王博：《老子思想的史官特色》，（台北）文津出版社 1993 年版，第 225～246 页；林光华：《〈老子〉之道及其当代诠释》，中国人民大学出版社 2015 年版，第 201～212 页。两部著作的出版时间相隔 20 余年，却都专辟一章讨论“道物关系”问题，充分说明了这个问题在老子哲学及学者心中的重要性。

观念始于老子”[①]；在讨论“道物关系”的时候，陈鼓应也说：“道、器之分是道家道、物关系之另一种表述。”[②]两位先生的视野都比较宏观，故所述“道器关系”亦只是顺便一提，未及深入探讨“道器”关系的究竟意涵。池田知久的《〈老子〉的“道器论”——基于马王堆汉墓帛书本》是稀有的专门讨论这一论题的文章，该文将老子的“道器论”纳入先秦思想史的脉络，并在与庄子、《易传》的比较之中探察了其思想史价值。然而，池田先生虽然承认“道器论”是在“道物论”基础上演变出的新理论，在内涵上却认为“两者之间差不多没有区别”。[③]

可见，学者对老子之“道器论”的既有研讨有两个特征：其一，借此强调老子对《易传》的影响，以说明老子崇高的哲学史地位；其二，认为“道物”与“道器”的内涵相同，而不作任何理论区分。我们看到，《易传》通过吸收道家的本体论而完善了自己的理论体系，并在此基础上佐证、弘扬了其人文价值；与之相比，我们对《老子》的研究却在有意无意中过于偏重其本体论或形上性，反而严重忽略了老子深沉而独特的人文关怀。

如果说“物”是“自然世界”的终点，“器”为“人文世界”的起点，“道物关系”与“道器关系”在理论上就必然有着巨大的差别。既然“道—物”朝向的是“自然世界”，“道—器”之间的勾连意味着什么？陈鼓应说：“形而上的道渐渐向下落，落实到生活的层面，作为人间行为的指标，而成为人类的生活方式与处世的方法。”[④]在老子那里，“器”堪称连接形上之道与生活之道的具体而微的节点。这样，自然与人文的统合，必然要归结到对“器”的合理安顿之上。也就是说，“器”不仅在本然的意义上意味着人文之始，也在应然的层面指向人类世界的理想形态。由此可见，“道器论”在老子哲学中显然不是“道物论”的附庸或重复，而有着独立的思想意蕴与理论价值。归结而言，鉴于“道”是自然价值之源，“器”是人文创作之始，“道器关系”便意味着在“自然”与“人文”之间建立某种照应关系，若以在“道物关系”呈现出的自然价值

① 张岱年：《论老子在哲学史上的地位》，陈鼓应主编：《道家文化研究》第一辑，上海古籍出版社1992年版，第81页。

② 陈鼓应：《论道与物关系问题（上）——中国哲学史上的一条主线》，《哲学动态》2005年第7期。

③ 参见［日］池田知久：《〈老子〉的“道器论”——基于马王堆汉墓帛书本》，《道家文化研究》第十二辑，第143～156页。

④ 陈鼓应：《中国哲学创始者——老子新论》，中华书局2015年版，第149页。

为导向而调谐这一关系，就会化解人文的种种弊端，而实现人文的自然化。在老子那里，这种自然化的人文即为最理想的人文样态。

现在的问题是，老子为什么认为人文必须自然化，或者说以自然为价值归宿？这个问题的另一面便是，如果缺乏自然价值的贞定，人文将会走向何方？上文已述，老子之所以提出“始制有名，名亦既有，夫亦将知止。知止可以不殆”的观念，正是因为他看到了由“器”而衍生的“名”的无度建制可能会滋生人文的形式化、规约化、歧异化等弊端。《左传·成公二年》所谓“名以出信，信以守器，器以藏礼，礼以行义”的说法，即明确地将彼时流行的“名—器”的实质性内涵——“礼”——揭示了出来。就曾为史官的老子来说，他对这种完善于西周时期的“礼制”定然是了然于胸的；与此同时，他也深刻体会到“周之衰”的实质即体现为“礼制”的虚化与僵化：“虚化”意味着这套名制失去了“信”之质素，“僵化”意味着这套礼制远离了“义”之品格。因此老子说：“夫礼者，忠信之薄而乱之首。”[①]在春秋时代，虚化而僵化的“礼乐体系”将所有的人、物、器都系缚在一张大网之上，“循名而在”“惟礼是守”的虚伪与固化生存便渐渐取代了“循道而行”的活化存在方式，从而导致了忠信的缺席与混乱的生成。

“名制”或“礼制”本以“器”为基础而衍生，或者说是对“器”的筹划与安顿，可惜的是，“名”的规范性力量会渐趋强大，以致反客为主而超越了“器”的合理边界，背离了“道”的应然价值，异化为对“人”的严厉宰控与全面束缚。这样，“名”的凸显便意味着“道”的遗忘，“名”的流行便意味着“道”的废弃，这是政治与生命展开的方向性错误。老子认为，一旦人们“循名而忘朴”，停留在“名”的世界里并以之为安宅大路，就会失却对这个世界的本真理解与本源牵系。因此，老子认为“名器”必须“复归于朴”，才能在真朴之境中化解繁文缛礼对生命的戕害。

不唯如此，“名”的兴作在某种意义上还会导致“器”的妄作与滥用。“器”本来就是对“物”之自然性的裁制与背离，如果不加限止，人们就会在“追名逐利”的刺激下产生对“器”的极端追求与利用。于此，老子主要以“兵器”为例而展开了他对妄作之器的批判：

夫佳兵者，不祥之器。物或恶之，故有道者不处。君子居则贵左，

---

① 王弼注，楼宇烈校释：《老子道德经注》，第98页。

用兵则贵右。兵者,不祥之器,非君子之器。不得已而用之,恬淡为上。

天下多忌讳,而民弥贫;民多利器,国家滋昏;人多伎巧,奇物滋起;法令滋彰,盗贼多有。

小国寡民,使有什伯之器而不用,使民重死而不远徙。虽有舟舆,无所乘之;虽有甲兵,无所陈之;使民复结绳而用之。甘其食,美其服,安其居,乐其俗。邻国相望,鸡犬之声相闻,民至老死不相往来。①

这三条材料中的“不祥之器”“利器”“什伯之器”均可释读为“兵器”。在老子看来,兵器是“器”之无度开发与滥用的典型体现:如果“民多利器”,国家会愈趋昏乱;如果君主穷兵黩武,天下会陷入不祥之境。因此,对于“兵器”,老子的态度是减少之、收藏之,即使不得已而用之,亦应采取“恬淡”的态度。可见,当且仅当在这个层面上,老子的“反器”才是真正成立的,“反器”并非老子对“器”的一贯或主要态度。

针对“名”的流行,老子主张“知止”;针对“器”的妄作,老子主张“恬淡”。“知止”与“恬淡”态度,既由“名—器”导致的现实恶果而发,亦因“道—器”指向的理想境域而生。陈鼓应认为:“道家反对虚伪的、工具化了的道德,反对扭曲人性的文明,但绝不是反对一切道德和文明。”②老子对于虚伪的道德、扭曲的文明的反对,即体现在他对“名—器”之弊端的批判中;“绝不是反对一切道德和文明”这一点,则只有通过老子的“道器论”才能得到具体的落实。老子认为,社会混乱与道德堕落的根源不在于“器”或“名”,而在于人对“器”的失当运用,以及由此而衍生的各种不良后果。

三、“神器”与“大器”:人文理想的证成

王博认为,老子哲学体系主要由两部分组成:“一部分是道论,由他对道及道物关系的认识所构成;一部分则是治国及治身思想。后者是从前者引申出来,或者说是建立在前者的基础之上的。”③无论是在道论还是治国、治身层面,老子哲学显然均是以侯王为中心而展开叙述的。老子的理论目的,即是通过对“道—物”关系的阐述而确立理想的“圣—民”关系;道之于万物

① 王弼注,楼宇烈校释:《老子道德经注》,第 83、149～154、198 页。

② 陈鼓应:《道家的人文精神》,中华书局 2015 年版,第 14 页。

③ 王博:《老子思想的史官特色》,第 247 页。

的“生而不有，为而不恃，长而不宰”的“玄德”，也便是圣王在治理民众时所应具备的政治德性。那么，我们所注重的“器”在这种粲然有序的政治理论架构中处于什么样的位置？若将老子的“圣人治理天下”直接等同于“圣人治理百姓”，就会忽略了在“人”（百姓）之外，“天下”尚有一个“器”的世界亟需圣人的照察。

“人”与“器”之间的关系首先是“人制器”，“器”是属人的、人文的范畴，这是没有问题的。然而，一方面，如《周易·系辞上》所云之“备物致用，立成器以为天下利，莫大乎圣人”[①]，“器”的制作主要是“圣人”的任务，由“器”而生的“名”的制作（如周公的“制礼作乐”）更是“圣人”的责任；另一方面，正所谓“君，将纳民于轨、物者也”[②]，“名—器”产生之后，在某种程度上便有了独立性，并会形成对“百姓”的控制或约束。对于“百姓”而言，“名—器”的世界是生活展开的基础性场域；或者说，百姓现实地生活于圣人所创制的各种“名—器”之中。由此，圣人治理天下便可以区分为两个问题：其一，如何对待“百姓”；其二，如何处理“名—器”。在某种意义上，“以百姓心为心”仅仅是老子政治哲学的目的说述，如欲实现这一目标，则必须对“名器”进行处理；换言之，“用器”才是老子之政治理念的具体举措与核心议题。

不妨再回到《老子》二十八章：

> 朴散则为器，圣人用之则为官长。故大制不割。[③]

尽管“器”的产生必然意味着对于“朴”的背离，但与“夫残朴以为器，工匠之罪也；毁道德以为仁义，圣人之过也”[④]的极端说法相比，老子对“器”或“仁义”的态度显然不是激烈地斥责与排逐，而是试图通过圣人的“用器”而建立起某种整全而完美的“大制”。《老子》六十七章说：

> 我有三宝，持而保之。一曰慈，二曰俭，三曰不敢为天下先。慈，故能勇；俭，故能广；不敢为天下先，故能成器长。今舍慈且勇，舍俭且广，舍后且先，死矣！[⑤]

---

① 王弼注，孔颖达疏：《周易正义》，第 340 页。
② 左丘明传，杜预注，孔颖达疏：《春秋左传正义》，第 104 页。
③ 王弼注，楼宇烈校释：《老子道德经注》，第 75～76 页。
④ 王先谦：《庄子集解》，中华书局 1987 年版，第 83 页。
⑤ 王弼注，楼宇烈校释：《老子道德经注》，第 176 页。

“不敢为天下先，故能成器长”，帛书乙本、北大汉简本均作“不敢为天下先，故能为成器长”[①]。如此，“成器”便是一个名词，与“器成之”有理路上的对应关系；“成器长”，也即“圣人用之则为官长”的“官长”。可见，圣人之所以为圣人，是因为他能够通过“不敢为天下先”的方式裁制并安顿百官、百行等“成器”，从而将社会统贯为一个和谐而有序的整体。由此，圣人与器、道之间的关系是，第一，如果缺乏“器”的存在，圣人便“无计可施”；第二，在圣人的“不敢为先”的态度以及“舍先且后”的运作之下，“器”则能各适其性、各安其位、各得其所；第三，圣人的慈让、宽容、知止、恬淡等政治德性，经由对“道器论”的切当理解而实现。

《老子》二十九章又说：

> 将欲取天下而为之，吾见其不得已。天下神器，不可为也。为者败之，执者失之。[②]

对于“神器”，河上公认为“器”即“物”，“神物”即“人”[③]，高明从之[④]。这种看法未能体贴到上文所述的“人—器”之别，亦难以把握“神器”所透露的深微内涵。王弼说：“神，无形无方也。器，合成也。无形以合，故谓之神器也。”[⑤]由王弼注文可见，圣人所治理的“天下”在客观上就是作为“合成之器”的样态而呈现的，是一个“兼备了人文和物理含义”[⑥]的制度世界、人文世界；“神”则意味着“天下”的尊贵性、公共性与意义饱满性。可见，在老子那里，“神器”意即“天下”。[⑦] 因其“神”之性质，“天下”拒绝任何人的“取而为之”，也即通过有为或专制的方式将天下私有化，而必须在“以天下观天下”[⑧]的公共视

---

① 高明：《帛书老子校注》，第 161 页；北京大学出土文献研究所编：《北京大学藏西汉竹书》（贰），上海古籍出版社 2012 年版，第 137 页。

② 王弼注，楼宇烈校释：《老子道德经注》，第 78 页。

③ 王卡点校：《老子道德经河上公章句》，第 118 页。

④ 高明：《帛书老子校注》，第 378 页。

⑤ 王弼注，楼宇烈校释：《老子道德经注》，第 78 页。

⑥ 赵汀阳：《天下体系：世界制度哲学导论》，中国人民大学出版社 2011 年版，第 28 页。

⑦ 《庄子·让王》：“舜让天下于子州支伯。子州支伯曰：‘予适有幽忧之病，方且治之，未暇治天下也。’故天下大器也，而不以易生，此有道者之所以异乎俗者也。”“故天下，大器也”的定义式界说，亦能为本文的理解方式提供必要的支持。

⑧ 王弼注，楼宇烈校释：《老子道德经注》，第 147 页。

域中，通过“清静为天下正”[①]的政治德性，才能敞开并实现“神器”所体现的“天下”这一政治空间的尊贵、公共而饱满的政治意义。

“以天下观天下”“清静为天下正”显然是“圣人”的政治视野与德性，这种视野与德性蕴蓄的正是“以道莅天下”[②]的为政方式。按照本文的理解，“以道莅天下”的内涵实际上即是“以道治器”。《老子》四十一章说：

> 故建言有之：明道若昧，进道若退，夷道若纇。上德若谷，大白若辱，广德若不足，建德若偷，质真若渝。大方无隅，大器晚成，大音希声，大象无形。道隐无名，夫唯道善贷且成。[③]

帛书乙本“大器晚成”作“大器免成”，楼宇烈、高明认为“免成”即“无成”[④]；郭店本作“大器曼成”，本诸训诂、义理等层面的理由，廖名春等亦主张将“曼”释读为“无”[⑤]。虽然“从传世的战国晚期韩非子的《喻老》到秦之《吕氏春秋》，再到汉代的《老子》注及引用”，无不将“大器”理解为“大功、大名”或“大器之人”，“大器晚成”即“大器（伟大事业）的成就需要时间积累”[⑥]，然而，老子的这段话显然是以“道”为论述对象的。与“大方”“大音”“大象”一样，“大器”是对“道”的某种描述，并不直接指向“功名”或“人”。因此，尽管“免成”的解读有着古老而悠久的传统，却脱逸了四十一章的整体章旨，不无断章取义、以讹传讹的意味。

“大器无成”的说法更契合四十一章的义理脉络，也更契合老子的整体观念。那么，老子为何要以“大器”称示“道”？答案是，老子既认为圣人要“以道莅天下”，便意味着“道”不仅是自然世界的生成根源，更是人文世界的价值根据；这样，“道”在实质上也就是圣人治理天下的态度或方法，因此在本质上也是一种建制或立名。但与一般的“器—制—名”不同，老子以“大器”“大制”称之，并认为“大器无成”“大制不割”“道隐无名”。

“大器无成”又意味着什么？王弼说：“大器，成天下不持全别，故必晚成

---

① 王弼注，楼宇烈校释：《老子道德经注》，第127页。

② 王弼注，楼宇烈校释：《老子道德经注》，第162页。

③ 王弼注，楼宇烈校释：《老子道德经注》，第115～116页。

④ 高明：《帛书老子校注》，第24～25页。

⑤ 王中江：《简帛文明与古代思想世界》，北京大学出版社2011年版，第378～380页。

⑥ 参见王中江：《简帛文明与古代思想世界》，第380～384页。

也。”[①]按照我们的理解，王弼注文之旧似应为“大器，成天下不持全别，故必免成也”。意思是说，“道”具有恒常的性质，是无所谓“成”的，也便无所谓“毁”；在无成亦无毁、无分亦无别的“道”之境域之中，天下可免于“全—分”的区别性样态。唯当如此，“道”才有成就天下万物的可能，才能体现出天下的尊贵性、公共性与意义饱满性。

小　结

在老子那里，“器”是人类改造“自然之物”而形成的“人文之物”，“人文世界”即以“器”为肇端而绽开，通过圣人的筹划，“器”即可衍生出一系列治理人文世界的制度、方法与“名分—名位—名法”系统。在此规范系统中，人们却易于“循名而忘朴”，并以“名”为唯一合理而可欲的存在方式，从而失却了与“自然价值”的本源牵系，此即西周礼乐制度的流弊之源与崩坏之因。因此，老子呼吁“知止”，并以“自然价值”化解“人文世界”的虚化与僵化。无论是“天下”还是“道”，在老子的人文视界之中都有“器”之意味，“天下”为“神器”，“道”为“大器”，如果圣人能“以道莅天下”，也即“以大器莅神器”，便可最大限度地消解“名器”的弊端与恶果，从根本上阻止“名器”对于“朴”的背离与偏离，而在“复归于朴”的“大制”建构中实现自然与人文的水乳交融、相得益彰。

可见，“器”在老子哲学中有着颇为复杂而深微的意蕴，老子对“器”的态度实非“反器”[②]一词所能概括。据实而言，老子反对的并非“器”“制器”“用器”，而是错误的“制器”态度与“用器”方式。一直以来，学者过于强调老子“器”论的这种“批判”性格，习以为常地认为“自然”与“人文”是深刻对立的，如此便忽视了老子思想中潜藏的“器”对自然世界与人文世界的连结作用，以及“道器论”对两者的融贯与统合可能，这样必会导致老子人文精神的黯淡与枯涸。这样来看，在对老子哲学的研究中，从宏大而显明的“道物论”转向深切而幽隐的“道器论”是极为必要且重要的，这种理路转换与思想溯源，既是将老子的人文精神摆在明处、落于实处的必由之路，也是实现老子哲学之现代转化的内在吁求。

---

① 王弼注，楼宇烈校释：《老子道德经注》，第 116 页。

② 陈少明说：“在老子看来，正是器的出现导致社会的混乱与道德的堕落”，并将老子的观点称为“反器”论。参见陈少明：《说器》，《哲学研究》2005 年第 7 期。

出土《老子》的研究：以西方学术的视角

陈嘉礼 著　王明琪 译

摘要：西方学者对中国出土的文献越来越感兴趣，不同版本的《老子》出土引起了研究者的广泛关注。本文以马王堆、郭店出土的《老子》文本为研究对象，总结西方学者对出土《老子》的研究，试图为读者勾勒出西方学术界对《老子》出土文献研究的基本面貌。因为无法将西方所有关于出土《老子》的研究都介绍给读者，本文的介绍只限于马王堆《老子》、郭店《老子》、"太一生水"、"五行"、方法论等问题。

关键词：《老子》　出土《老子》　中国出土文献

引　言

本文旨在全面深入考察西方汉学家关于先秦到汉代《老子》的研究情况。此想法来自柯马丁(Martin Kern)所写的一篇文章，在这篇文章中，他提

本文受山东大学基本科研业务费(项目编号：2019HW017)资助。我也想借此机会缅怀范慧珊小姐。范慧珊小姐是一位令人尊敬的好朋友、可爱的女士，总是支持我的研究，鼓励我学习法语和德语，但不幸于2019年3月26日去世。我相信她会很高兴读到这篇文章，因为本文使用了法语和德语材料。又，本文原为英文论文，发表在 *Cultural and Religious Studies*, Vol. 8, No. 2 (February 2020), pp. 102-108。

陈嘉礼，山东大学儒学高等研究院副教授，主要从事中国上古史、甲骨学、民族记忆等研究。

出了一个值得注意的问题：单语主义和单一文化主义是目前中国大陆古代中国研究的根本局限。[①] 太多中国学者并未掌握任何外语，即使是对出版的翻译作品，也很少关注。而且，许多翻译作品也有误译之处。

我相信柯马丁提到的这些问题在现今中国大陆很普遍。因此，笔者希望通过本文将西方学者对出土《老子》的研究介绍给中国学者。我不认为西方学者在中国研究的能力上一定比中国学者强，但在21世纪全球化的今天，如果中国学者不关注西方学术的成果，对学术的发展而言是没有任何好处的。

本文首先对马王堆和郭店这两个考古发现作简要的阐述，介绍在这两个考古发现中所出土的《老子》；接着对此课题进行方法论层面的研究与探讨；最后，对出土《老子》的解读进行反思。

没有人会质疑马王堆和郭店的考古发现对于研究出土《老子》的重要性。1973年，湖南长沙马王堆3号汉墓出土了帛书《老子》甲、乙本[②]，这批简帛提供了两个版本的《老子》。据相关研究，甲本为篆体，完成时间不晚于公元前195年，乙本为隶书，可能是在公元前194～前180年之间完成的，马王堆出土的两种版本《老子》帛书代表了迄今为止最古老的道家经典。马王堆汉墓考古发现30年后，湖北郭店附近的一座古墓中又出土了一部《老子》。荆州市博物馆考古人员接到有盗墓贼盗取郭店村古墓的消息后，正式挖掘了古墓。经过考察，发现它是一座楚墓，时间约为战国中晚期之间（公元前300年左右），墓中有超过700多枚带字竹简。[③] 对于定性研究战国时期中国的文本与思想而言，郭店1号墓都是理想的材料，这些文本是随葬品的一部分，在保护性考古发掘中重见天日。正如许多学者所指出的，这些文本的共同之处在于，它们都试图建立稳定的哲学概念。这些文本或可视为广义的“哲学”学科的一部分。迄今为止，郭店墓是唯一一座证据充分的战国墓，保存了各种哲学文本[④]。

---

① 详见柯马丁：《早期中国文献研究方法之反思》，刘笑敢等编：《简帛思想文献研究》，东方出版社2019年版，第122～155页。

② 晓菡：《长沙马王堆汉墓帛书概述》，《文物》1974年第9期。

③ 王传富、汤学锋：《荆门郭店一号楚墓》，《文物》1997年第7期。

④ Dirk Meyer, *Philosophy on Bamboo: Text and the Production of Meaning in Early China*, Leiden: Brill, 2012, pp. 4-5.

马王堆《老子》

据统计,《老子》是世界上翻译次数第二多的著作(仅次于《圣经》),有200多种外文译本。迄今为止,马王堆帛书《老子》至少已有6种译本,现列如下:

(1)Lanciotti, *Lionello. Libro della Virtùe della Via: Il Te-tao-ching secondo il manoscritto di Ma-wang-tui*. Milano: Editoriale Nuova, 1981.

(2)Lau, D.C. *Chinese Classics: Tao Te Chin*. Hong Kong: The Chinese University Press, 1982.

(3)Henricks, Robert G. *Te-Tao Ching: A New Translation Based on the Recently Discovered Ma-wang-tui Texts*. New York: Ballantine Books, 1989.

(4)Mair, Victor. *Tao Te Ching: The Classic Book of Integrity and the Way*. New York: Bantam Books, 1990.

(5)Möller, Hans-Georg. *Laotse, Tao Te King: Die Seidentexte von mawangdui*. Franfurt a.m.: Fischer, 1995.

(6)Erstner, Ansgar."Enie Synopse und kommentierte Übersetzung des Buches Laozi sowie eine Auswertung seiner kritischen Grundhaltung auf der Grundlage der Textausgabe Wang Bis, der beidenMawangdui-Seidentexte und unter Berücksichtigung der drei Guodian-Bambustexte." Ph.D. diss., Trier University, 2001.

毫无疑问,马王堆汉墓的考古发现一经问世便引起了极其广泛的关注,以上所列的这些译本也各有自己的特色。刘殿爵(Lau, D. C)于1963年出版的《老子》英译本吸引了西方的兴趣,之后1982年的版本与1963年的译本略有不同,但总体来说差别不大。与刘殿爵相比,韩禄伯(Robert G. Henricks)1989年的译本在美国更具影响力,从1979年到1999年,他至少发表了6篇关于马王堆帛书《老子》的研究文章。韩禄伯对马王堆《老子》的研究大部分是在中国学者论述的基础上展开的,至少可以说,他的研究方法与中国学者没有太大的不同。[①] 梅维恒(Victor Mair)的研究角度颇为独特，他曾对敦煌变文作过深入的研究，认为佛教对中国文化有着广泛的影响。在他看来，《老子》中的许多基本术语都与印欧语系有关，例如："track"和"trek"，"德"和"doughty"，"得"和"integrity"，"经"和"filament"或"file"。梅维恒的译本表达较为准确，译笔流畅，有利于普通读者的阅读，并在另一篇文章中讨论了这些词的词源[②]。

一些德国学者也发表了对马王堆《老子》文本的研究：

(1) Ommerborn, Wolfgang et al. "Exemplarische Bearbeitung der Laozi-Seide Manuskripte (Version A und B) von Mawangdui anhand des tradierten Kapitels 39." *Bochumer Jahrbuch zur Ostasienforschung*, 11 (1988): 213-267.

(2) Möller, Hans-Georg. "Verschiedene Versionen des *Laozi*: Ein Vergleich mit besonderer Berücksichtigung des 19. Kapitels." *Monumenta Serica* 47 (1999): 285-302.

(3) Richter, Matthias. "Towards a Profile of Graphic Variation: On the Distribution of Graphic Variants within the Mawangdui*Laozi* Manuscripts." *Asiatische Studien* 59.1(2005): 169-207.

(4) Richter, Matthias. "DerAlte und das Wasser: Lesarten von Laozi 8 imüberlieferten Text und in den Manuskripten von Mawangdui." H*an-Zeit*: *Festschrift für Hans Stumpfeldt aus Anlaß seines* 65. *Geburtstages*. Lun Wen: Studien zur Geistesgeschichte und Literatur in China 8. Eds. Friedrich et al. Wiesbaden: Harrassowitz, 2006. 253-73.

特别值得注意的是李孟涛(Matthias Richter)，他在论文中提出用一种极其严格的古文字学方法论来处理马王堆《老子》文本中的异文，这给关于

① Edward L. Shaughnessy, *Chinese Annals in the Western Observatory*: *An Outline of Western Studies of Chinese Unearthed Documents*, Berlin: Walter de Gruyter, 2019, p. 291.

② Victor H. Mair, [*The*] *File* [*on the Cosmic*] *Track* [*and Individual*] *Dough* [*tiness*]: *Introduction and Notes for a Translation of the Ma-wang-tui Manuscripts of the Lao-tzu.Sino-Platonic Papers*, Philadelphia: Department of Oriental Studies, University of Pennsylvania, 1990.

马王堆《老子》文本的写作和阅读带来了很多启示。[①]

许多学者在马王堆帛书《老子》乙本中探讨中国的早期思想。在涉及此方面的研究时，葛瑞汉（A.C. Graham）的《鹖冠子——一部被忽视的汉前哲学著作》（*A Neglected Pre-Han Phiosophical Text*：*Ho-kuan-tzu*）[②]一书必须被放在第一位。葛瑞汉是二战后研究中国古代思想的杰出史学家，但不幸的是，他在去世之前只能够看到马王堆出土的文本。葛瑞汉能够充分利用马王堆帛书《老子》文本与过去20年所发掘的材料进行研究。在此文中，他以《黄帝四经》为研究对象，探讨《鹖冠子》的真实性和学术背景。葛瑞汉的研究虽然延续了国内一些学者的观点，但仍很有启发性。

郭店《老子》

郭店本自出土（1993）[③]和发表（1998）[④]以来就一直被认为对中国早期思想史的研究具有重要意义。郭店楚简本《老子》是对战国文字和思想进行实质性研究的理想材料。

郭店楚简被誉为中国的死海古卷，它的出土影响深远。[⑤] 迄今为止，郭店楚简本是挖掘出来的唯一在内容上全是关于哲学思想的手抄本。战国时期是中国思想史上的一个重要时期，而郭店楚简则是极少数可以确切追溯到战国的发现之一。[⑥]

---

① Edward L. Shaughnessy, *Chinese Annals in the Western Observatory*: *An Outline of Western Studies of Chinese Unearthed Documents*, p. 296.

② In *Bulletin of the School of Oriental and African Studies*, 52.3(1989), pp. 497-509.

③ 1993年10月，纪山以东，郭店以南，距离楚国故都以北仅9公里处的一座古墓中发现了约800枚竹简。参见刘祖信、龙永芳编：《郭店楚简综览》，（台北）万卷楼2005年版，第1页。

④ 已出土的竹简共804枚，其中完整竹简730枚，据推测，有12072个楚国文字是在临近埋葬时用毛笔写在竹简上的。参见荆门市博物馆编：《郭店楚墓竹简》，文物出版社1998年版，第1页。

⑤ Sarah Allan and Crispin Williams, eds., *The Guodian Laozi*: *Proceedings of the International Conference*, *Dartmouth College*, *May* 1998. Berkeley: Society for the Study of Early China and the Institute of East Asian Studies, University of California, 2000.

⑥ Shirley Chan, "Introduction: The Excavated Guodian Bamboo Mauscripts," in her ed., *Dao Companion to the Excavated Guodian Bamboo Manuscripts*, Cham: Springer, 2019, p. 6.

截至 2015 年，至少有三本书对郭店楚墓竹简进行了专题讨论，分别为：

(1)Holloway, Kenneth W. *Guodian: The Newly Discovered Seeds of Chinese Religious and Political Philosophy*. Oxford: Oxford University Press, 2009.

(2)Meyer, Dirk. *Philosophy on Bamboo: Text and the Production of Meaning in Early China*. Leiden: Brill, 2012.

(3)Cook, Scott. *The Bamboo Texts of Guodian: A Study and Complete Translation*. Ithaca, N.Y.: East Asia Program, Cornell University, 2012.

这里有必要对这三本书作一个简单的解读。

2002 年，郝乐为(Kennethw Holloway)向宾夕法尼亚大学提交他的博士论文，题目为《新发现的儒家经典之〈五行〉》("The Recently Discovered Confucian Classic 'The Five Aspects of Conduct'")，并在此后发表了多篇关于郭店楚简的文章。他在 2009 年出版的《郭店：新发现的中国宗教与政治哲学的种源》是西方第一部关于郭店楚简的专著，引起了广泛的关注。2019 年，郝乐为发表文章讨论郭店写本所具有的连贯的宗教哲学思想[①]。

麦笛(Dirk Meyer)在其博士论文的基础上于 2011 年出版了关于郭店《老子》的研究专著。其研究由三部分组成：第一部分对来自郭店 1 号墓的文本进行了详细的结构分析，他希望从形式结构的角度来研究早期文本，这对于处理早期思想具有重要的方法论意义；第二部分论述了郭店 1 号墓手抄本的知识环境，讨论的重点是战国时期文本的物质条件、写本文化、书写意义、文本群体和哲学思想之间的相互关系；第三部分提供了他对战国时期文本哲学意义建构的物质条件的研究。[②]

顾史考(Scott Cook)于 2012 年出版的著作共两卷，这个两卷本的巨著有 1000 多页。可以说，顾氏的研究包含从郭店楚简的出土到此书的出版这 14 年间对郭店《老子》的一切探讨。此书的副标题很好地描述了这本书的内容："Study"指的是第一卷前的引言部分，共 185 页，介绍了郭店简的发现出土和战国时期大的思想背景；"Complete Translation"指此书对郭店楚简不

---

① Kenneth W. Holloway, "Guodian: A New Window for Understanding the Introduction of Buddhism into China," *ibid*, pp. 355-369.

② Dirk Meyer, *Philosophy on Bamboo: Text and the Production of Meaning in Early China*, pp.26-28.

仅进行了英译，更包括对简文的具体注释。顾史考的注解不仅汇集了前人的研究成果，而且对每一句话都提出了自己的判断和观点[1]。

“太一生水”与“五行”

对西方学者来说，最有趣的是“太一生水”中关于宇宙起源的观点。在关于“太一生水”的研究中，最有影响力的应该是艾兰(Sarah Allan)的文章。2003年，她在权威期刊《通报》[2]上发表了一篇题为《太一、水与老子：郭店新光》(“The Great One, Water, and the Laozi: New Light from Guodian”)的论文，对“太一生水”的文本、宇宙学和神话进行了详细的研究。与许多学者一样，她主张“太一生水”提出了一种宇宙学理论。然而，她将这一宇宙观与《老子》联系起来，认为《老子》中的“式”(现代汉语称为“式盘”)应该是叫作式盘的装置，是宇宙的模型。她甚至认为“道”的本义不是“路”，而是“水道”，是哲学概念的根本隐喻。从哲学的角度来说，道是一种自然的过程或方式，植根于河流或泉水不断涌出的意象。水的特点之一是在河道中流动，而且总是向下流动。从这个道的概念出发，模拟了一个以泉水为源头的河流形象，这条河流的通道作为一个导管，指导人们的行动，这一概念被扩大到所有事物，世间一切都要遵循其自然的过程。

《五行》是郭店的主要文本之一，它明确强调了神与人之间的联系，试图将人类行为编织进一个既是精神上又有道德上的宇宙结构中[3]。顾史考的论文《完美的艺术性与道德的鉴别：〈五行〉及其美学》(“Consummate Artistry and Moral Virtuosity: The *Wu Xing* Essay and Its Aesthetic”)[4]相当引人注目。此文分析了马王堆与郭店楚简《五行》的不同之处。他还指出，在郭店楚简《五行》出土后，我们确实认识到了《经》与《传》之间的关系。顾氏有音

---

① Edward L. Shaughnessy, *Chinese Annals in the Western Observatory: An Outline of Western Studies of Chinese Unearthed Documents*, p. 344.

② Sarah Allan, “The Great One, Water, and the *Laozi*: New Light from Guodian,” *T'oung Pao*, 89.4-5(2003), pp. 237-285.

③ 荆门市博物馆编：《郭店楚墓竹简》，第149～154页。

④ Scott Cook, “Consummate Artistry and Moral Virtuosity: The *Wu Xing* Essay and Its Aesthetic,” *Chinese Literature: Essays, Articles, Review*, 22(2000), pp.113-146.

乐教育的背景，大学时曾接受过专业的音乐训练[①]。1995 年，他的博士论文以《中国战国时期音乐思想的统一与多样》（“Unity and Diversity in the Musical Thought of Warring States China”）为题展开研究。马王堆的《五行》篇常常用音乐来象征修身养性，这因此吸引了他的注意。

方法论

西方汉学家非常关注出土文献和古文字学的研究方法，提出了一系列的方法论与研究原则。他们以出土《老子》为实例做了大量研究，这值得我们关注和重视。

1998 年，在美国达特茅斯学院召开了关于郭店《老子》的国际学术研讨会，在会议论文集（*The Guodian Laozi*：*Proceedings of the International Conference*，*Dartmouth College*）中，有几篇文章以《老子》为例进行了方法论层面的探讨。这些都是 20 多年前的研究，以节省篇幅之故只列出相关标题供参考：

（1）Boltz，William G. “The Study of Early Chinese Manuscripts Methodological Preliminaries.” pp. 39-52.

（2）Roth，Harold D. “Some Methodological Issues in the Study of the Guodian *Laozi* Parallels.” pp. 71-88.

（3）Thompson，P. M. “On the Formal Treatment of Textual Testimony.” pp. 89-106.

必须要指出的是，西方汉学家经常以《老子》为例来讨论方法论问题。

鲍则岳（William. G. Boltz）在题为《解读早期〈老子〉》（“Reading the Early Laotzyy”）的文章中，进行了非常有趣的思考，提出了许多问题：

> 学者和学生的基本趋势是对所有极端的方法都表示质疑，要找出与文献本身合适的理解。问题是什么叫作合适的理解，在不同的理解当中怎样判断哪一种最合适。对我们很多西方汉学家来说，为了指出

---

① 他在 1990 年写了关于《乐记》的硕士学位论文，《乐记》是现存最早最完整的音乐论著，最迟写于西汉中期，该书被认为包含了大量战国时期与音乐有关的材料。见 Marco Caboara，“Book Review：The Bamboo Texts of Guodian：A Study & Complete Translation，” *Journal of Chinese Studies*，59 (July 2014)，pp. 253-254.

异文的不同形式,为了说明异文的影响,为了判断哪一种异文重要、哪一种不重要,更不用说什么叫作“重要”,都是新的问题。不但我们对传统文献批评的理论和做法都没有经过训练,并且在过去的西方汉学里,这种文献批评根本没有达到很发达的水平。总的来说,与西方古典学和古代中东文献的文献批评比较,有关中国文献从来没有一个公认的文献批评方法。

新出土文献发展了以后,我们才开始提问这些写本到底有什么意义。出土文献的价值在于改正传世文献,给这些文献提供一种新的读法和新的意义,还是在于证实传统的理解?也许在这两种不同的极端有一个“中庸之道”,一边可以认可传统理解的大半,但是也可以提出个别的新读法。异文是怎样做出来的?是反映不同学派的不同选择,还是抄手的不小心或者缺乏基本文学知识而造成的?或者两个都是?编者的责任是什么?只是改正传世本的细节,还是利用传世本表明出土文献的错误?这样异文就不起作用。还是要通过文本的比较寻找原来作者的“原文”?其实,到什么程度我们可以说到了一个“作者”和一个“原文”?关于出土文献最有意思的问题是,这些词汇和概念,可能会被当作障碍①。

虽然以上这些问题没有一个确切的答案,但仍然值得一问。

最重视文献的物质特性的学者恐怕是李孟涛(Matthias Richter),在以下列出的一系列文章中,他对传世文献和出土文献都作了非常详细的考察。

“Handschriftenkundliche Probleme beim Lesen altchinesischer Manuskripte.” *Aspekte des Lesens in China in Vergangenheit und Gegenwart: Referate der Jahrestagung* 2001 *der Deutschen Vereinigung für Chinastudien* (*DVCS*). Ed. Bernhard Führer. Edition Cathay 54. Bochum: Projekt, 2005, pp. 88-121.

“Towards a Profile of Graphic Variation: On the Distribution of Graphic Variants within the Mawangdui *Laozi Manuscripts*.” *Asiatische Studien* 59.1 (2005), pp. 169-207.

“Tentative Criteria for Discerning Individual Hands in the Guodian

① William. G. Boltz, “Reading the Early Laotzyy,” *Asiatische Studien / Études Asiatiques*, 59.1(2005), pp. 213-214.

Manuscripts." *Rethinking Confucianism: Selected Papers from the Third International Conference on Excavated Chinese Manuscripts, Mount Holyyoke College, April 2014*. Ed. Wen Xing. San Antonio: Trinity University, 2006, pp. 132-147.

"Faithful Transmission or Creative Change: Tracing Modes of Manuscript Production from the Material Evidence." *Asiatische Studien* 63.4 (2009), pp. 889-908.

"Textual Identity and the Role of Literacy in the Transmission of Early Chinese Literature." *Writing and Literacy in Early China: Studies from the Columbia Early China Seminar*. Eds. Li Feng and David Prager Branner. Seattle and London: University of Washington Press, 2011, pp. 206-236.

The Embodied Text: Establishing Textual Identity in Early Chinese Manuscripts. Leiden: Brill, 2013.

在2005年发表的两篇文章中，李孟涛考察了马王堆《老子》甲、乙本两个文本的异文差别，并认为我们可以从异文中知道这些写本是如何产生的。在《老子》乙本中，他以"主"字作为一个典型的例子。在马王堆《老子》乙本手抄本中，同一个"主"字有两种不同的写法，一种是上面有一个点，另一种上有一横，这一横通常比下面的三条线短。在乙本《老子》中，这两种形式同时存在。在写本的开端，像大多数其他马王堆手稿一样，第一笔是以点的形式书写的；后来，另一种在顶部有一横的形式获得了支配地位，最终全部都按有横的"主"来书写了。但即便如此，这个字仍然在不断变化。在文本开始的时候，顶部的这一横很明显比下面三横要短，但在手稿的后面，顶部这一横变得越来越长，并最终达到几乎相同的长度①。

初步的结论

毫无疑问，笔者无法在一篇文章中全面介绍西方汉学家对出土《老子》

① Matthias L. Richter, "Towards a Profile of Graphic Variation: On the Distribution of Graphic Variants within the Mawangdui *Laozi Manuscripts*," *Asiatische Studien / Études Asiatiques*, 59.1 (2005), pp.177-178.

的研究。笔者在香港和美国接受关于中国研究的学术训练，在重视中国传统材料的同时对西方学术成果并不陌生。回顾柯马丁在文章开头所提到的单一语言主义的问题，我还是想举一个例子来总结本文。葛兆光在一篇文章中说："很希望治本国学问的最早是本国人，但这里我还是很遗憾地说，现代学术意义上的道教研究，是从外国开始的。"①我想问：国外学者研究中国的学术是一件可遗憾的事吗？忽视国外学者的学术成就是一种相当幼稚的学术态度。如果外国学者对中国研究有所贡献，这不应该是一件令人遗憾的事情，而应该受到中国学者的欢迎和广泛宣传，因为这表明中国文化是一种饱受世界重视和关心的文化。

最后，请允许我用郭店《五行》中的两句话来结束本文：

> 仁之思也清，精则察，察则安，安则温，温则悦，悦则戚，戚则亲，亲则爱，爱则玉色，玉色则形，形则仁。
>
> 智之思也长，长则得，得则不忘，不忘则明，明则见贤人，见贤人则玉色，玉色则形，形则智。②

仁者和智者虽然利益不同，但他们以不同的方法达到相同的目的。希望中外学者能够携手合作，共创未来。

---

① 葛兆光：《关于道教研究的历史和方法》，《中国典籍与文化》2003 年第 1 期。

② 荆门市博物馆编：《郭店楚墓竹简》，第 149 页。

老子“天之道”“人之道”初探

王法强

摘要:老子生活的时代,社会贫富差距悬殊。他揭露了造成贫富悬殊的根本原因,批判了“人之道”,呼吁回归“天之道”。老子的“天之道”不仅具有客观性、超越性,而且具有价值规范的意义,还具有均衡公正、利而不害、知足谦让的特点。“人之道”具有二重维度,即以“天之道”为价值标准,将“人之道”区分为现实形态与理想形态。“人之道”现实形态的产生,源于其对理想形态的多重背离。老子批判“人之道”的目的在于,确立以“天之道”为核心的社会分配原则,倡导合理的平均主义,这对于解决当前贫富差距问题具有重要的借鉴意义。

关键词:老子　天之道　人之道　贫富差距　财富分配

老子生活在“天下无道”的时代,此时不仅社会结构在急剧变革,而且原有的价值体系也岌岌可危。老子面对财富分配严重不公的社会现实,揭露出造成贫富悬殊的根本原因,在于当时的社会背离了“损有余而补不足”的“天之道”,而奉行与之相反的“损不足以奉有余”的“人之道”。① 老子认为,正确的解决之道是批判、否定造成贫富不均的“人之道”,确立以“天之道”为核心的社会分配原则,缩少社会差距,缓和社会矛盾,建设合乎天道自然的理想社会。

王法强,曲阜师范大学历史文化学院讲师,主要从事中国思想史研究。

① 王弼注,楼宇烈校释:《老子道德经注校释》,中华书局2008年版,第186页。

一、"天之道"与"人之道"的提出

贫富差距是任何社会都无法避免的现实问题。老子生活的时代，一方面由于铁器农具和牛耕技术的推广，社会生产力得以迅速发展，劳动人民创造了大量的物质财富；另一方面，由于"王纲解纽"、礼乐刑政失范，统治阶级私欲膨胀，通过税收制度、兼并战争等不正当手段聚敛财富，因而社会财富越来越集中到少数人手中，贫富差距日益悬殊。这种现象在当时各个诸侯国内相当普遍，如齐国晏婴曾指出："民参其力，二入于公，而衣食其一。公聚朽蠹，而三老冻馁。"[①]也就是说，百姓的劳动成果竟有三分之二被当权者剥夺，剩余的部分无法维持温饱，形成了公室中财富朽坏而底层年老者却忍冻挨饿的境况。事实上，不独齐国如此，其他诸侯国的情况亦大体类似。如我们可从孔孟的言论中间接推知鲁国的状况，孔子所忧患的"不均""不安"[②]，正是基于"寡"与"贫"的社会现实；孟子在设计仁政措施时，将"七十者衣帛食肉，黎民不饥不寒"[③]作为王道理想实现的考核标准等。此均可从侧面证明当时鲁国亦面临着贫富悬殊、民不聊生的局面。

老子是具有强烈社会批判意识的思想家，他指出"民之饥，以其上食税之多，是以饥"[④]。不仅如此，他还进一步探究了造成贫富分化悬殊的社会心理动因，最终将之归结为"损不足以奉有余"的"人之道"。老子进而主张应效法"损有余而补不足"的"天之道"，重构公正合理的价值体系。当然，老子这里只是提出了一种相对合理的分配原则，至于其现实操作性如何，则另当别论。相比而言，老子的分配原则无疑比孔子试图通过"克己复礼"的方式，重构道德秩序与政治秩序的一致性，以实现人心的"和"与"安"更具有现实操作性。

老子通过对"人之道"的深刻反思，认为造成社会贫富悬殊的根源就在于"人之道"的"损不足以奉有余"。这种不合理的财富分配机制，无疑揭露了统治者的剥削手段，其具体表现为"朝甚除，田甚芜，仓甚虚；服文彩，带利

① 洪亮吉撰，李解民点校：《春秋左传诂》，中华书局 1987 年版，第 651 页。

② 杨伯峻：《论语译注》，中华书局 2009 年版，第 170 页。

③ 朱熹撰：《四书章句集注》，中华书局 1983 年版，第 204 页。

④ 王弼注，楼宇烈校释：《老子道德经注校释》，第 184 页。

剑，厌饮食，财货有余”①。老子对此种行径十分愤慨，指斥他们“是为盗夸，非道也哉！”②而且由于统治者“食税之多”，“求生之厚”，“民之饥”“民之难治”“民之轻死”③等社会矛盾不断激化，最终将导致“天下无道”。④ 由此可见，“人之道”滑落的结果则可能走向社会治理的反面，沦落到“非道”“无道”的境地。

于是，老子又提出了“天之道”的社会财富分配方式。“天之道，其犹张弓与！高者抑之，下者举之；有余者损之，不足者补之。天之道，损有余而补不足。”⑤其财富分配最终能够实现一种自然均衡的效果，即所谓“民莫之令而自均”⑥。“均”是社会财富分配的一种较为合理的状态，为历代有识之士所重视。孔子面对贫富悬殊的社会现实，提出了“均无贫”的著名主张。汉代名相陈平早先为里宰，“分肉食甚均。父老曰：‘善，陈孺子之为宰！’平曰：‘嗟乎，使平得宰天下，亦如是肉矣！’”⑦陈平后来以丞相身份辅助治理天下，应当实行了类似于“分肉食甚均”的政策，他和曹参等人一道促成了“文景之治”的繁荣和平。历史上许多农民起义打着“均贫富”的口号，一呼百应，甚至梁山泊好汉也以“劫富济贫”的方式来“替天行道”，这说明起义农民也认识到了“均贫富”是天道而非人道。财富分配上的“均”是社会公正的基本保障。中国传统智慧中有关“均”的认识，追根溯源，可以说即来自老子。

二、“天之道”“人之道”的内涵及其特点

既然“人之道”背离“天之道”而导致了不合理的现象，那么我们就需进而探究“天之道”的本来面目，以及“人之道”与之相背离的动因，以便重新确立合理的价值体系。

（一）“天之道”的内涵及特点

在《老子》一书中，“天之道”与“天道”紧密相连，作用、意义基本相同，为

① 王弼注，楼宇烈校释：《老子道德经注校释》，第141～142页。

② 王弼注，楼宇烈校释：《老子道德经注校释》，第142页。

③ 王弼注，楼宇烈校释：《老子道德经注校释》，第184页。

④ 王弼注，楼宇烈校释：《老子道德经注校释》，第125页。

⑤ 王弼注，楼宇烈校释：《老子道德经注校释》，第186页。

⑥ 王弼注，楼宇烈校释：《老子道德经注校释》，第81页。

⑦ 司马迁：《史记》卷五六，中华书局2006年版，第365页。

讨论问题方便起见,我们先将它们罗列如下:

持而盈之,不知其已。……富贵而骄,自遗其咎。功遂身退,天之道。(九章)

不出户,知天下;不窥牖,见天道。其出弥远,其知弥少。是以圣人不行而知,不见而名,不为而成。(四十七章)

天之道,不争而善胜,不言而善应,不召而自来,繟然而善谋。(七十三章)

天之道,其犹张弓与!高者抑之,下者举之;有余者损之,不足者补之。天之道,损有余而补不足。(七十七章)

天道无亲,常与善人。(七十九章)

天之道,利而不害;圣人之道,为而不争。(八十一章)①

综合分析以上材料,可以得出两方面的认识:第一,"天之道"或"天道"不能简单地用自然规律来概括,因为它并非纯然独立于人之外的客观规律,而是具有一定的价值规范意义,如"天道无亲,常与善人""天之道,利而不害"等。"天之道"的价值范导作用,主要根源于天道在为人类提供生存和发展条件的同时,也规定了人类生活的基本方向。这种价值本源上的"天之道"与儒家的"天命"或"天道"类似,只不过在儒家那里,"天道"更多地继承了周代以来"道德之天"的观念,而老子的"天道"则更多地蕴含着自然主义的意向。质言之,它以"自然"为核心价值原则,并通过"无为"的方式来具体展现,二者相辅相成、和谐统一。

第二,"天之道"具有一定的层次性而显现不同的特点,但其基本精神是一致的。在社会层面上,"损有余而补不足"体现了"天之道"要求均衡公正的特点。这种调节机制遵循自然的运行法则,不走极端,注重均衡,有利于实现人文生态的动态平衡。这种平衡调节之道表现在社会财富的分配上,并不主张绝对的平均主义,而是提倡合理的平均主义。这种合理平均主义的实现得益于"天之道"的"利而不害",其具体途径为"不争而善胜,不言而善应,不召而自来"。也就是说,在既得利益面前,人人不争夺,得其应得,不主动邀功请赏,各得所需,最终实现自然均衡的理想效果。在个体层面上,"功遂身退"体现了"天之道"知足谦让的特点。"天之道"实际上就是"有道

---

① 王弼注,楼宇烈校释:《老子道德经注校释》,第 21、126、181～182、186、188、192 页。

者”或“圣人”所遵循的原则，“天之道，利而不害；圣人之道，为而不争”。所谓“为而不争”“功遂身退”，就是说积极参与财富创造的过程，但在功劳面前从不争夺以期据为己有，而是人人有份、共同分享。这或许就是老子所向往的合理平均主义。

总之，老子的“天之道”不仅具有客观、超越的意义，还具有价值、规范的意义。“天之道”的特点可概括为均衡公正、利而不害、知足谦让等。

（二）“人之道”的内涵及特点

老子从社会现实批判的角度出发，揭示了“人之道”的不合理之处。为了更好地把握“人之道”的具体内涵，我们有必要重新审视其文本依据。

> 天之道，损有余而补不足。人之道则不然，损不足以奉有余。孰能有余以奉天下？唯有道者。是以圣人为而不恃，功成而不处，其不欲见贤。①

“人之道”的“损不足以奉有余”正好与“天之道”相反，容易导致贫富差距拉大、生态失衡等矛盾。老子敏锐地意识到其中蕴含的危机，故又指出“有道者”亦即“圣人”的行为典范，“为而不恃，功成而不处”“不欲见贤”等，正好对应于“天之道，利而不害；圣人之道，为而不争”。也就是说，“圣人”是“天之道”价值原则的人格化体现，是老子所倡导的“损有余而补不足”“有余以奉天下”公平原则的推行者，所以“圣人不积，既以为人，己愈有；既以与人，己愈多”②。

尽管出土的帛书乙本《老子》与北大汉简本《老子》均将“圣人之道”写作“人之道”，也就是说，“人之道”的行为特征可以和“天之道”一致，但实质上仍为一种理想状态。将“圣人之道”涵摄于“人之道”，体现了“人之道”的双重性，即以“天之道”为价值标准，将“人之道”区分为现实形态与理想形态。“圣人之道”作为“人之道”的理想形态，体现并践行了“天之道”的价值原则。③

“人之道”现实形态的产生，源于其对理想状态的多重背离。在老子哲学体系中，“天之道”“圣人之道”以及人的自然本性，均可表示“人之道”的理

---

① 王弼注，楼宇烈校释：《老子道德经注校释》，第 186 页。

② 王弼注，楼宇烈校释：《老子道德经注校释》，第 192 页。

③ 参见许春华：《天人合道——老子天道、地道、人道思想的整体性与统一性》，《河北大学学报》（哲学社会科学版）2012 年第 6 期。

想形态，三者的关系可简要概括为“天之道”是自然本性的形上根据，“圣人之道”是“天之道”的具体体现，自然本性是“圣人之道”的内在依据。三者相互贯通，相互依存。

首先，对“天之道”的背离。“天之道”虽然具有一定的价值范导作用，但并不直接干涉人的具体行为，而人类本身具有能动性，可以决定和选择自己的行为方式。在趋利本能的驱使下，容易表现出“甚爱”“多藏”[①]的行为特征，导致财富流通的平衡关系被打破，表现出对“天之道”的背离。

其次，对“圣人之道”的背离。“圣人”作为“天之道”的人格化形态，代表了人类生活的价值理想，超越于现实生活之上。而生活在现实中的人，总会面临各种各样的诱惑或干扰，“五色令人目盲，五音令人耳聋，五味令人口爽，驰骋畋猎令人心发狂，难得之货令人行妨”[②]。若沉溺于感官的物欲享受，就会迷失自我的心智，从而刺激欲望和智巧。现实统治者更容易贪得无厌，往往通过“损不足”的方式来“奉有余”，导致贫富差距日益拉大。因为在现实的政治结构中，“损不足以奉有余”的执行主体是各级官吏。而且，在社会财富的分配过程中，统治阶级制定的分配制度还发挥着“无形之手”的调节作用。此外，随着工商业的发展，当时有些精明之人凭借过人的经营头脑，充分利用各种资源，迅速聚集了巨额财富，成为富甲一方的巨商大贾，如范蠡、子贡等。他们本可以和“圣人之道”相一致，分散财富以救济贫苦百姓，维护社会的公平、正义。然而，现实的商人往往以自身利益为中心，偷工减料，投机取巧，甚至与官府勾结，通过不正当手段牟取暴利，扰乱了正常的市场秩序，对人们的日常生活造成恶劣影响。这也是典型的“损不足以奉有余”。

最后，对人自然本性的背离。老子认为，人类最初的淳朴、自然本性是最完满的，因受到后天各种不良习俗、礼教的熏染或诱导而有了一定程度的扭曲，容易表现出虚伪、狡诈、争名逐利的特点。老子通过对社会文明进化所带来的种种弊端的深刻反思，认为只有保持或恢复其淳朴、自然的纯真本性，才可避免诸种不合理现象，所以主张通过“绝学弃智”“为道日损”等途径来去伪存真，恢复人的自然本性。

总之，老子“人之道”的内涵可以理解为人类的行为方式及其原则，既包

---

① 王弼注，楼宇烈校释：《老子道德经注校释》，第 122 页。

② 王弼注，楼宇烈校释：《老子道德经注校释》，第 27～28 页。

括社会规范制度，也暗含人的自然本性。[①] 它可以和“天之道”一致，也可能不一致。在老子看来，正是“人之道”对“天之道”“圣人之道”以及人的自然本性等理想状态的背离，才导致了现实中各种的丑态，具体表现为统治阶级的贪婪无度以及商人的奸诈等。因而，人的努力方向和理想追求就应与“天之道”“圣人之道”相一致，并注意维持其淳朴、自然的本性。

三、“天之道”与“人之道”的当代启示

老子批判“人之道”的目的在于，以“天之道”为参照，建立合理的价值秩序，即倡导合理的平均主义。所谓合理的平均主义，就是在财富分配上不搞绝对平均主义，而是适当拉开距离，既促进生产效率又兼顾社会的公平、正义。这种平均主义的合理性主要体现在以下几个方面：

首先，差异存在的客观必然性。差异就是矛盾，其存在具有普遍性。无论是社会历史条件所造成的政治、经济地位不均衡，还是人们先天生理条件以及后天努力程度的不同，都会导致一系列差异。在实际的生产过程中，由于人们的资质与努力程度不同，创造的财富就会有所差等，因而按照每个人的贡献，财富分配时适当拉开距离是理所当然的。

其次，差额分配有利于调动生产积极性。无数历史经验证明，绝对的平均主义并不利于社会的健康、可持续发展，反而会导致社会、经济的全面滑坡，造成生产凋敝、民不聊生的悲惨局面。在统一的分配制度下，由于人的惰性，生产积极性难以提高，而在实行差额分配的条件下，人们为谋求自身利益竞相奋勇争先，二者的积极性可谓有天壤之别。所以，适度的差异分配有利于调动人们的生产积极性。

最后，关照弱势群体，促进社会公平、正义。毋庸置疑，这种合理的平均主义是有限度的，单纯追求生产效率的提高并不利于贫富差距问题的解决，反而会阻碍社会公平、正义的实现。因为一些弱势群体虽然不能创造社会财富，但他们作为有生命的个体，理应享有基本的生存权利，所以需要社会为其提供基本的生活保障，这就需要在财富分配上自觉向弱势群体倾斜，切实保障他们的基本权益。如果贫富分化过于悬殊，根据“物极必反”的原理，

---

① 参见陈鼓应、白奚：《老子评传》，南京大学出版社 2001 年版，第 105 页。

将会导致社会动荡不安。事实上，贫富差距确实会影响社会心理、社会秩序、社会结构、社会制度的公正和权威等层面，对于社会的稳定会构成威胁。[①] 所以，为了避免悲剧，统治者就应让渡其“过剩”利益，“圣人不积，既以为人，己愈有；既以与人，己愈多”[②]。只有这样，才能实现国家的长治久安。此外，慈善机构和社会公益团体在促进社会公平正义、调节社会财富的合理分配方面也起着重要作用。现在很多大富翁自愿捐献出巨额财产，设立慈善基金，以救助遭遇灾难的民众，对于促进社会公平、正义具有积极的推动作用。

然而，对于应如何具体设定合理平均主义的限度，或者说“损有余而补不足”到底损、补多少才算合理，老子并没有给我们提供现成的答案。事实上，我国传统社会比较注重的是人治，缺乏精确的量化管理制度，所以难以走出“一治一乱”的循环论怪圈。这应引起我们足够的重视和反思，努力改善社会治理，加强量化管理。我国目前贫富差距问题日益凸显，因而需要进一步深化经济体制改革，切实改善民生，促进社会的公平、正义。

总之，贫富差距是任何社会都无法避免的现实问题，而如何抑制和解决贫富悬殊问题也是长期困扰人们的普遍性难题。老子通过对现实“人之道”的批判和反思，提出了“损有余而补不足”这一相对合理的分配原则，倡导合理的平均主义，对于解决我国当前所面临的贫富差距问题具有重要的借鉴意义。

---

① 参见胡联合、胡鞍钢：《贫富差距是如何影响社会稳定的？》，《江西社会科学》2007 年第 9 期。

② 王弼注，楼宇烈校释：《老子道德经注校释》，第 192 页。

《老子河上公注》的养生理论

于海元

摘要:《老子河上公注》是道家黄老思想由治国转向治身,并最终发展为道教神仙思想的关键之作。《老子河上公注》以汉代流行的气化宇宙论和医学、养生学成就注解《老子》,蕴含着丰富的养生理论,既是对汉代各家养生思想的全面总结,又为后世道教养生修仙思想的发展奠定了基础。《老子河上公注》的养生理论可分为养生原则和修身方法。养生原则,就是通过心性而进行的养生行为,即按照道的原则,努力做到无为、虚静、柔谦、除情去欲,以达到外避灾祸、内养神形的目的;而修身方法则是通过身体而进行的养生修炼,即根据人体五藏、九窍四关等身体结构,通过"精""气""神"的节养而实现对益寿延年、长生久视的追求。

关键词:老子　河上公　养生

《老子河上公注》又名《老子道德经河上公章句》,是现存《老子》注本中成书较早、影响较大者。虽然目前学术界对其作者和成书时代存有争议①,但基本上都认定它是道家黄老思想由治国转向治身,并最终发展为道教神仙思想的关键之作。《老子河上公注》以汉代流行的气化宇宙论和医学、养生学成就注解《老子》,既是对汉代各家养生思想的全面总结,又为后世道教养生修仙思想的发展奠定了基础。

于海元,中共潍坊市委党校教师。

① 关于《老子河上公注》的作者和成书时代,大部分学者认定为托名之作,成书年代大致有"西汉说""东汉说"和"魏晋说"三种不同的见解,笔者较为赞同"东汉说"。

《老子河上公注》囿于“就经为注”体制，内容兼及治身与治国，虽然“不能成一首尾完具之养生论”[①]，但从各处注文中可明显看出它以治身为主，治国为次。书中开宗明义，视“经术政教之道”为“可道”之“道”，视“自然长生之道”为“常道”[②]，“人学治世，圣人学治身”[③]。治身为圣人之学，治世为众人之学，懂得治身道理的圣人必能治世。所以说“治国”为“治身”之余事，分析整理书中大量有关治身的内容，可大致将其中的养生理论分为养生原则与修身方法两部分。养生原则，就是通过心性而进行的养生行为，即按照道的原则，努力做到无为、虚静、柔谦、除情去欲，以达到外避灾祸、内养神形的目的；而修身方法则是通过身体进行的养生修炼，即根据人体五藏、九窍四关等身体结构，通过“精”“气”“神”的节养而实现对益寿延年、长生久视的追求。

一、养生原则

《老子河上公注》养生的最高原则是“则天法道”。“道”是《老子》哲学体系的终极始源，也是评价万事万物的最高标准。道“先天地生”，“独立而不改，周行而不殆”，亘古长存，是宇宙中最为长久的。因此，人欲求长生久视，也应取法于道，依道而行：

> 欲使人修身法道。
> 与道合同，乃能长久。
> 法道无为，治身则有益〔于〕精神。
> 修道则可以解死，免于众耶也。[④]

从上面几则引文可以看出，《老子河上公注》认为，养生必须“法道”“修道”，把道作为人行为处事的标准。人在日常生活中如果能做到像“道”一样清静无为、谦虚柔弱、无欲无求，那么就能够像“道”一样长生久视。如此看来，在《老子河上公注》的思想体系里，“道”既是养生的最高境界，又是养生的具体

① 王明：《道家和道教思想研究》，中国社会科学出版社 1984 年版，第 304 页。

② 王卡点校：《老子道德经河上公章句》，中华书局 1993 年版，第 1 页。

③ 王卡点校：《老子道德经河上公章句》，第 250 页。

④ 王卡点校：《老子道德经河上公章句》，第 15、64、173、242 页。

途径。对此，戈国龙也提到，"道之本体义、功夫义和境界义是密不可分的整体"[1]。然而，"则天法道"只是一个总的原则，《老子河上公注》在阐述养生时还谈到了清静无为、谦虚质朴、除情去欲三个具体原则。

（一）清静无为

自然无为是"道"的首要特征，也是治身的第一要务。"自然""无为"其实是一体两面。"自然"是从肯定方面讲，要自然而然，依其本性顺其生、遂其死；"无为"是从否定方面讲，凡事都不能强力妄为，添加人为的成分。《老子河上公注》正是从以上正反两方面反复指出治身当顺其自然，不可随意妄为。

> 常道当以无为养神，无事安民，含光藏晖，灭迹匿端，不可称道。
>
> 得道自然，轻举升云，出入无间，与道通神，当有何患？
>
> 吾见道无为而万物自化成，是以知无为之有益于人也。法道不言，帅之以身。法道无为，治身则有益〔于〕精神，治国则有益〔于〕万民，不劳烦也。
>
> 既知其子，复守其母，已知一，当复守道反无为也。[2]

只有以自然无为的态度养生才是"常道"，才能有益于人，使人"轻举升云，出入无间"，免于祸患；反之，如果肆意妄为，只能适得其反。

> 人之求生，动作反之十三死〔地〕也。〔言人〕所以动之死地者，以其求生活之事太厚，违道忤天，妄行失纪。
>
> 有为于事，废于自然；有为于义，废于仁〔慈〕；有为于色，废于精神也。执利遇患，执道全身，坚持不得，推让反还。[3]

人为了求生，不遵循自然无为的原则，生活过于烦琐厚重（"求生活之事太厚"），就违反了天道、纲纪，成为一种"妄行"，最终置自己于死地。所以，凡事有为必有废，妄行必遭祸患，只有自然无为才能免于灾祸。

将"无为"作进一步引申，运用在动静领域就是"静"了。静是无为，动则是有为，所以与当今人们运动健身不同，《老子河上公注》崇尚静以修身。与"无为"相同，《老子河上公注》推崇"静"的依据也是道性清静。

---

① 戈国龙：《道教内丹溯源》，宗教文化出版社2004年版，第15页。

② 王卡点校：《老子道德经河上公章句》，第1、49、173、199页。

③ 王卡点校：《老子道德经河上公章句》，第192、249～250页。

道……湛然安静,故能长存不亡。

天地所以独长且久者,以其安静。

谓法道安静,无所施为也。[①]

道、德及天地长存不亡的依据是"安静",所以人法道修身,也应该做到"安静":

人为事当如道安静。

谁能安静以久,徐徐以长生也。

静谓根也。根安静柔弱,谦卑处下,故不复死也。言安静者是为复还性命,使不死也。[②]

法道安静能够减少一切不必要的消耗,使人的能量存养而不失,因此便可以长久不亡。但是,需要着重说明的是,《老子河上公注》这里说的静,不仅指身体的安静,还包括心灵的安静。人的心灵就如同一汪清水,若静止不动,就会清晰明澈,如若躁动不已,则会变得混浊不清。所以它进一步指出:

人精神好安静,驰骋呼吸,精神散亡,故发狂也。

治身不静则身危。[③]

人的心灵喜好安静,如果做不到安静,急促的呼吸会使精神散亡,人也会变得危险起来。所以保持精神的安静祥和,不烦躁,不妄动,就会远离危险,使生命更加长久。

养生还需要效法"道"的另一个特性,即柔弱不争。其实柔弱不争与无为、清静是一脉相承的,都是道家"尚阴守雌"观念的延伸。无为、清静、柔弱与积极有为的阳刚之气相反,都为女性所保有的德性。《老子》就非常推重柔弱的作用,"弱者道之用","天下莫柔弱于水,而攻坚强者莫之能胜"。《老子》认为,柔弱是道的发用,柔弱胜于刚强,把柔弱当成一条重要的人生哲理。《老子河上公注》进一步将这种人生哲理转注成养生理论。

治身当如雌牝,安静柔弱。

柔弱者久长,刚强者先亡也。

人能知和气之柔弱有益于人者,则为知道之常也。

---

① 王卡点校:《老子道德经河上公章句》,第15、25、148页。

② 王卡点校:《老子道德经河上公章句》,第94、59、63页。

③ 王卡点校:《老子道德经河上公章句》,第45、106页。

人生含和气，抱精神，故柔弱也。人死和气竭，精神亡，故坚强也。

和气存也，和气去也。以上二事观之，知坚强者死，柔弱者生也。[①]

在以上注句中，《老子河上公注》直指养生应当像母性一样，安静柔弱；柔弱会使人活得长久，而刚强则会导致人的死亡。所以说，《老子河上公注》所崇尚的柔弱，已不像《老子》那样是柔弱优于刚强的人生哲理，而是柔弱促进人长生、刚强导致人死亡的养生理论。不仅如此，它还进一步指出，柔弱者得生的原因是含有"和气"。人出生含有"和气"，所以柔弱，有旺盛的生命力；人死时"和气"枯竭，所以刚强。由此可知，柔弱得生，坚强致死。因此，养生要去强就弱，柔弱不争，如此才能在遇到事情时，不会因与他人之间的利害冲突而受到伤害，进而全身避害，得保长生。

（二）谦虚质朴

在养生中不仅要遵循道的无为、清静、柔弱等性质，还应向道在生灭变化中所表现出的谦虚、质朴等品德看齐，"以德养生"。"以德养生"原是儒家养生观的重要内容，强调道德伦理在养生中的作用。道德高尚的人心地善良，行事坦荡，光明磊落，所以他们的心情舒畅，人际关系和谐，能够健康长寿；而道德低劣的人品行不端，常常因做贼心虚而恐惧、紧张、焦虑，长此以往就会心灵阻隔，酿成疾病。《老子河上公注》无疑吸收了两汉时期儒家"以德养生"的观念，书中多处地方提到德、善对于人避祸全身的作用。

人能法道行德，天亦将自知之。天知之，则神灵祐助，不复危殆。

神明保佑含德之人，若父母之于赤子也。蜂虿蛇虺不螫。赤子不害于物，物亦不害之。故太平之世，人无贵贱，〔皆有〕仁心，有刺之物，还反其本；有毒之虫，不伤于人。

以道德居位治天下，则鬼不敢见其精神以犯人也。

天道虽宽博，善谋虑人事，修善行恶，各蒙其报也。天所网罗恢恢甚大，虽踪远，司察人〔之〕善恶，无有所失。[②]

从以上注文可以看到，《老子河上公注》认为，有德、善良之人，鬼邪毒虫不侵，神灵天地护佑。但是这种"以德养生"观念与儒家思想也有明显区别，即它没有从理性的角度内向地解释道德何以能对人身保健起作用，而是借助

① 王卡点校：《老子道德经河上公章句》，第35、142、212、292页。

② 王卡点校：《老子道德经河上公章句》，第131～132、211～212、235、283页。

信仰的力量，直接述说天道、鬼神等能从外部干预有德者与失德人的身体状况，这也使其“德”与“善”的具体指向变得非常模糊。我们知道，儒家的“德”一般是指仁、义、礼、智、信“五常”，保养“五常”就可以“养浩然之气”，无所畏惧，光明磊落。而《老子河上公注》却从未提到这“五常”，它的“德”更多的是谦虚无功、慈让质朴等“道”的品质。

有大德之人无所不容，能受垢浊，处谦卑也。

无名之朴，道〔德〕也。

道生万物，不有所取以为利也。道所施为，不恃望其报也。道长养万物，不宰割以为利也。道之所行恩德，玄暗不可得见。①

以上引文是《老子河上公注》中关于“德”的解释，从中可以看出，不论是“大德”“道德”还是“玄德”，丝毫没有牵扯儒家仁义的思想，而专指谦虚无功、慈让质朴等道家品质。要想益寿延年，就应该效法“道”谦虚质朴的品质，含光藏蕴，隐蔽自己的锋芒和棱角。试看：

人谦下，德归之。……天道祐谦，神明托虚。……圣人不自贵大，故能〔长〕久不危。

人能谦下如溪，则德常在……复当归身于质朴，不复为文饰。②

人能做到“谦下”，就算是有德了，就会得到天道神明的保佑。圣人都是不自高自大之人，所以能保持长久而不陷于危殆。“谦下”是道家最推重的德性，养生就当返于质朴，不能迷失于表面的虚华。这即是《老子河上公注》“以德养生”的观念。

（三）除情去欲

《老子河上公注》既从正面指出养生要遵循道的性质和道的品质，也从反面强调养生需当去除情欲。其实，无论正面还是反面，都是一体之两面。能够清静无为、谦虚柔弱，自然有助于除情去欲；而人努力做到除情去欲，便能精神平和、肉体不劳，亦是处于一种清静的状态。

“有名之物，尽有情欲。”③《老子河上公注》的情欲观，首先肯定了情欲是包括人在内的所有“有名之物”的自然属性，即任何人皆有情欲。虽然人无

---

① 王卡点校：《老子道德经河上公章句》，第 86、144、197 页。

② 王卡点校：《老子道德经河上公章句》，第 90～91、113～114 页。

③ 王卡点校：《老子道德经河上公章句》，第 131 页。

法摆脱拥有情欲的现实，但是可以对情欲加以控制。人对情欲的能动性可以分为两种：一种是恣情肆欲，放纵情欲，另一种是除情去欲，对情欲加以抑制。

《老子河上公注》指出第一种态度为养生之大害：

> 名有欲者亡身也。
>
> 嗜欲伤神，财多累身。
>
> 贪淫好色，则伤精失明，〔不能视无色之色〕。好听五音，则和气去心，不能听无声之声。爽，亡也。人嗜于五味，则口亡，言失于道也。……难得之货谓金银珠玉，心贪意欲，不知厌足，则行伤身辱也。
>
> 开目视情欲也。益情欲之事。终身不救。祸乱成也。①

对于美色、美音、美味、金银珠宝的喜好，是人固有的情欲。当然，《老子河上公注》反对的并不是人们最基本的生理需求，而是对这种生理享乐过度的追求，并认为如果这种追求达到了“贪”和“嗜”的程度，就会耗费人的心神，损害人的身体。这也就是所谓的“入死谓情欲入于胸臆，精劳神惑，故死”②。因此，人若要保全身心，趋利避害，就应当对情欲采取第二种态度——除情去欲，将情欲排除出身体，也就是所谓“出生谓情欲出〔于〕五内，魂定魄静，故生”③。除此句之外，书中还有大量注句指出养生应除情去欲：

> 名无欲者长存。
>
> 人能除情欲，节滋味，清五藏，则神明居之也。
>
> 除情去欲，使五藏空虚，神乃归之。
>
> 得道之人，捐情去欲，五内清静，至于虚极。
>
> 情欲断绝，德于道合，则无所不施，无所不为也。④

从上列注句可以看出，《老子河上公注》认为，人如果做到除却情欲，将情欲排出体外，时刻保持知足状态，那么“五内”就会变得空虚清静，饱满的精神也就会充盈其中，达到与道和合的状态，并因此得以“长存”。既然除情去欲对养生如此重要，那么人们在日常生活中如何才能做到抑制情欲、无欲无求

---

① 王卡点校：《老子道德经河上公章句》，第 2、32、45、200 页。

② 王卡点校：《老子道德经河上公章句》，第 191 页。

③ 王卡点校：《老子道德经河上公章句》，第 191 页。

④ 王卡点校：《老子道德经河上公章句》，第 2、18、41、62、186 页。

呢？对此，《老子河上公注》给出了两条具体途径：

第一，要在感官运用上有所节制。感官是人生命所必需，人的一行一动都离不开目、耳、鼻、口、手、足等感官的运用，妥善地运用感官，对人的养生大有裨益。但是，如果感官不是被用来满足人的基本生理需求，而是过度运用以求享乐，那么就会承受过度负担，导致衰亡。所以，除情去欲首先要节制感官的运用，做到“目不妄视，耳不妄听，鼻不妄嗅，口不妄言，〔舌不妄〕味，手不妄持，足不妄行，精不妄施”①。

第二，要循序渐进，持之以恒。除情去欲绝不是一朝一夕便可成功的，必须“损之又损”，渐而去之，即“损情欲也，又损之〔者〕，所以渐去〔之也〕”②。今天放下一个痴心，明天放下一个妄想，如此持之以恒便会渐渐变得清心寡欲，与婴儿一样，无所造作，进而与道合同，即“当恬淡如婴儿，无所造为也。情欲断绝，德于道合，则无所不施，无所不为也”③。

二、修身方法

如前所述，《老子河上公注》的养生理论不仅包括则天法道的基本原则，还包括对身体进行修养的修身之术。其养生理论的依据是《老子》的“道”论，最高原则是“则天法道”；而其“修身”则以汉代流行的气化宇宙论为依据，主张对人所受之精气进行节养。人同天地万物一样都是由“一气”化生而来，气的聚散运动是人祸福寿夭的根本原因。气聚则生，气散则亡。因此，人若得长生久视必须要啬惜精气，保养精神。下面，我们就根据气表现形式的不同，从“精”“气”“神”三方面分别论述。

（一）固精

“精、气、神”这组概念可谓道教养生理论的核心。所谓“炼精化气，炼气化神，炼神还虚”几乎是所有丹道理论的不二法门。但是，与后世道教将精、气、神作了明显的区分不同，《老子河上公注》在概念的划分上却不甚明了，它们有时候单独出现，有时与其他词汇相连，甚至是三者之间两两组合，表现为“精气”“精神”“元气”“和气”“神明”“五神”等等。由此可见，在《老子河

① 王卡点校：《老子道德经河上公章句》，第192页。

② 王卡点校：《老子道德经河上公章句》，第186页。

③ 王卡点校：《老子道德经河上公章句》，第186页。

上公注》的思想体系中,它们是密切相关、休戚与共的,都是“一气”化生人后,在人身之中的表现。在不同的语境中运用不同的词汇,则表现出它们在气的层次上的细微差别。正如罗因所说:“《河上公注》会根据《老子》章节巧妙地而使用道、元气、精气、和气、神等不同的词汇,然而,不管是元气、精气还是和气,在本质上他们都是同质的,只是层次不同而已。”①

精,即精气,是气之精者。“一者,道始所生,太和之精气也”②,“精”的内涵等同于“一”。在宇宙生成的序列中,它是道之始生,是虚无之道落实为实体之气的第一步。“万物皆得道〔之〕精气而生”③,人亦是禀受道之精气而生,“精”在人身中即指人之精华。正是因为“精”在构成天地万物中的基础地位,它也成为贯通天人的桥梁。“天道与人道同,天人相通,精气相贯”④,正如徐复观先生所说:“精可以说是一种特殊纯一的气,流贯于天地及人的形体之中,并成为天与人,及人与人,人与物,互相感通的桥梁。”⑤

基于精气的基础性地位,以及精气在万物中不断流变的性质,《老子河上公注》认为养生必须爱精重施,保持人固有之精不消耗、不散失。

> 爱精重施,髓满骨坚。
>
> 专守精气使不乱,则形体能应之而柔顺。
>
> 言当深藏其气,固守其精,无使漏泄。深根固蒂者,乃长生久视之道。
>
> 畏之(即死亡)者当爱精〔养〕神,承天顺地也。⑥

精气为人之根本、人之精华。根本一旦动摇,精华一旦散失,后果必然是精尽人亡。因此,《老子河上公注》极言“爱精重施”“专守精气”“抱一”“固守其精”“爱精养神”,这都是提示养生者要对精气进行节养,减缓精气的耗费速度,保持精气充沛,以此达到长生久视。

至于固精的具体措施,《老子河上公注》认为关键在于九窍四关的“不妄”。

---

① 罗因:《战国秦汉几种〈老子〉注养生思想的递变——从全身保身、精神境界、技术化导向到宗教教训的发展》,(台北)《东吴中文学报》2010 年第 19 期。

② 王卡点校:《老子道德经河上公章句》,第 34 页。

③ 王卡点校:《老子道德经河上公章句》,第 87 页。

④ 王卡点校:《老子道德经河上公章句》,第 184 页。

⑤ 徐复观:《两汉思想史》,(台北)台湾学生书局 1976 年版,第 232 页。

⑥ 王卡点校:《老子道德经河上公章句》,第 11、34、231～232、279 页。

> 言生死之类各有十三，谓九窍四关也。其生也，目不妄视，耳不妄听，鼻不妄嗅，口不妄言，〔舌不妄〕味，手不妄持，足不妄行，精不妄施。其死也反是。
>
> 贪淫好色，则伤精失明……目不妄视，妄视泄精于外。
>
> 治身轻淫则失其精。[①]

“九窍四关”是汉代解释人体结构的常用概念。“九窍”为双耳、双目、双鼻孔、口以及前阴与后阴，共九个孔穴；“四关”即指四肢。不同于一般理解的“十分之三”，在上引第一则注句中，《老子河上公注》用“九窍四关”注解“十有三”，并将其具体实指化，认为“九窍四关”为精气出入的通道。若使“九窍四关”之用合于节度，不妄加施用，那么就能固精守精；反之，贪于情欲，妄用感观，则会精气散亡。后两则注句虽指出男女房事和视觉好色也会造成精气外泄，但是无论视觉还是房中，都是通过人体的“九窍四关”导致精气遗失的。所以“爱精重施”的全部措施都可总结为对“九窍四关”的善用。通过“九窍四关”的节用，保持精气充沛，就能像道家所推崇的婴儿一样保持旺盛的生命力。“赤子未知男女之合会而阴作怒者，由精气多之所致也。”[②]所以，养生首先要节用感官，爱精重施。

(二)行气

就保持先天所受之气不失而言，爱精重施无疑是最为直接和有效的方法。但人活在天地间，无时无刻都在与外界发生交流，散失精气是不可避免的。因此，养生单靠固精守精是远远不够的，还需要通过行气来摄取天地之灵气、日月之精华，以使体内精气充盈。“天地之间空虚，和气流行，故万物自生。”[③]天地是一个和气流行的空间，人从外界摄养精气，就是获取天地之间的和气。那么，怎样才能获取天地之间的和气呢？《老子河上公注》认为关键在于口鼻。

> 言不死之道，在于玄牝。玄，天也，于人为鼻。牝，地也，于人为口。天食人以五气，从鼻入藏于心。五气清微，为精神聪明，音声五性。其鬼曰魂，魂者雄也，主出入人鼻，与天通，故鼻为玄也。地食人以五味，

---

① 王卡点校：《老子道德经河上公章句》，第 192、45～46、107 页。

② 王卡点校：《老子道德经河上公章句》，第 212 页。

③ 王卡点校：《老子道德经河上公章句》，第 18 页。

> 从口入藏于胃。五味浊辱，为形骸骨肉，血脉六情。其鬼曰魄，魄者雌也，主出入人口，与地通，故口为牝也。①

《老子河上公注》以“天、地、鼻、口”解“玄牝”，认为人长生久视的秘诀在于“玄牝”，即天地，落实于人身体则为鼻口。鼻是人体沟通天、获取天之气的器官。天之气即“清气”，清气进入人体则产生精神性的“五性”。口则获取地之“浊气”，产生形体血脉性的“六情”。清、浊二气在人体之中相互融合则成为人体所必需的和气。借助口鼻，人就能够以气为媒介而与天地相贯通，从而获得人体之外的元气。

那么，如何才能善用口鼻呼吸行气呢？《老子河上公注》进一步提出它的导气之法：

> 言鼻口之门，乃是通天地之元气所从往来也。鼻口呼噏喘息，当绵绵微妙，若可存，复若无有。用气当宽舒，不当急疾勤劳也。
>
> 治身者呼吸精气，无令耳闻……天门谓北极紫微宫，开阖谓终始五际也。治身，天门谓鼻孔，开谓喘息，阖谓呼吸也。②

这里，《老子河上公注》提出用鼻口呼吸行气的要领在于“绵绵微妙”“无令耳闻”，即呼吸当连绵微妙，持续不断，从而达到自然而然，以至于让感官都无法觉察。再具体点，就是要做到深细与绵长。深细，指呼吸吐纳要精细微妙，若有若无，即“若可存，复若无有”；绵长，即“用气当宽舒”，指呼吸切忌急促，要宽缓有力，通过缓慢匀长的呼吸，将气慢慢导引至身体各处，并在身体中蕴蓄深藏。但值得注意的是，《老子河上公注》的呼吸吐纳功法并不等同于后世气功的理论。但凡气功理论都是强调“气”在身体中运行的路径，所以有“大周天”“小周天”的说法，而《老子河上公注》只是原则性地提出呼吸的要领，注重的是理论的探究，而不是具体的方技。

综上，我们看出《老子河上公注》对于形体的善养，一方面强调要有所节制，保持先天所受的精气不散失；另一方面又强调通过口鼻从天地间获取体外之气。人的身体是一个开放的系统，所以不仅要避免系统内的精气散失浪费，而且要与天地这个更大的系统相贯通，使身体之气与天地之气形成一个更大的循环。在这个循环中打破系统内外的限制，使人冥化于自然天地

---

① 王卡点校：《老子道德经河上公章句》，第 21～22 页。

② 王卡点校：《老子道德经河上公章句》，第 22、35 页。

之间，不断吸取天地之气，从而获得与天地同寿。

（三）养神

在《老子河上公注》的哲学体系中，气不仅能产生自然物质，而且能产生超自然的鬼神。这个法则在人的身体结构中同样适用，由“一气”化生来的人的身体，既包括由精、气构成的物质性的形体，也包括精神性的“神”。《老子河上公注》认为，养生不仅要养形，还要全神：

> 人所以生者，以有精神。
>
> 治身不害神明，则身安而大寿也。
>
> 人能养神则不死。[①]

以上三则注文都明确指出，人若要保持生命长久不息，就必须保全爱养精神、神明。这里的“神”，显然不是指鬼神这种超自然的神秘力量，而是养生领域的“神”。《老子河上公注》对这种“神”作了进一步的解释：

> 神谓五藏之神：肝藏魂，肺藏魄，心藏神，肾藏精，脾藏志。五藏尽伤，则五神去矣。[②]

据此可知，《老子河上公注》养生领域的“神”有广义与狭义之别。广义的神指的是五藏神，包括魂、魄、神、精、志，它们分别寄存于肝、肺、心、肾、脾中，五神分司五藏；而狭义的神单指寄存于心的心神。但无论广义还是狭义，都是建立在形体之上的精神意识现象。《老子河上公注》认为，养生必须养神，就是要对人的精神意识进行保养，使人达到健康长寿。

至于如何才能养神，《老子河上公注》具体提出了两点建议。第一，养神的基础是形体不受伤害。

> 五藏尽伤，则五神去矣。[③]

五藏是五藏神的基础，五藏神寄托于五藏之上，若五藏之形受到伤害，五藏神也会随之毁伤。因此，养神必须先养形，形具而后神全。但是，反过来说，养神对养形也具有十分重要的反作用。五藏神对五藏具有统御作用，能够驾驭形体，使形体得到更好的发展。《老子河上公注》的这种形神关系约略

① 王卡点校：《老子道德经河上公章句》，第279、139、21页。

② 王卡点校：《老子道德经河上公章句》，第21页。

③ 王卡点校：《老子道德经河上公章句》，第21页。

相当于现代医学的生理与心理关系。如果身体生理机能紊乱，那么心理定会受到影响；反过来，如果心理整日压抑、郁闷，那么长期下去身体也会出现病变。

第二，养神的关键是保持清静、寡欲、不争的心态。只有这样，才能心无劳烦，神无纷扰，达到养神全神的目的。

> 常道当以无为养神。
> 多事害神。
> 〔精神〕托空虚，喜清静。①

由以上注句可以看出，《老子河上公注》所提出的养神方法的基调依然是道家清静无为的思想。它认为养神并不是要求精神心情的愉悦畅快，而是要除情去欲，使心灵保持清静、空虚。这样，《老子河上公注》便把清静无为、除情去欲的养生原则与保养精神的养生方法结合了起来。

总之，《老子河上公注》的养生理论包括"则天法道的养生原则"和"固精、行气、养神的养生方法"两个方面，两者都是建立在以"道"和"气"为本源的世界观之上的对道家养生理论的具体阐述。前者建立在"道"论基础上，是对人心性、心理意识方面的训练，也是对人的心灵境界的提升，把人导向超越社会异化的善的历程，是向往和保持生命之善的方法；而后者建立在"气"论和宇宙生成论的基础之上，是从生理健康方面对自然生命所做的培护，企求人之生命历程永葆本真。

① 王卡点校：《老子道德经河上公章句》，第 1、19、279 页。

有情即无情：王弼情论新探

王瑞敏

摘要：王弼一方面肯定“圣人有情”，另一方面又主张圣人“无情”，表面看起来是矛盾的，而其实不然。王弼所谓“有情”是指人生来即具有的喜怒哀乐之情，而其所谓“无情”则是指没有偏情，两者都是对人之自然之情的肯定。从这一意义上讲，有情即无情。

关键词：王弼　无情　有情　性其情

汉代人把情定义为喜怒哀乐等具体的“自然之情”，并且贬低了这种“自然之情”，直接将其视为欲。《白虎通义·情性》认为“喜怒哀乐爱恶谓六情”①，《说文解字》认为：“情，人之阴气有欲者。”②同时，汉代人过度崇尚仁、义、礼、智、信等道德原则，使得仁、义、礼、智、信等美好的品德变成了外在的规范，不再是内在的追求，最终沦为人们在现实中争名夺利的工具。为了消除汉代对人本质的异化，魏晋玄学家不断进行理论的创新和改造。其中，王弼的情论对汉代性情观进行了有力的批判，扭转了汉代所残留的虚伪之弊，开创了魏晋注重真性情之风。

王瑞敏，山东大学儒学高等研究院硕士研究生，主要从事魏晋玄学研究。

① 陈立撰，吴则虞点校：《白虎通疏证》(上)，中华书局1994年版，第382页。

② 许慎撰，段玉裁注：《说文解字注》，上海古籍出版社1981年版，第502页。

一、圣人有情

“圣人有情”在王弼本人的著作中并没有出现，而是出现在西晋何劭的《王弼传》中。关于这段材料的可信度，汤用彤先生曾明确指出：“欲窥见王学之精义，不可不先于何劭所载，求其明解也。”[①]这表明了汤先生对何劭《王弼传》的肯定与信任。何劭（236～301）出生在魏文帝时代，虽然他有可能没见过王弼（226～249），但是其对处于同时代的王弼显然有所知，对当时正在流行的正始玄学也是熟识的，因此其对于王弼思想的描述应该是比较可信的。何劭《王弼传》云：

> 何晏以为圣人无喜怒哀乐，其论甚精，钟会等述之。弼与不同，以为圣人茂于人者神明也，同于人者五情也。神明茂，故能体冲和以通无；五情[②]同，故不能无哀乐以应物。然则，圣人之情，应物而无累于外物者也。
>
> 弼注《易》，颍川人荀融难弼《大衍义》。弼答其意，白书以戏之曰：“夫明足以寻极幽微，而不能去自然之性。颜子之量，孔父之所预在。然遇之不能无乐，丧之不能无哀。又常狭斯人，以为未能以情从理者也。而今乃知自然之不可革。足下之量，虽已定乎胸怀之内，然而隔逾旬朔，何其相思之多乎！故知尼父之于颜子，可以无大过矣！”[③]

何晏认为，圣人没有喜怒哀乐之情，这与汉代贬低“自然之情”的态度完全一致。而王弼则提出了创发性的观点，认为圣人“有情而无累”，圣凡皆有情，与常人不同的是，圣人能做到“无累”，“茂于神明”，并且对这种“遇之不能无乐，丧之不能无哀”的自然之情进行了充分的肯定，与汉代情性分离、贬低“自然之情”的态度正相反。

在王弼看来，圣人之情并非与凡人之情对立，而是同于凡人之情。如果遇到应该高兴的事情不展露，遇到应该难过的事情不伤心，其可谓“不通人性”，在现实生活中没有任何情感表达的人基本是不存在的。圣人之情之所

① 汤用彤：《魏晋玄学论稿》，商务印书馆 2020 年版，第 62 页。

② “五情”指喜、怒、哀、乐、怨五种情感，这里泛指人的情感。见《文选》曹植《上责躬应诏诗表》：“形影相吊，五情愧赧。”

③ 王弼著，楼宇烈校释：《王弼集校释》，中华书局 1980 年版，第 640 页。

以超越凡人之情，在于圣人能心中有主。王弼认为："能者与之，资者取之；能大则大，资贵则贵。物有其宗，事有其主。"[①]圣凡皆有情，但圣人因为心中有主，才能做到有情而无累。这个"主"在王弼这里也说得很明白，就是"体冲和以通无"，能够体会到无的存在、道的存在，这是圣人自备的智慧。因此，王弼通过"有情而无累"的观点，表明了圣凡之别，圣人的有情是能够"体无"的有情，圣人可以做到自然之情的真实流露，并且通过"体无"对情进行把控，情可以控制在适度的范围之内。

王弼的"圣人有情"论展现出"情"的以下两个特征：

（一）情之真

"圣人有情"强调情之真切笃实，比如《周易注》中就多次出现情伪相对的表述："情以感物，则得利；伪以感物，则致害也。"[②]"情伪相感，远近相追。"[③]应接事物有两种态度：一种是真切的自然之情，一种是虚伪的人为造作，两者产生的效果不同。王弼从效果上肯定了真切的自然之情，否定了虚伪造作之情。王弼强调情之真切笃实，有强烈的现实关怀，主要是为了破除汉代虚假道德盛行的流弊，以真情化解虚假的道德，摘除汉代虚伪的面具。从王弼所处的时代背景来说，其学说具有一定的可行性，其所提倡的情之真符合当时的社会现状。建安时期文学兴盛，曹氏父子也经常用诗歌畅发真情，比如曹操的《龟虽寿》用"老骥伏枥，志在千里"[④]表达自己虽至晚年仍不弃雄心壮志的决心与魄力，曹丕的《与吴质书》用"虽书疏往返，未足解其劳结"[⑤]表达自己对朋友的怀念之情，等等。曹氏父子既是建安时代政治的中枢，又是文坛的领袖，均以各自的特殊身份吸引了一代文人，开创了一代文风。不仅如此，真情的流露也体现在魏晋时期的日常生活中，比如《世说新语》记载的曹丕为纪念王粲（王仲宣）而学驴叫的故事："王仲宣好驴鸣。既葬，文帝临其哀，顾语同游曰：'王好驴鸣，可各作一声以送之。'赴客皆一作驴鸣。"[⑥]历史上没有几个君主能像曹丕那样不固守名教之礼，用这种比较极端的方式纪念友人。

---

① 王弼著，楼宇烈校释：《王弼集校释》，第 129 页。

② 王弼著，楼宇烈校释：《王弼集校释》，第 575 页。

③ 王弼著，楼宇烈校释：《王弼集校释》，第 597 页。

④ 逯钦立辑校：《先秦汉魏晋南北朝诗》，中华书局 1983 年版，第 354 页。

⑤ 王运熙等：《三曹诗文鉴赏辞典》，上海辞书出版社 2013 年版，第 154 页。

⑥ 余嘉锡：《世说新语笺疏》，中华书局 1983 年版，第 636 页。

（二）情之动

圣人之情是活动的，而非僵死的，情随着时空的改变而发生变化。王弼在《论语释疑》中明确提出“情动于中而外形于言”[①]。“情之动”表明圣人随着外界环境的变化产生不同的欲求，圣人具有正当、合理的欲求。之所以欲求正当，是因为圣人能够体无体道，道即自然，按照自然行事，便不会向外追逐不恰当的东西。王弼通过情之动，肯定了欲求的正当性，显示出圣人是现实中活泼泼的、具有亲和力和生命力的存在，圣凡之间的差距因此得以缩小。

综上，“圣人有情”说明了圣人之情同于凡人之情，缩小了圣凡之别；“圣人无累”则说明圣人之情超越于凡人之情。圣人之情之所以超越于凡人之情，是因为圣人“茂于神明”能体无。圣人之情有两个特征：情之真与情之动。其中，情之真从时代背景出发，表明真实是情感的必要条件，如果不把握情感的本质只求其名号，那么就会流于虚伪；情之动则说明了适度的欲求是正当的，体现出圣人的可亲近性。因此，“圣人有情”是王弼反对汉代虚伪的名教、说明欲求正当性、缩小圣凡之别的强大理论武器。

二、圣人无情

学界一般从何劭的《王弼传》中接受了王弼“圣人有情”的观点，但是很少注意到王弼在《老子注》中提到“无情”的说法。[②] 在解释《道德经》五章“天地不仁，以万物为刍狗；圣人不仁，以百姓为刍狗”[③]的时候，王弼用“无情无为”来解释天地、圣人不仁。

> 天地任自然，无为无造……圣人与天地合其德……橐籥之中空洞，无情无为，故虚而不得穷屈，动而不可竭尽也。天地之中……犹若橐籥也。[④]

上文我们已经讲到，圣人所具有的情是喜怒哀乐等具体的情感，如果把“无情”理解为没有喜怒哀乐之情自然就说不通了。这就需要对王弼的《老子

① 王弼著，楼宇烈校释：《王弼集校释》，第631页。

② 参见王葆玹：《正始玄学》，齐鲁书社1987年版，第379页。

③ 王弼著，楼宇烈校释：《王弼集校释》，第13～14页。

④ 王弼著，楼宇烈校释：《王弼集校释》，第13～14页。

注》原文进行解读，王弼的意思主要是，无论是天地也好，还是与天地合德的圣人也罢，都如同“橐籥”一样中间空虚、无情无为，顺任自然，没有偏执。这里，“无情”的意思明显是没有偏私的情感，圣人不以自己的偏私之情去破坏现有的秩序和稳定。换句话说，“无情”就是无为，无为即去除过分的人为造作，没有偏私的欲求，正因为没有对外在过分的欲求，因此可以不得穷屈、不可竭尽，保全自身，成就他人。要而言之，王弼的“圣人有情”，是指圣人具有喜怒哀乐等具体情感，而王弼的“圣人无情”，是指圣人与天地合德，没有偏私的感情。另外，正因为圣人没有偏私的感情，所以可以做到顺物之性、极物之情，可以把握到事物的本质。物之情，如果理解为事物的情感，不合于逻辑；理解成事物的本质，则比较合理。所以说，王弼的情不仅有情感义，还有情实的意思。

王弼与何晏的“圣人无情”是否有区别？厘清这个问题有助于对王弼“圣人无情”的深入理解。首先，王弼与何晏的“无情”含义有所不同。我们根据《王弼传》可以知道，何晏的“无情”是指没有喜怒哀乐等具体情感；而王弼的“无情”则是说圣人没有偏情，可以做到审时度势，根据实情来判断是非对错，能够排除不当的情感因素，经过思虑去处理事务。其次，在何晏这里，“无情”的地位高于“有情”。他认为：“凡人任情，喜怒违理颜回任道，怒不过分。”[①]凡人任情、贤人任道有情、圣人无情，即使像颜回这般有情任道之人也只是贤人[②]，喜怒哀乐之情适度而已，仍达不到圣人的标准，圣人能够完全摒弃情。在何晏看来，自然之情是完全负面的，是恶的，需要去除，离道家崇尚的自然很远；而王弼则认为，圣人同时具备有情、无情，两者只是侧重点不同，并没有高低之分。

“无情说”是源于道家还是源于汉儒呢？汤用彤先生认为：“圣人无情乃汉魏间流行学说应有之结论，而为当时名士之通说。圣人无情之说，盖出于圣德法天。此所谓天，乃谓自然，而非有意志之天……”[③]与汤用彤先生不同，许抗生先生认为，何晏之无情继承了老庄道家思想：“何晏、钟会、荀融主

---

① 何晏注，邢昺疏：《论语注疏》，北京大学出版社 2000 年版，第 78 页。

② 参见武道房：《儒家圣人观念的承继与开新——论王弼圣人性、情新观念及其思想史意义》，《江海学刊》2003 年第 6 期。

③ 汤用彤：《魏晋玄学论稿》，第 74 页。

张圣人无情，圣人‘不复应物’。这是老庄道家思想的一种传统说法。”[1]实际上，王弼的“无情说”是对老庄道家的继承，而何晏之无情很显然受到了董仲舒等汉儒的影响，而非老庄思想学说影响所致。《老子》中说：“圣人不仁，以百姓为刍狗。”[2]《庄子》中也提出“无情”说：“吾所谓无情者，言人之不以好恶内伤其身，常因自然而不益生也。”[3]老子的圣人不仁，不是没有喜怒哀乐之情，而是圣人没有偏袒，公正对待百姓。庄子的无情说得更明白，指的是因顺自然，没有过分偏执的情感，如果有偏执的好恶之情，就会陷入是非争辩而害其身。老庄所谓无情皆是无偏情，是王弼之无情，而与何晏所谓无喜怒哀乐之情不同。道家对情的态度并非绝对否定，特别是《庄子》在主张无情的同时又重“情”。[4] 王弼对于情的态度也并非完全否定。汉儒特别是董仲舒则把性情和阴阳联系起来，主张性阳情阴，彻底否定了情。在这一点上，何晏与汉儒相合。因此，综合考察，何晏之无情更多继承了汉儒的说法，对情持否定的态度；而王弼的无情，更偏向老庄道家没有偏情之意。

三、有情即无情

上已论及，有情侧重于讲圣人之情自然真切、生动活泼、与外物相感通，无情则是讲圣人处理外在事务时无偏无私，顺任自然，无为无妄。那么，无情与有情之间是否具有更深层的连结呢？

接下来，我们透过王弼的“性其情”“以情近性”“以情从理”来进一步说明有情与无情之间的关系。

> 不性其情，焉能久行其正，此是情之正也。若心好流荡失真，此是情之邪也。若以情近性，故云性其情。情近性者，何妨是有欲。……但近性者正，而即性非正；虽即性非正，而能使之正。
>
> 夫明足以寻极幽微，而不能去自然之性。颜子之量，孔父之所预在。然遇之不能无乐，丧之不能无哀。又常狭斯人，以为未能以情从理

---

① 许抗生：《魏晋玄学史》，陕西师范大学出版社 1989 年版，第 125 页。

② 王弼著，楼宇烈校释：《王弼集校释》，第 14 页。

③ 郭庆藩辑：《庄子集释》，中华书局 1961 年版，第 221 页。

④ 参见陈鼓应：《庄子论情：无情、任情与安情》，《哲学研究》2014 年第 4 期。

者也。而今乃知自然之不可革。①

学界很多学者②把王弼的“性其情”“以情近性”“以情从理”理解为情感受到理性的约束,控制在一定范围之内,从而为修养身心提供依据。这种理解基本正确,其强调了王弼否定完全有情。但是在这里需要说明一下,圣人之情是具有主动性的,圣人“以情从理”并不是“以性禁情”的翻版,情并非只能被动地服从于理。圣人可以自然而然、不待外界的约束,做到情合乎理。换句话说,应该明晰圣人以情近性、以情从理是自然而然的,圣人之所以做到自然而然,是因为其“神明自备”“智慧自备”,而不是因为后天学习。

在否定完全有情之后,王弼又批判了完全无情的观点。所谓“又常狭斯人,以为未能以情从理者也。而今乃知自然之不可革”,就是说有些偏狭的人认为,孔子对颜回的情感不能做到以情从理,反而是不知道自然之情的必然存在。偏狭的人所认为的以情从理,即是遇之无乐,丧之无哀,是完全把情否定掉,这种观点正是何晏的“无情说”。王弼把何晏所理解的“以情从理”、圣人全然没有情感看作是一种偏狭的观点,肯定了情感的自然流露,在他看来,完全无情是很难想象的,也是无法企及的。

有情与无情并不冲突,而是达到了一种完美的和谐状态。王弼通过对“性其情”“以情从理”的论述,解决了有情与无情之间的冲突。他既反对完全有情,也反对完全无情。情有正、邪之分,如果只主“有情”,那么就有陷入邪情的风险;如果只主“无情”,圣人便显得僵硬无力,没有生命力。有情与无情兼具,既消除了无情所带来的僵硬古板,又避免了有情所引发的放荡无度。所以不偏于有情也不偏于无情的“有情而无情”才是对王弼情论的准确概括。“有情而无情”与“有情而无累”的说法没有差别,有情符合“至理”便会无累于心,而“至理”最重要的特点就是无情无为、中空自然,圣人有情的同时心中能够体悟无情无为的至理、大道,在现实世界中可以做到无累。

王弼的“贵无论”与“无情说”是相关联的。在王弼那里,“无”就是作为本体的存在。“无形无名者,万物之宗也。不温不凉,不宫不商。听之不可

---

① 王弼著,楼宇烈校释:《王弼集校释》,第631～632、640页。

② 余敦康认为:“所谓性其情,即以情从理,以情制理。”(余敦康:《魏晋玄学史》,北京大学出版社2016年版,第294页)冯友兰也认为:“庄学主以理化情。所谓‘安时而处顺,哀乐不能入也’。”[冯友兰:《中国哲学史》(下),重庆出版社2009年版,第81页]

得而闻，视之不可得而彰，体之不可得而知，味之不可得而尝。”①“无”就是指作为本体的道是没有具体的特性，既然道没有具体的特性，那么也是无情无为的、中正不倚的。因此，“无情说”是“贵无说”的延续。那么，道如何在现实生活中展开呢？“无情无为”在现实层面并不能展开，生活中不存在完全无情无为之人。为了确保道在现实生活中的顺利展开，必须要用“自然”作为保证。“有情”保证了道在现实生活中的展开，情的流露是自然而然、不加掩饰的。因此，无情与有情的划分，是王弼体用论的延续。无情是体，圣人本质上是无情无为的；有情是用，是圣人在现实层面应当展现出来的模样。

王弼对于体用动静的思考也体现在其有情、无情说之中，冯友兰先生说：“汉代以后，道家哲学繁荣于魏晋，儒家思想复兴于宋明，玄学、理学都大大发展了‘动静合一’的理想，并考究其实践方法。”②这种说法完全正确，王弼在《老子注》中说：“浊以静，物则得清；安以动，物则得生。此自然之道也。”③自然之道既拥有静的一面，也具有动的一面，污浊之物经过沉淀静止之后，便会清澈，安定之时只有活动起来，才能够使生命具有本应具有的活泼。“凡动息则静，静非对动者也；语息则默，默非对语者也。”④动静之间并非对立，而是要在两者之间找到一定的平衡。前已提及，王弼的有情强调了情是具有生命力、具有活动性的，也即从动的一面讲有情；那么，无情则强调了静的一面，从自然之道的角度来说，就是作为道之特点的无情无为体现了静的一面，而道在现实层面具体展开则要具有生命力、活动性。

冯友兰对先秦道家和王弼玄学的有情、无情关系进行过具体探讨：“圣人不是无情，而是有情而不为情所累。先秦道家以有情为累，以无情为无累。王弼以有情而为情所累为累，以有情而不为情所累为无累。这是王弼对于先秦道家底一个修正。这个修正是将有情与无情的对立，统一起来。”⑤冯先生的这种观点主要是将“情”限定在了喜怒哀乐之情上，而没有看到无论是先秦道家还是王弼对情的理解都是丰富多样的。在我们看来，王弼的“情论”并不脱离道家。在王弼处，以情从理，把情控制在一定范围之内就是

① 王弼著，楼宇烈校释：《王弼集校释》，第 195 页。

② 冯友兰：《三松堂全集》第四卷，河南人民出版社 2001 年版，第 81 页。

③ 王弼著，楼宇烈校释：《王弼集校释》，第 34 页。

④ 王弼著，楼宇烈校释：《王弼集校释》，第 336 页。

⑤ 冯友兰：《三松堂全集》第五卷，第 90～91 页。

“有情而无累”，“无累”的重点在于“从理”，理即是道，道是无情无为的，因此强调“无累”就是强调圣人本质的“无情无为”。所以，“以情从理”就是“有情而无情”，仅有情是累，仅无情则不全。有情、无情缺一不可。道家亦是如此，庄子一方面强调无情，另一方面又重情，庄子所具有之情是天地之情、性命之情，此情与道一致，无情则是指无人之情，没有纷繁的是非争辩之情。所以在庄子处，与道一致的性命之情又怎会导致心累呢？

“圣人达自然之性，畅万物之情，故因而不为，顺而不施。除其所以迷，去其所以惑，故心不乱而物性自得之也。”①无论是有情还是无情，王弼最终想要说明的是圣人具有自然之情。圣人是有情而无情的，圣人能够自然而然抒发自己的情感，不压抑自己的真实感受，不虚伪不造作。同时，这个情不应过度，而应该使得自己无累。圣人对待事物中正无私，去除使人心乱的诱惑，顺从自然，才能心无累。无论有情还是无情，都在自然的范围之内。

结 语

王弼用他的“有情无情论”告诉我们，应物是复杂的，不仅仅要以充沛饱满的生命本色面对生活，更要顺任自然，没有偏倚地处理事物。有情无情之间，蕴含着王弼对道家精神在继承中的创新，使得道家之自然更加积极进取。无情是王弼对道家的继承，大道无情无为，有情是道家精神的应有之义，是在道家基础上创发出的新观点。沿着真性情这条路径，“竹林七贤”和元康名士狂放任达，把圣人有情中的伦理政治色彩淡化，转而变成对个人自由的追求，形成重“情”的社会风潮。在重“情”风潮的影响下，个体主义得以彰显。对于情的肯认，使得人们认识到真诚、生命力彰显的可贵，畅发情感，做真自我，不拘泥于现有的框架，在真实情感的前提之下遵守名教。

① 王弼著，楼宇烈校释：《王弼集校释》，第 77 页。

“道”与“明”：认识论视域下的《道德经》和“龙场悟道”

林孝斌

摘要：就生存而言，“道”的实在性远比“道”的形而上学更具当下契合性。“道”是《道德经》一书中最为精深的一个概念。就言说方式而言，《道德经》开篇指出“道不可言”，这意味着“道”无法通过某种既定的“言说”予以把握。无论如何，“道”总是在与人的某种相关中而具有生存意义。因此，对具体的生存者——人而言，“道”如何在生存中呈现其实在性（现实有效性）才是生存关注的问题。就此，《道德经》中不可言的“道”是在生存者的不同层次上的“明”中展示其实在性力量，这种“明”实际上就是一种“感通”，具有认识论功能。无独有偶，思想史上，王阳明的“龙场悟道”可视为“道”与“明”关系的重要范例之一。

关键词：道　明　实在性　感通　认识论

“道”字的本义是通往某一目的地的道路，在《说文解字》中，“德”字从彳（chì），悳（dé）声。[①]“彳”与行走有关，而行走总是有个具体的方向和目的。由此观之，《道德经》的基本倾向是要告诉人们应该选择什么样的合于道的人生方向。需要指出的是，这个“道”是否定儒家之道德追求的。我们知道，“道”在儒家思想中，其实在性具体呈现在日用伦理和对道德的价值追求之中，即“道”在礼中，礼是“道”的载体。而老子对儒家之道的否定，则抽去了

林孝斌，山东大学儒学高等研究院博士后，主要从事晚明理学、宗教哲学、中西哲学比较研究。

① 许慎：《说文解字》，九州出版社 2001 年版，第 105 页。

这一载体。那么，这样的“道”又该如何呈现其实在性呢？要回答这一问题，首先就必须明了老子所论之“道”的具体指向，然后在其基础上进一步追踪其“道”之实在性的呈现方式。简略言之，老子之“道”主要包含三方面内涵：无固定规则、自然、无为。这样的一种“道”，既是变化无行迹，又是自然而无为，既无法在感觉经验中去把握它（因为它无行迹），也无法通过思想论证予以证明（因为它变化无具体规定性），而只能够在一种“感通”（结合着感通者的知识和情意双重结构的一种内在性能）中予以呈现。

一、“道不可言”之“道”之为何？

我们知道，“否定儒家的道德观”是老子《道德经》思想的一个重要指向。[①] 因此，就有必要先来认识《道德经》中“道”与“德”的内涵所指。在老子看来，“道”的本质是“反者，道之动”[②]。动，指的是“道”时刻在运行的特性，而“反”意即“返”，从各种现有的固定规则中返回。在老子看来，这些既有的规则都是出自人自身善观念作用的结果，并不是“道”本身，反而是远离“道”的表现。一旦人的生存被这些既有规范包围或浸染，那么他就会将这些既有的规范等同于“道”，从而以“道”施与人。因此，要走出这种“困境”就必须“返”，意即从这些规范中走出来，才能够真正与“道”同行。之所以要实行这种“返”，乃是因为人所面对的“道”具有“独立不改，周行而不殆”[③]的特性。因此，面对这样的“道”，任何人为设定的固有规范都是一种“背道”而非“正道”。不仅如此，“返”在另一层意义上还表示，任何事物都处在“相反相成”之中：“有无相生，难易相成，长短相较，高下相倾，音声相和，前后相随。”[④]相反事物之间的变化只在尺寸之间，可能当你固守其中一端而自以为是“道”时，“道”已经向另一端转化。所以，“道”处在不断运行当中，其内容也在不断地“往返”转变。这种运动特性就决定了“道”无法被“执”，只能够“顺”其行。这就意味着，生存者无法用一套观念或者思想体系将“道”固定在其框

① 参见金观涛、刘青峰：《中国现代思想的起源：超稳定结构与中国政治文化的演变》第一卷，法律出版社 2011 年版，第 85 页。

② 王弼注，楼宇烈校释：《老子道德经注》，中华书局 2011 年版，第 113 页。

③ 王弼注，楼宇烈校释：《老子道德经注》，第 65 页。

④ 王弼注，楼宇烈校释：《老子道德经注》，第 7 页。

架范畴内，更无法用某种源自感觉经验的东西去诠释“道”本身。这样看来，似乎“道”变化不定，令人难以捉摸。但事实并非如此，因为要对这样一种“道”进行认识，需要在与之相对应的“德”中进行展开。这种“德”，在《道德经》中便是老子所说的“上善”。

不同的是，在老子的《道德经》中，儒家所谓的“德”乃是因为“大道废，有仁义”①才有的结果，言外之意是，“仁义”作为“德”的内容，乃是“大道”废的结果，实际上并不存在所谓有内容的“德”。在老子眼中，最高的“德”就是“上善若水，水善利万物而不争，处众人之所恶，故几于道”②。前面的分析指出，往复循环和无规则变化才是“道”本身，因此“道”是不能用规范限定的，显然，儒家所谓的“德”正是一种十分秩序化的规范性存在，恰与“道”的特性相反。③ 所以，真正能够与“道”相合的“德”必定无确定规范和内容，这便是老子眼中的“上善”。老子通过“若水”的比喻，说出“德”的这样一种生存状态：水的运行本性是任其自然，并无刻意追求所谓的普遍性意义上的“德”，正是水这种不给予任何物以自我主观评判的性质，所以它才能够利万物而不争。我们知道“争”则意味着存在两套价值观之间的冲突和对峙，而不“争”正是取消了这种张力，是一种自然之状。不仅如此，水还能够处于大众所讨厌的低下的地方，因为在水那里，就不存在一个所谓的有“好坏”之分的地方，顺其“流动”的本性，就是根本动力。故此，老子才说这是“几于道”。由此可见，这种“上善”是理解和认识“道”的最好媒介。那么，这种“上善”与生存者的具体生存有何关系呢？

我们知道，人是活在某种具体的生存状态中，并且世上并不存在一种理想化的生存世界，即不存在一种“不争”的状态，真实的生存充满了各种“争”。因此，就此而言，似乎“上善”太过理想化，离现实太远，反而变得遥远

① 王弼注，楼宇烈校释：《老子道德经注》，第 46 页。

② 王弼注，楼宇烈校释：《老子道德经注》，第 22 页。

③ 在魏晋时期，儒家面临着严峻的家族伦理危机，按照余英时的说法，此时儒家合法性受到挑战所导致的“家族伦理的破坏”上升到了白热化阶段。参见余英时：《名教危机与魏晋士风的演变》，《中国知识阶层史论·古代篇》，（台北）联经出版事业公司 1980 年版，第 346～347 页。实际上，儒家在魏晋时期所遭遇的伦理困境，正是其所主张推崇的“德”之困境，当其“德”不再成为一种价值导向和追求时，时人所面对的实际上乃是一场巨大的生存危机：什么才是值得追求和有意义的？这种生存危机所辐射出的问题便是，以往所推崇的“道”对生存的实在性（现实有效性）力量何在。从思维方式上看，魏晋时人对“道”的把握比之前侧重现实伦理和具体事务有新的提升，这便是一种思辨性意识的发展。

而不可企及。如果是这样的话，那么这样一种“德”就高悬于人的具体生存而只与同样是不可捉摸的“道”同在，始终与人有鸿沟和距离。这样的“道”可能稳居于某种“境界论”之中，而无法进入人的具体生存。显然，老子的《道德经》并非如此。《道德经》指出，任何一种所谓的“德”或“善”，都会有相对应的“行为规范”。正如儒家之“善”（德）对应的就是一种“礼仪规范”，有着确切的内容和特定的行为规范。但这恰恰是老子所反对的。在老子看来，《道德经》中的“德”必须与“道”相辅相成、相配相合，“道”的特性和本质决定了其相对应的“德”或“善”具体在生存中时，表现为一种无确定指向和具体内容而任其自然的“无为”。老子在《道德经》三十八章指出：“上德不德，是以有德；下德不失德，是以无德。上德无为而无以为，下德为之而有以为。上仁为之而无以为，上义为之而有以为，上礼为之而莫之应，则攘臂而扔之。故失道而后德，失德而后仁，失仁而后义，失义而后礼。”①老子眼中的“德”是不以德为德，而刻意求德恰好是无德的表现。我们知道，在儒家看来，求德是一种向善的意志表现，其出发点是人性本善；但在老子看来，这恰好是“不自然”的表现。真正的“德”便是不以德为德，这就破除了人对“德”之观念的某种“执”和观念化束缚。这种“德”的具体落实便是“无为”。老子甚至指出，这种无为的生存状态正是圣人所主张的，即“是以圣人处无为之事，行不言之教”②。

综上可见，老子从三方面来指出“道”的内涵：一是反规范，二是自然（不作价值判断），三是无为（否定向善的意志）。它们之间的内在关系是，“道”的变化无常只能够通过“德”（善）之自然的相应来理解，而此“德”具体落实在生存中则是一种“无为”之状，因此，“道—自然—无为”是老子所谓“道”的内在动态的“三一”式结构，三者不可偏废其一，是一个联动的整体结构。现在的关键便是，通过怎样的方式才能将这种“三一”式结构呈现在生存之中。

二、“道不可言”却能“明”

我们看到，老子在《道德经》中提出的“道”虽然是一种“不可言”之道，但是洋洋五千字却始终不离“道”。换句话说，这五千言都是在以某种方式呈

① 王弼注，楼宇烈校释：《老子道德经注》，第98页。

② 王弼注，楼宇烈校释：《老子道德经注》，第7页。

现“道”本身，只是老子这种呈现方式非常独特，既不是依靠言语就可以完全把握的，也不是依靠人的逻辑思维就能够辨明的。《道德经》二十一章提到：“道之为物，惟恍惟惚。惚兮恍兮，其中有象；恍兮惚兮，其中有物。窈兮冥兮，其中有精；其精甚真，其中有信。”①这一章对“道”之特性有着更深层的呈现：“道”在“恍惚”之中成象，但其实在性则表现在其“精”其“真”。换言之，“道”的实在性就隐藏在恍惚式的成象之中。因此，这个“道”既有“纯粹性”又有“实在性”特质。② 故而，这里的关键便是如何呈现“道”的实在性。我们在阅读过程中发现，“明”与“道”之间有着重要关系。下面，我们就转入《道德经》中“明”字出现的章节，对其用法进行分析。

《道德经》中“明”字出现的次数并不多，总共 10 次：十章的“明白四达”、十六章的“知常曰明”、二十二章的“不自见故明”、二十四章的“自见者不明”、二十七章的“常善救物，故无弃物，是谓袭明”、三十三章的“自知者明”、三十六章的“微明”、四十一章的“明道”、五十五章的“知常曰明”、六十五章的“古之善为道者，非以明民”。其中，关键的有 5 处：十章的“明白四达”、十六章和五十五章的“知常曰明”、二十七章的“袭明”和三十六章的“微明”。而二十二章的“不自见故明”和二十四章的“自见者明”、三十三章的“自知者明”在解读上也十分重要。下面，我们先来看看“明”字字义的相关概况。

“明”，许慎《说文解字》的解释是：“照也。从月，从囧。”③这里的“照”自然是某种能够发光的东西从自身往外照耀，当光一出来，原来不明的地方就都得以明了。从这个意义上看，被照者与照者是“受—授”的关系。“照”也暗含着一种“揭示”的力量。除此之外，我们还可以找出先秦典籍中有关“明”的用法和内涵。如：

> 《周易·乾·彖》：“大明终始。”疏：“大明晓乎万物终始之道。”
> 《周易·乾·文言》：“天下文明。”正义：“有文章而光明也。”④
> 《尚书·尧典》：“钦明文思安安。”传引马云：“照临四方谓之明。”
> 《尚书·舜典》：“黜陟幽明。”传：“升进其明者。”
> 《尚书·太甲》：“视远惟明。”正义：“‘明’谓监察是非也。”

---

① 王弼注，楼宇烈校释：《老子道德经注》，第 55 页。
② 参见周生春编：《老子》，浙江大学出版社 2018 年版，第 18 页。
③ 许慎：《说文解字》，第 391 页。
④ 王弼注，孔颖达疏：《周易正义》，北京大学出版社 2000 年版，第 8～9、23～24 页。

《尚书·洪范》:"视曰明。"传:"必清审。"①

《韩非子·难四》:"知微之谓明。"②

综合这几处用法来看,"明"字主要有两层含义:一是指理解意义上的认识,如监察是非,这是一种内含某种现成判断观念的知识结构,能做出监察是非的精神活动,自然与人的理性、理解能力相关;二是表达一种内在原初性直觉,如"知微之谓明","微"是很难被察觉的一种存在状态,而"知微"显然更多的不是理性层面的认识,而是内在原始性的一种直觉感。而从徐锴的解释来看,明也有"昭"义,就是一种"通"的状态。由此看来,"明"指向的是一种经理性能力和内在原始直觉感双重结合作用而形成的"通透"之状,是人对事物认识的一种"贯通"状态。有了这样一种对"明"字的基本看法和认识,我们再回到《道德经》文本看"明"与"道"的内在关系。

《道德经》中最早开始使用"明"字的是十章的"明白四达,能无为乎"。这里的"明白"一词,按照王弼的解释是一种无迷无惑状态,是通向无为的必要。③ 所谓的"迷惑"指的是一种被某种观念所困而不得以明的状态,也指失去方向感。因此,"明白"一词至少包含着一种在观念上得以明的状态。而老子在这里运用反问语气意在表明,这种"明白"离不开人的知识结构的作用,但这并不能使人"无为"。可见,"无为"并不是在知识上通达就可以做到的。

第二处涉及"明"字的是《道德经》十六章"知常曰明"④。理解这一处的关键在于,辨明何为"常",何谓"知"。因为"明"的界定受制于"知常"二字。从字面上看,这指的是"明"的内容。第一次提及的"明白四达"指的是"明"的一种范围和外在状态,如光照四方一样的状态。但这个"光"却非仅仅是一种知识结构,而是"知常"。根据《道德经》十六章"知常曰明"的上文"复命曰常"可知,"常"指的是"复命","复"指的是一种返回,回复到某种原始状态,"命"自然是指向"天命"。王弼认为,复命则得性命之常,而"常"是一种恒久义。因此,"常"实际上就是"道"的另一种表达,"知常"就可等同于"知

① 孔安国传,孔颖达疏:《尚书正义》,北京大学出版社 2000 年版,第 29、98～99、253、359 页。

② 王先慎撰,钟哲点校:《韩非子集解》,中华书局 1998 年版,第 383 页。

③ 王弼注,楼宇烈校释:《老子道德经注》,第 26 页。

④ 王弼注,楼宇烈校释:《老子道德经注》,第 39 页。

道”。可见，这里的“知”与“明”一样具有两重向度上的含义。根据前面对“道”之内涵的三方面分析，其“三一”式结构并不是仅理性认识之知就可以覆盖的。这样看来，“知常曰明”的内在含义便是指出“明”的内容就是“道”在人中被开显出来了，换句话说，“道”的“三一”式结构乃是在人的“明”中得以呈现出来。这种“呈现”既包括一种理性意义上的认识和理解，更重要的是包含内在原始直觉性的感知，并呈现出达到一种“通透”之状，意即“道”在“明”中得以开显出来。

我们进一步分析“明”对“道”的呈现。根据“道”的内在“三一”式结构特征，“道”是借着“自然”（德）得以展开的，而“自然”是在“无为”中展开的。那么，“自然”“无为”又和“明”有怎样的内在联系呢？我们再来看《道德经》二十二章所说的“不自见故明”，这里使用了“不……故”的结构用法，可见是对“不”之内容持反对意见。也就是说，“自见”与“明”是截然相反的状态，一旦在“自见”状态中，就是“不明”，反之则“明”。由于“见”指的是一种表现出来的可见之状，那么此处的关键就在于对“自”的理解。许慎《说文解字》称，自即“鼻”，就是人脸上最突出的部位。这个字还有以下几种意思：

> 《周易·需》：“自我致寇，敬慎不败也。”疏：“自，由也。”①
>
> 《诗经·召南·羔羊》：“退食自公，委蛇委蛇。”传：“自，从也。”②
>
> 《尚书·皋陶谟》：“天秩有礼，自我五礼有庸哉。”传：“自，用也。”③

综合以上用法，我们看到，“自”强调的是从主体自身、由主体发出的一种状态。那么“自见”就是主体主动参与的一种状态，而“明”是“不自见”。可见，主体主动参与发出必定携带着主体现有的善观念成分，显然容易导致某种“不明”之状。因此，“明”在这里恰好主张要拿掉主体原有的善观念，这也符合二十四章所说的“自见者不明”之意。主体观念被拿掉之后称为“明”，这就意味着被主体观念覆盖而不得见的那个存在是能够在主体观念被拿掉后自明的。在《道德经》中，这就是一种“自然”之状，是一种除去了某种覆盖物之后的状态，就是一种“无为”状态。老子以“水”喻之，认为水就性而下，利万物而不争，就是无覆盖物而“纯粹”的状态。可见，这种“自然”的呈现凭借

---

① 王弼注，孔颖达疏：《周易正义》，第52页。

② 毛亨传，郑玄笺，孔颖达疏：《毛诗正义》，北京大学出版社2000年版，第99～100页。

③ 孔安国传，孔颖达疏：《尚书正义》，第129页。

的乃是“不自见”而有的“明”。

那么，当“道”借着“自然”而落实于具体生存之中，又和万物之间存在怎样的连接呢？“无为”与“明”又有怎样的联系呢？我们看到《道德经》二十七章提到了“常善救物，故无弃物，是谓袭明”[①]。“物”的出现，自然意味着已经进入了具体现象界层面，人是具体地活在与各种“物”的往来互动之中。那么，在这些“物”中，人的“无为”又是怎样呈现的呢？

> 是以圣人常善救人，故无弃人；常善救物，故无弃物，是谓袭明。故善人者，不善人之师；不善人者，善人之资。不贵其师，不爱其资，虽智大迷，是谓要妙。[②]

在这一章中，似乎圣人与物之间关系密切，圣人在“物”之间有了很多的作为，这表面上看似乎不是一种“无为”之状，但再深入一看，无论是“救人”还是“救物”，圣人均出于其“常善”的内在性能和原始动因。这种“常善”不是一种源自某种观念而有的“发生”，也就是说，圣人之所以“救人”“救物”不是受其观念主导，而是出于自身原始性能，是一种“不自见”的行为，就是其上“覆盖物”被拿掉之后那种“照明”之状而“有”的行为。我们知道，只要涉及判断选择问题，就必然存在某种善观念的背后主导，但这里强调圣人的“常善”之性状。在圣人眼中人和物并无区分，也无任何价值、主观评断在里头，物和人与其“照明”之状是同处一个层面的存在者，光照之所及，就是其行动之所及，无论善恶、人物。这种“无不为”状态，实际上就是“自然”之状的另一种流露和呈现。因此，圣人的伦理践行并无所谓的善恶观念在里头，而是圣人将他对“道”的“明”“沿袭”展开呈现在日用伦理之中。这种“道”与“世”之间的贯通，正是圣人“袭明”的结果。那么，圣人又是如何做到“袭明”的呢？这自然离不开圣人在“道”的发微处就与其同在，并一路同行下来的一贯的生存。这种对“道”的发微处的“明”，便是“微明”。

《道德经》三十六章开头就提到：

> 将欲歙之，必固张之；将欲弱之，必固强之；将欲废之，必固兴之；将欲夺之，必固与之，是谓微明。柔弱胜刚强。鱼不可脱于渊，国之利器

① 王弼注，楼宇烈校释：《老子道德经注》，第 72 页。

② 王弼注，楼宇烈校释：《老子道德经注》，第 72～73 页。

不可以示人。①

所谓的“微”,在《道德经》十四章中即是“搏之不得”②,就是指一种难以言状的存在状态,是“看不见、听不到、摸不着”的状态。③ 按照三十六章的观点,“微明”的状态需要在“先反而后正”的张力中展开。这意味着事情从一种状态转向其相反状态的那个“临界点”正是“微”之所在,也即“明”之所在。“物”自有本性,而且其本性之状恰好是在这个“临界点”显露出来,所以,体察物的本性或者顺从物之本性,就需要对此“临界点”有所“微明”。这也强调了任何人为施加于“物”的本性之作为,都是无效于这种“明”的。这种“微明”恰恰是反对人的任何对“物事”的“为”,主张“无为”,就是顺物本性,也就是顺其自然之状。由此可见,“微明”是一种对物之本性显露的“临界点”的呈现,这个“临界点”也是自然之状的妙之所在。所谓的“自然”是在“无为”中得以展开呈现的,这种“无为”就是“微明”所在。

可见,无论是圣人出于“袭明”而有的“无不为”,还是基于“微明”而出的“无为”,都是对“自然”之状的呈现和表达。而“自然”又是“道”的表达和呈现,所以“道—自然—无为”这“三一”式结构是在一种“知常—袭明—微明”中得以呈现展开的,即“明”是一种贯通“道”的具体呈现方式,正如《道德经》四十一章“明道若昧”所表达的那样。这样的“明”就是一种感通,是对“道”的感通,不是一种原始性认识活动,而是基于知识结构和内在原始直觉性感知共同作用而形成的一种“通透”的状态。

因此,基于以上分析,我们可以说,《道德经》所言的“道”是在“明”这种感通中呈现的,这是一种非常独特又十分契合的思维方式。

三、对“道—明”关系的进一步探析:以“龙场悟道”为例

为了对“道”与“明”之间的关系有更深的理解,此处有必要追踪王阳明“龙场悟道”这一思想史事实来具体呈现“道”与“明”之间的关系,也以此展示“道”的“实在性”与“明”这一“感通”思维之间内在的理路。

---

① 王弼注,楼宇烈校释:《老子道德经注》,第 93 页。

② 王弼注,楼宇烈校释:《老子道德经注》,第 35 页。

③ 参见周生春编:《老子》,浙江大学出版社 2018 年版,第 79 页。

我们知道,在宋明思想史上,"如何成圣"被王阳明视为第一等事。[①] 对这一事的不断追问始终伴随着王阳明思想的发展,而接触朱熹理学是王阳明对第一等事寻索的初期表现。王阳明对朱熹理学的兴趣始于娄谅向他介绍"宋儒格物之学"。很显然,对当时的王阳明来说,朱熹掌握着真"理",由此他对朱熹的学说下了一番苦工,并试图按照朱熹的"向外求理"思路寻获真"理",所以才有了"格亭前之竹"的求理实践。惨败的结果,引发了王阳明对朱熹哲学的怀疑。后王阳明在"物理吾心终若判而为二也"[②]这个备受困扰的问题上再次经历朱学思路的失败,由此加深了当初的那种怀疑。此后他辗转于兵家、辞章之学、道佛之间,最终仍然无法找到"如何成圣"的出发点。此时,找到成圣之路的出发点便成为王阳明生命中的内在动力。

1505 年,王阳明以兵部主事的身份上书谏言,锋芒直指权臣刘瑾,最后落得"远谪龙场"的政治结果。但远离政治的是非之地,反而让处在困厄之中的王阳明有时机沉思"第一等事",结果有了"龙场悟道"的豁然开朗。对王阳明来说,这场悟道让他找到了如何成圣的生存出发点。对这一过程,他是这样描述的:

> 其后谪官龙场,居夷处困,动心忍性之余,恍若有悟。体验探求,再更寒暑,证之六经四子,沛然若决江河而放之海也。
>
> 始知圣人之道,吾性自足,向之求理于事物者误也。[③]

根据王阳明的描述,我们看到"龙场悟道"让他找到了成圣之路的出发点,这个出发点不是朱熹所言求在外之理,而是求向人自身的本性。那么,何以寻找了十几年的出发点在此时此地才得以寻到呢?相比找到这个出发点,其发现方式也值得重视。[④] 在阅读王阳明及其门人的描述时,我们发现,王阳明获得这种生存出发点的方式乃是"感通"这一非原始认识活动。根据王阳明前面的描述,这种认识活动至少有这么几个特点。

---

① 参见杨国荣:《心学之思:王阳明哲学的阐释》,三联书店 1997 年版,第 19 页。

② 王守仁撰:《王阳明全集》,上海古籍出版社 1992 年版,第 1224 页。

③ 王守仁撰:《王阳明全集》,第 240、1228 页。

④ 学者丁为祥在阐述王阳明的"龙场悟道"时就注意到这方面的问题,不过仅仅是从发生学进路来理解"悟",并未注意到这里面的王阳明内在情感结构和知识结构所产生的认识论影响。参见丁为祥:《觉悟、认知与生存境界——王阳明"龙场大悟"的发生学解读》,《哲学研究》2009 年第 11 期。

第一,“居夷处困”是生存的大环境。我们知道,人都是在各种交织的环境中成长并形成善观念即“意”。因此,人在具体生存中总是受内外世界的影响,可以说在这种环境中,人更容易受到各种善观念的作用和影响,在生存中更容易以某种善观念作为出发点。而王阳明在“龙场悟道”之前的各种经历中,可谓是获得了各种各样的善观念,这些善观念可能彼此吻合,也可能彼此排斥。在这种环境中,王阳明受这些善观念影响的程度可想而知。[①]但“谪贬龙场”使得王阳明“居夷处困”,脱离了外在的许多思想困扰和束缚,而在内环境上,阳明称自己“日夜端居澄默,以求静一。久之,胸中洒洒”。[②]也就是说,他的动心忍性是借着日夜端居澄默,在求静一中展开的。“澄默”求“静一”,便是一种排除受自身内在各种善观念影响的表现方式,在“静”中,内外各种善观念便无法再对他产生影响。可见,王阳明是在这样一个内外环境中开始的。

第二,“恍若有悟,体验探求,再更寒暑,证之六经四子。”在前面“静”的环境中,王阳明得以“恍若有悟”。这里的“悟”需要展开论述。我们知道,“悟”带着某种理解,但又不执着于某种理解,而“悟”的对象面对的是一个可能性世界;也就是说,“悟”没有特定的对象,而只是处在可能性世界里,当可能性世界中的某一面向悟者呈现自身的时候,悟者就会获得这可能性世界中的某一种彰显,然后进入具体生存。如果这种所获得的可能性与他的理解相异,那么这种可能性就会成为解构更新他当前理解结构的力量,反之,则会加强、推进他当前的理解。一个“悟”者一旦离开了“悟”,将之前所得的某种可能性视为可能性全部,那么就会成为一个“执”者,从而陷入某种善观念体系。故而有学者认为,此“悟”“既不是沿着认知的轨道发生的,也不是在认知问题的引导下发生的,而是一种在将‘得失荣辱’之念全然抛却之后

---

① 参见[日]冈田武彦:《王阳明与明末儒学》,吴光、钱明、屠承先译,重庆出版社 2016 年版,第 41～42 页。在这里,冈田武彦介绍了王阳明的“学三变”和“教三变”,这里的“变”已然指出王阳明在此期间游走于儒释道等观念之间,这些观念都在不同程度上影响着王阳明的具体生存。可以说,这时期的王阳明实际上乃是根据各种所获得的观念而生存着,尚未进入“求诸己”的进路。但正是这些经历,让王阳明深感被各种观念即“意”左右之苦,无法在根本处立下根基。

② 《阳明全书》卷三二,《四部备要》第 59 册,中华书局、中国书店 1989 年版,第 446 页。

的生存抉择与价值澄清活动”[1]。王阳明在“恍若有悟”之后，还经过“体验探求”“再更寒暑”“证之六经四子”这三大“求证”。也就是说，王阳明在“悟”中获得某种可能性之后，将此可能性带入具体的实践体验、时空生存、圣人经典，看看符合度如何，而最后的检测结果是“沛然若江河而放之海也”[2]。意即他所悟到的对象成为一股源泉之动力呈现在他的生存中，从而激活了生存中的一切。

第三，“恍然”之状类似于某种神秘性体验。关于这一点，黄绾在为王阳明所作的《行状》中有这样的描述：

> 公于一切得失荣辱皆能超脱，惟生死一念，尚不能遣于心，乃为石廓，自誓曰：“吾今惟俟死而已，他复何计？”日夜端居默坐，澄心精虑，以求诸静一之中。一夕，忽大悟，踊跃若狂者。[3]

根据这里的描述，“忽大悟”“踊跃若狂者”状态彰显了神秘体验的基本特征。虽然王阳明不以此种神秘体验为宗旨，但认为由此入手，也是圣贤工夫。[4]换句话说，王阳明找到这个生存出发点得益于这种神秘性体验，这一体验成为王阳明后来在常德、辰州专教人静坐的某种根据。实际上，这种“恍然”“忽”等状也就是一种时间上的“瞬间”。正是在这个“瞬间”中，来自可能性世界的某种可能性进入了王阳明的意识。这种“瞬间”在具体特征上是短暂的，所以是“忽”，是片刻性、稍纵即逝的，也就是“恍然”。换言之，王阳明在他的具体时间中，他的所有时间实际上由瞬间构成且充满，但是在“龙场悟道”中的某个瞬间，他所需之“道”进入了他的那个瞬间，从而激活了他整个时间的存在意义。也可以说，王阳明的善观念构成，与这样的瞬间所进来的“道”彼此是陌生的、相异的，甚至可能是悖论的。但是对王阳明来说，正是这个瞬间激活了他过往所建立起的所有理解结构世界，以及未来他生存中的所有瞬间。此时，他未来的历史或时间就因这个瞬间被“道”化或者此“道”被时间和历史化。这成为王阳明日后生存的终始意义上的出发点。

对王阳明来说，他过去所建立起来的一切知识结构总是以某种现实存

---

① 丁为祥：《觉悟、认知与生存境界——王阳明“龙场大悟”的发生学解读》，《哲学研究》2009年第11期。

② 王守仁撰：《王阳明全集》，第240页。

③ 王守仁撰：《王阳明全集》，第1408～1409页。

④ 参见陈来：《宋明儒学论》，复旦大学出版社2010年版，第105页。

在为起点，在这个思路中，现实中的存在就是呈现一种必然性，无法找到任何一种能够对现实存在产生拆解的力量即可能性，可以说，现实存在是拒绝可能性存在之进入的。这也正是王阳明从朱熹哲学开始，往来于兵法、辞章、道佛而终不得成圣之出发点的原因所在。但是因“龙场悟道”，王阳明在“恍然”的某种瞬间中遇到了“道”，这是先于现实存在的一种永恒之可能性。此时，现实存在的生成反而是在可能性里得以可能。此时，现实不仅连接着过去，还衔接着未来的可能性之呈现；此后，现实是在可能性中被赋予的。这种生存经验，就是王阳明所提倡的“良知之信”。正如王阳明在与于中、邹守益的谈话中所指出的那样：“人胸中各有个圣人，只自信不及，都自埋倒了。良知在人，随你如何，不能泯灭。虽盗贼亦自知不当为盗。”[①]王阳明这里强调的是，人要对自身之良知有一种信，其晚年论调也是“良知本无知，今却要知；本无不知，今却疑有不知。只是信不及耳”[②]。这种要求“信”之良知的力量在其归越后的《月夜二首》其一中更是体现为“肯信良知原不昧，从他外物岂能撄”[③]，这些对良知之“信”的措辞，透露出王阳明已经有一种将良知视为信仰对象的倾向。[④] 王阳明日后的现实生存也昭示着他在这一瞬间所得之“道”成了他过去和未来及当下的黏合剂，打通了他的整个生存经验。

先前的“物理吾心终若判而为二也”[⑤]的思想困境，也因这个瞬间所得之“道”而突破，“物理吾心”在判断中由二成为一，这是“道”进入后而有的结果，是一种“通”的状态。这里的“通”乃是借由王阳明的瞬间而得，使他的整个生存链条得以贯通。而这种“通”的获得或产生，离不开前面两者的相互

---

① 陈荣捷：《王阳明〈传习录〉详注集评》，重庆出版社 2017 年版，第 238 页。

② 陈荣捷：《王阳明〈传习录〉详注集评》，第 273 页。

③ 《阳明全书》卷二十，《四部备要》第 59 册，第 317 页。

④ 参见彭国翔：《良知学的展开——王龙溪与中晚明的阳明学》，三联书店 2005 年版，第 81 页。

⑤ 王守仁撰：《王阳明全集》，第 1224 页。

作用。从形式上看，第一点所涉及的更多是一种情感导向[①]，第二点所指向的更多是一种知识结构。之所以这么说，是因为在第一点中，王阳明在“居夷处困”中以“澄默”求“静一”，就是想要摆脱原有内外善观念的潜在影响。在这种状态中，他超越了荣辱得失和生死之念对他的影响力量，而这两者都触及了他内心深处之情感，当摆脱内外善观念的影响后，他并非处于一种“空白”状态，因为若是处于“空白”状态，那么即使真的有某种领悟也无法抓住。此时的“静一”，更有一种“敬”的外专和“诚”的内专的统合之意。也就是说，王阳明是在一种敬诚情感中等待着随时抓住那将要出现的东西，这时他所等待和希冀之物并非思想对象，而是情感对象。此时，王阳明显然是通过“静”而处在一种情感倾向中，进而去随时抓住即将出现之物。第二点更多的是一种知识结构的“确证”。所谓的“体验探求”即感觉经验，“再更寒暑”即给这种思考以时间，“证之六经四子”即寻求理性理解的帮助，三者统构成为王阳明的知识结构。也就是说，王阳明的知识结构既包括从感觉经验而来的知识，也包括他基于感觉经验而得出的认知，以及有关六经四子言说思想的知识。他在瞬间中所得的“道”，通过他的知识结构的启动和运用理解，最终成功内化，进而成为他生存的“新”出发点。正如有学者指出：“王阳明在悟道之后，曾以五经证其说，而这种‘证’同时也是阳明以自己的先见重新解释经典的过程。在作于此时的《五经臆说》中，王阳明一再强调心体本明，认为人的心就是第一原理之元。”[②]可见，王阳明自此后，始终重视回到这个出发点。

① 这里所提出的情感导向就是一种情感倾向，是能够引导人的生存的一种内在动力。关于这种情感倾向的说法，舍勒在《哲学与现象学》中有专门阐述，大致上，他主张情性在实际在性上是冲动性的，以身体为在体状态上的如是在性。人的在体情性看似非理性，其实自有其理性秩序。“心有其理”是舍勒常引用的一种说法。关于情感倾向的这种动力，近年来，谢文郁教授提出“情感认识论”一说，该说主张人作为认识主体，其内在的情感（尤其是在时间上具有可持续性的情感）具有认识论功能，指向一种实在性，对当下的生存同样具有有效性。本文对情感倾向的认识论意涵上的使用，就是采用这一类主张。参见[德]马克思·舍勒：《哲学与现象学》，倪梁康、罗悌伦译，北京师范大学出版社 2017 年版，《编者前言》第 4 页；谢文郁：《形而上学与西方思维》，广西人民出版社 2016 年版。

② 杨国荣：《心学之思：王阳明哲学的阐释》，第 36 页。

结 语

这种首先借助“情感导向”进入瞬间而获得“道”，并同时通过“知识结构”运用得以“证道”，最后达到一种“二成一”的“通达”效果，就是一种“感通”。“感通”一词源出《易传》。《周易·系辞上》记载：“《易》无思也，无为也，寂然不动，感而遂通天下之故。”朱熹在《周易本义》中的解释是，“寂然者，感之体；感通者，寂之用。人心之妙，其动静亦如此”。① 笔者认为，朱熹对“感通”一词的界定是合适的。很显然，就“感通”一词在《易传》中使用的原始义看，它连接的对象是占卜者和问卜者，最终该对象得以呈现并进入问卜者的具体生存中。可见，“感通”是由此所感而通于彼。朱熹以“寂之用”来解释该词，我们知道，“用”涉及的乃是具体的生存层面，人在具体的生存中是通过情感结构和知识结构而与现实生存的世界相连接的，可见，这里的“用”必然与这两种结构有密切关系。值得注意的是，人的具体生存既受情感结构中某种情感倾向的引导，也受知识结构的影响，而它们所指向的对象并不一样：知识结构主要借助理性思维对对象展开分析和理解，并最终得以认识把握，因此它的对象被称为思想对象。就情感结构而言，人天生具有各种情感，有些是具有持续性的情感，如孝、敬、爱等，伴随着人的一生，有些是非持续性的，如恐惧等。而人在什么样的情感主导下就会展现与其相符的生存状态，持续性情感所指向的对象对情感持有者而言是具有实在性和效用性的。在具体生存中，人的实践活动和行为离不开此二者的交互作用。换句话说，人是在“感通”中展开自己的生存的。

由此，我们似乎可以说，在《道德经》中，在生存向度上，对“道”的实在性的重视和关切远比谈论“道”的形而上学更有契合力。“道不可言”是《道德经》一书对“道”的整体定性，它否定了仅凭语言概念言说界定“道”的可能性，也不认为“道”可以完整地被某种逻辑思辨把握和理解。但如果仅限于此，那么似乎意味着“道”离人的生存太远，毕竟人总是要借助语言和某种逻辑处理生存中的诸多相对复杂的存在者。但是《道德经》所隐含的“明”之道，却给我们打开一条“道”不可言而能“明”的通途，让我们意识到“道”自身

① 朱熹：《周易本义》，《朱子全书》(修订本)第1册，上海古籍出版社、安徽教育出版社2010年版，第132页。

的“三一”式结构和其纯粹性，需要借助人的“明”得以开显在生存中，从而具有实在性力量，进而引导人的具体生存。虽然普通人不一定能够如“圣人”那样，但至少“明”提供了一种“道”之实在性得以呈现在生存中的可能途径。我想，或许正是在这个意义上，当魏晋时期的士人遭遇重大的“生存困境”时，他们能够通过注释《道德经》而赋予“道—自然—无为”以一种新的价值追求，以解生存之困。由此，我们也可管窥魏晋玄学对中国后续思想史的塑造力量和价值。

《论语》注的诠释路向在汉晋间的拓展与理性提升

闫春新

摘要：从汉魏之际到正始年间的曹魏大部分时期，从两汉经学文本“训解”向魏晋玄学“义解”的过渡与推进中，既有《论语》诠释路向在汉晋间的拓展，更有诠释理念的理性提升。在“训解”文本而又注重历史理性的郑玄《论语》注之外，又别开生面地开出了两条各自不同的《论语》注经路径——王肃“义说”《论语》注将汉魏之际兴起的名法之治、魏晋礼法思潮与自身的现实理性注入《论语》经文，从而使王肃《论语》注洋溢着浓郁的时代气息和强烈的个人品格；而何晏玄解《论语》注则援道入儒，着眼于《论语》思想的玄理发掘，从而将汉晋间《论语》注经带入了经学玄学化的新时代。

关键词：训解　义说　玄解　历史理性　现实理性　哲学理性

在汉唐间《论语》注释史上，汉末郑玄《论语》注，一方面继承了两汉经学文本“训解”《论语》的注经特色，如名物训诂、随经贴释的一般性文献学诠释，另一方面又凸显了先秦特别是春秋时代史实（故事）的探究与交代，文本释读与评说相对平实而理性，并在《论语》文本及其前代汉注的基础上，探寻自孔子以来的中古历史演变及其内在规律；而魏初至正始年间的曹魏大部

本文系国家社科基金项目“经学观念视野下的汉唐《春秋》学研究”（16BZX055）阶段性成果。

① 闫春新，山东师范大学齐鲁文化研究院教授，尼山学者兼孔子研究院兼职教授，主要从事魏晋南北朝思想文化史、汉晋经学史研究。

分时期，出现了重义解、尚理性的魏晋注经新学风，进而在魏晋之际，玄学家以“己之意”的玄学“义解”，融会、发挥《论语》思想，最终形成魏晋玄学《论语》。探讨《论语》注的诠释路向在汉晋间的拓展及其理性提升，对于弄清汉魏之际学术的巨变，尤其是从两汉经学《论语》到魏晋玄学《论语》的学理转向，特具理论意义。

一、汉儒郑玄“训解”《论语》的历史理性

郑玄生逢汉末，由于皇权衰微，军阀蜂拥，两汉天人感应的天命思想开始退潮，注重实力与威权、权势的政治理性初起。作为两汉的一代大儒，郑玄在坚守儒家天命观以重塑刘姓汉室权威的同时，更在诠释儒道经传中，通过反思历史，深刻思考现实。因而，郑玄《论语》注既有两汉“训解”《论语》神学性的一面，又有其历史理性的一面。基于《论语》文本少有神学性意蕴而极具人文理性的特性，再加上郑玄以现实人性反观历史，郑玄《论语》注主要表现为历史理性的一面。而郑玄《论语》注这种历史理性的一面，主要侧重于历史理性的文献学考据，并在此基础上，进行相对客观、平实而理性的文本释读与评说。这种具有“历史之同情”的《论语》诠释，既不似神学性诠释那样神秘，也比一般性的文献学诠释更富有历史的厚重与思想的深刻性。这主要表现在两点：

第一，凸显先秦特别是春秋时代史实（故事）的探究与交代，尤重孔子言行的背景，从而还原《论语》文本意义的初始生成状态，以便让读者在当时的历史情形中把握《论语》文本原意。释读极具历史意象的立体感与时空性，例如：

> 《论语·述而》：子曰：“善人，吾不得而见之矣；得见有恒者，斯可矣。亡而为有，虚而为盈，约而为泰，难乎有恒矣。”①
>
> 郑玄注：疾世无明君也。恒，常也。人而有常，则其教令可行也。时人皆夸华而无实，求此有恒者，难得也。②

---

① 何晏：《论语集解》，皇侃《论语义疏》注引，知不足斋丛书本。

② 王素：《唐写本论语郑氏注及其研究》，文物出版社1991年版，第79页。

《论语·雍也》:子曰:觚不觚,觚哉!觚哉!

马曰:觚,一升曰爵,三升曰觚。①

郑玄注:觚,爵名,容二升,孔子削觚,志有所念,觚不时成,故曰:觚哉觚哉。叹觚小器耳,心不专一,尚不时成,况于大事也!②

《论语·雍也》:子谓子夏曰:女为君子儒,无为小人儒。③

郑玄注:儒主教训,谓师也。子夏性急,教训君子之人则可,教训小人则愠恚,故戒之。《周礼》曰:儒以道德教人。④

《论语·公冶长》:子谓公冶长"可妻也。虽在缧绁之中,非其罪也",以其子妻之。⑤

郑玄注:公冶长,孔子弟子。缧绁,徽墨之属,所以执缚罪人之绳索。公冶长尝以他人之罪,为持法吏所并制,时人或辱之,故孔子解焉。孔安国曰:公冶长,弟子,鲁人也,名长。缧,黑索,绁,挛也,所以拘罪人。⑥

从以上所举之例可看出,其都含有孔子当时说话的语言背景,"郑氏尽可能具体阐明孔子的言行及环境,表现出的是非常真实的孔子形象"⑦,从而给读者以很大的想象空间。

在汉晋时期的《论语》注释中,一般认为孔子形象由两汉经学的神学化,变而为魏晋玄学的老子化、易学化、庄子化。其实,严格来讲,两汉《论语》学中的孔子形象有两种:一是《论语谶》与包咸等人《论语注》的神学化;一是司马迁、郑玄等人的凡俗化,后者即如郑玄《论语》注:

《论语·述而》:加我数年,五十以学《易》,可以无大过矣。

郑玄注曰:加我数年,年至五十以学此《易》,其义理可无大过。孔

---

① 据阮元《十三经注疏校勘记》:"皇本作'三'者,字之讹也。"今仍依皇本为"三升曰觚"。何晏:《论语集解》,皇侃《论语义疏》注引,知不足斋丛书本。

② 王素:《唐写本论语郑氏注及其研究》,第62、71～72页。

③ 何晏:《论语集解》,皇侃《论语义疏》注引,知不足斋丛书本。

④ 王素:《唐写本论语郑氏注及其研究》,第59页。

⑤ 何晏:《论语集解》,皇侃《论语义疏》注引,知不足斋丛书本。

⑥ 何晏:《论语集解》,皇侃《论语义疏》注引,知不足斋丛书本。

⑦ 田春来、郑春汛:《〈论语〉郑氏注的性质与特点》,《孔子研究》2007年第5期。

子时年四十五六，好《易》，习读不敢懈倦，汲汲然，自恐不能究竟其意，故云然也。①

第二，在训释名物、典制的基础上，加入一些画龙点睛式的简短评说或自身对文本的精要理解。这是在注解相同经文时，郑注不同于《论语》其他汉注的重要特色。从下面所引例证中，我们可以明显看出，郑玄《论语》注文字多于其他注者：

> 《论语·为政》：大车无輗，小车无軏。其何以行之哉。
>
> 包注："大车，牛车。輗者，辕端横木，以缚轭。小车，驷马车。軏者，辕端上曲钩衡。"
>
> 郑注："大车，柏车；小车，羊车。輗穿辕端（下缺），軏因辕端以节之。车待輗軏而行之，犹人之（下缺）。"②

显然，包注囿于文本，仅解释"大车""小车""輗""軏"等文中名物，而郑注则更高一筹，在名物的基础上，又结合上文的"人而无信，不知其可也"，揭示出孔子此言的本意：人活在世上要讲信用。此处郑玄解经既平实可信又相对理性，未有过多发挥、过度阐释。

正如上面所引郑玄《论语》注之所现，其多有名物、训诂与考究典制等，这些确实反映了两汉"训解"《论语》的诠释共性。不过，根据汉儒及其相应汉注的诠释个性，无疑自孔安国、马融以至郑玄这些与《古论》密切相关的汉儒，大多以历史主义的视角释读《论语》，重在让读者弄懂经文原文及其文意，而非如今文经学者一般，务必阐释出经文的现实蕴意，以服务于现实政治，这可能与《古论》的文本特征与私学性质有关。再具体到三者而言，孔安国、马融的《论语》注较多名物、先秦古制的考究，兼具今古文经之长的郑玄《论语》注则在此基础上多所发挥、阐发，从前二者故纸堆的历史考索中发见理性的灵光——"即如今，亦当知古"，"天下之事，以前验后，其不合者，何可悉信？是故悉信亦非，不信亦非。稷稚于尧，尧见为天子，高辛与尧并在天子位乎"。③ "《诗谱序》云：'举一纲而万目张，解一卷而众篇明，于力则鲜，于

---

① 王素：《唐写本论语郑氏注及其研究》，第78页。

② 王素：《唐写本论语郑氏注及其研究》，第14页。

③ 郑小同编，钱东垣校订：《郑志》卷上，《丛书集成初编》，商务印书馆1939年版，第9页。

思则寡,其诸君子亦有乐于是乎?'此郑君著书之法也。"[①]总而言之,郑玄《论语》注既内含前辈学者的《论语》注文,又是对这些汉注尤其是孔安国等注解的理论提升,在这些《论语》注文的基础上,力求探讨"通古今之变"的一以贯之的历史道理。

二、魏晋儒王肃"义说"《论语》的现实理性

生活在汉儒郑玄之后的魏晋儒王肃,其成长、就学于汉魏之际,而主要政治活动又在魏晋之际。王肃以魏晋特有的名法严酷而理性、礼法自私与冷峻,将他的社会人生阅历及理性思考和实际的政坛利己融合为一体,在两汉经学"训解"《论语》的基础上,开拓出以现实理性"义说"《论语》的汉唐《论语》学新路径。王肃"义说"《论语》的显著特色,就是侧重于以现实社会中的政治实用理性释经:

> 《论语·宪问》:子曰:"管仲相桓公,霸诸侯,一匡天下,民到于今受其赐。微管仲,吾其被发左衽矣!岂若匹夫匹妇之为谅也,自经于沟渎而莫之知也。"
>
> 王肃曰:经,经死于沟渎之中也。管仲、召忽之于公子纠,君臣之义未正成,故死之未足深嘉,不死未足多非。死事既难,亦在于过厚,故仲尼但美管仲之功,亦不言召忽不当死也。[②]

如果不考虑王肃的礼法立场及其所处魏晋时代的特殊性——屡见权臣欺主篡逆而很少有贞臣捍卫衰微的王权,儒家天命观有所动摇而政坛又屡称谶纬、神学笼罩,人们就容易赞同马国翰所言:"其(王肃)说如管仲不死纠难,以为君臣之义未正成,实有特识。"[③]其实,笔者认为,王肃不单单是从学术的角度研讨召忽的死难,而似乎是在为以王朗为代表的汉魏之际儒士的所作所为辩护:在局外人看来,其身为汉臣却熟视无睹于汉室的衰微以及刘姓因天命而获得的神圣光环的消散,甚或助曹氏篡汉,实在是为人所不齿;但实际上,在王肃等部分魏晋儒看来,其父辈与汉献帝的君臣关系如同管

---

① 郑小同编,钱东垣校订:《郑志》卷上,《丛书集成初编》,第 17 页。

② 何晏:《论语集解》,皇侃《论语义疏》注引,知不足斋丛书本。

③ 马国翰:《玉函山房辑佚书》,上海古籍出版社 1990 年版,第 1688 页。

仲、召忽与公子纠的关系——"君臣之义未正成",其真正的主子是苦心经营许、邺军府的曹氏父子。这种自欺欺人的解释与同处于汉魏之际而比王肃略早的徐幹相比,可谓天壤之别,后者显然承续了汉末党人的君臣大义和担当道义的儒家道德理想:"召忽仗义死难,人臣之美义也。"①当然,我们不能仅凭此注就断定王肃轻视汉末君臣名分,但"王肃所处的时代就是一个君臣关系互换的时代,没有不可变换的名分,没有必须坚守的道义,一切都从自己出发"②。王肃公然认为"管仲、召忽之于公子纠,君臣之义未正成"。若联系汉末州牧及其幕僚与汉室的微妙关系,及王肃在司马氏与曹氏争权斗争中的表现,王肃的上述所谓"特识"隐含的思想文化背景便颇耐人寻味。王肃此处的注文意义,与其说是其本始于经文文本,毋宁说是王肃个人对于汉魏之际军府强权继而王朝易姓所作的冷峻而理性的现实思考。因为王肃之前的诸多汉注中,据笔者统计,尚未有上述类似所谓"特识"者。显然,在特重君臣名分的两汉盛世,极少有人能冲破当时社会浓重的忠贞氛围;而到了汉末,由于皇室衰微,军阀割据,两者势力此消彼长,导致君臣观念淡漠、神学信仰破碎。王肃正是基于此种先在于他的君臣名实不符的强权现实而贬抑公子纠与召忽的。

若从两汉文本"训解"《论语》向魏晋"义解"《论语》的汉晋经学过渡大势来看,王肃《论语》注可谓肇其端,重在以诠释主体的"先见",尤其是以亲身经历、感受及理性思考来开显《论语》文本蕴意。如上文所引,王肃基于对现实理性的冷峻思考,将汉魏之际的名法思潮渗进《论语》文本,用魏晋礼法之士的利己人生哲学解构其中的儒家君臣大义。可以说,王肃在其《论语》注中,以乱世政治、利己人生观照经文文本,在汉晋《论语》注释史上开出了以现实政治与实用理性来生成《论语》新义的新路径,从而使《论语》注释逐步摆脱了所谓"文本本义"或"经文原意"的诠释学困境(正是汉儒一再出于探究、追随与维护其所预设的儒家经传的所谓"文本原意"或圣人之意,两汉经

---

① 徐幹:《中论·智行篇》,《四部丛刊》初编缩本,上海商务印书馆缩印江安傅氏双鉴楼藏明刊本,第 34～35 页。

② 郝虹:《王肃经学研究》,山东大学 2001 年博士学位论文,第 61～64 页。

学尤其是古文经学的儒家经传诠释才深陷章句训诂的泥沼而无法自拔)[①]。所解文本蕴意或应有之义的最初生成与最终成就,是源于文本还是源自解释者的先在之见甚或“己之意”,是“训解”与“义解”的本质区别所在。因而,从这种意义上说,王肃魏晋儒《论语》之“义说”,可谓是向魏晋玄、佛《论语》之“义解”迈出关键性一步的中间环节。王肃《论语》注的少部分注文,其意义生成的最初基点,已由两汉立足于文本而变为魏晋儒原始于其自身的“冷峻”名法思维及其对现实政治的实用理性:

《论语·子路》:仲弓为季氏宰,问政。子曰:“先有司,赦小过,举贤才。”

王肃曰:言为政当先任有司,而后责其事也。[②]

基于当时循名责实的名法思潮,王肃根据自己的理解,对此章经文中的“先有司”进行了具有魏晋礼法理论特色的义理发挥。在此处注文中,本来《论语》经文中没有“任”的意思,“先”不仅如王肃所注有先后之意,也有为有司做榜样的意思。而王肃忘掉了先师正人先正己、为政要身正师范的儒家道德政治和人伦教化,却责之以名实,察之以政事而务求任其官则责其事,显然是以己之意,结合汉魏之际兴起的名法思潮,过多地对经文进行义理发挥。这里,王肃主张为政之道,当因任授官,循名责实,显示了其政治实践中重实效、讲实利的礼法特色。显然在这一注文中,王肃从解释者所处的现实政治及自身的实用理性出发,以自身的现实经历及生活体验作为意义生成的生发点,而非如汉儒一般,大多仅仅埋首于文本最初意义的探究与维护。

显然,王肃侧重于以现实社会中的政治实用理性释经这一做法,使得汉唐间的学者开始拨开两汉经学《论语》的神学笼罩而真正走向理性,此乃从神学与文献学走向理性与哲学的关键一步。不过,王肃这一政治实用理性的释经方式,只是从神学走向理性,经由对神学的动摇乃至现实批判、现实理性而达至思辨理性的第一步,因而虽步履坚实却又未脱两汉神学注经之

---

① 笔者认为,两汉《论语》的神学性诠释,一则是今文经学家在其奏言、政论中对《论语》的神学性引用与汉代《论语谶》,虽此二者对《论语》意蕴的开挖源自汉代的神化君权及其现实需要,但其不属严格意义上的《论语》注释之列;二则是古文经学者在其《论语》注文中对《论语》的神学性注解,而其对《论语》的神学性诠释却主要源于儒家经传文本所蕴含的准神学观念及一些言而未尽的神学信息,并非原初于解释者本人及先在之见。

② 何晏:《论语集解》,皇侃《论语义疏》注引,知不足斋丛书本。

痕迹。这种两面性突出表现在下注中：

《论语·述而》：子不语：怪、力、乱、神。

王曰：怪，怪异也。力，谓若奡荡舟、乌获举千钧之属。乱，谓臣弑君、子弑父。神，谓鬼神之事。或无益于教化，或所不忍言。[①]

《论语·述而》：子不语怪力、乱神。

郑玄：为浅识者将为之有精气，不修其德，而徒祈福祥，以惑世沮功。怪力，谓若石立社移。乱神，谓神降于莘之属也。[②]

此处，正如前文所说，王肃注仍大致有汉儒古朴解经之风，因而注经形式与郑玄注并没有本质区别。不过，两者在注经内容上确实有所不同：除了基于对经文的不同理解而文本句读有异外，郑玄虽批驳浅识者因过分迷信怪力、乱神对人事的主导作用，"不修其德，而徒祈福祥"，但还是"为之有精气"而相信神灵精气的威力及其对人事的影响，并肯定世间存在许多怪异之事，"若石立社移""谓神降于莘之属也"，神学印记比较明显。而王肃则相对理性，注文重人事而轻鬼神，认为其"或无益于教化，或所不忍言"，但仍有神学的胎印："神，谓鬼神之事。"

说到底，魏晋儒王肃"义说"《论语》的现实理性及其两面性，是与两汉经学"训解"《论语》的学术背景分不开的，特别与郑玄《论语》注甚有瓜葛。一则两者在诠释《论语》文本上有所不同，简要比较来说，后者较立足于《论语》文本，倾向于历史主义，讲文字训诂，明典章制度，力图申说经典的原始意义；前者为从现实政治出发，倾向于现实理性的实用主义，往往借注解原典暗自发挥现实己见。[③] 二则两者又有所联系，若仅就王肃《论语》注相对于郑玄《论语》注的历史推进来说，魏晋儒王肃《论语》注的现实理性，既是对郑玄《论语》注神学性诠释的否定，又渊源于郑玄《论语》注的历史文献学诠释的历史理性，并从其发展而来。

---

① 郑玄注，孔颖达疏：《论语注疏》，北京大学出版社1999年版，第102页。

② 王素：《唐写本论语郑氏注及其研究》，第78页。

③ 笔者认为，这种区别只是相对的，王肃"义说"《论语》也有文字之学，讲求考究礼制，其大部分《论语》注仍属两汉经学"训解"《论语》，而两汉"训解"《论语》也有对现实的关注或从现实观念出发释文注经，如以当时的"天人感应"思潮来观照、发掘《论语》神学蕴意，郑玄、宋钧等人运用两汉的神学思潮注解《论语》与《论语谶》。

魏晋儒王肃"义说"《论语》的现实理性，脱胎于汉注而又转向现实的乱象，从自身的切实利益而非《论语》文本的伦理道义出发，大踏步向理性进发，因而更有现实的必然性与自身原因。如王肃上述冷峻思考，无疑是对汉魏儒家天命观尤其是汉魏君权神授的神学政治观念的现实批判。这不仅源于汉末乱世打碎了汉晋士人的神学信仰，军阀们的"臣不臣"更将汉室拖入"君不君"的尴尬境地。儒家天命观的君权神授理念与现实的巨大反差，促成了人们的理性萌芽；王肃本人的荆州之学与王朗家学的理性学养、跻身汉魏政坛的政客思维，共同造就了其现实、理性与冷峻的礼法品格，使其成为汉晋间魏晋儒的领军人物。

三、何晏玄解《论语》的哲学理性

何晏玄解《论语》，既迥异于汉儒的神学性诠释或侧重于历史理性的文献学考据，又不同于魏晋儒王肃以实用理性的主体意义期待，来发挥《论语》经文蕴意，而是在其儒道经传诠释中，以"己之意"运用"本末体用"的本体思维，通过"有无""一众"之辨，赋予《论语》文本以常人无以读出的玄远义理——"本末体用"的世界观与方法论。首先深究、追问纷纭万象之上的一元本体，并试图摸清两者的关系；接着，解读出"思其反"的哲学思维方法。因而其部分《论语》注文，特具抽象思辨的哲学理性。

就前者而言，何晏特别注重运用"本末"与"一众"等魏晋玄学特有的哲学范畴（这些哲学范畴最终由王弼彻底发掘出来并熟练运用），以本体思维来看待世界与分析问题。"本末"主要是处理事物本质与现象的关系，"一众"主要是用于研究事物的主要矛盾与非主要矛盾的关系。何晏的"本末"方法，使其提出了"以无为本"的"贵无论"玄学思想；而其"一众"思维，则强调分析事物要抓住问题的关键，侧重"元""会"与"一"（"一致"）对"殊涂""百虑"与"众善"的统率作用，凸显"无"（"道"）的本体地位：

> 《论语·为政》：子曰：攻乎异端，斯害也已矣。
>
> 何晏注：攻，治也。善道有统，故殊涂而同归。异端不同归也。①

在这里，何晏告诫学者要专心治学于善道，要抓事物的关键，而不要学

① 何晏：《论语集解》，皇侃《论语义疏》注引，知不足斋丛书本。

习一些异端邪说。若再结合其对《论语·卫灵公》第三章的注解"善有元,事有会,天下殊涂而同归,百虑而一致。知其元,则众善举矣"[①]就可发现,何晏的上述训注是用于论证追"统"求"元"、纲举目张的"殊涂而同归"的"贵无"玄学世界观的:"在何晏看来,事物的联系不仅是以类相聚,而且万事万物最终可以汇合,众多本于一'元',万变从属一'统'。""认识必须追'统'求'元',而得其'统',知其'元',反过来对于诸事诸物的复杂变化也就容易了解掌握了。"[②]掌握了天地万物这一共同具有的自然而然的本性和宇宙的本源——道(无),便可很容易地了解天地万物复杂的生息变化,更不用说儒家思想了。何晏在上述两章注文中,"善道之""统"与"善道"、"众善"之"元"与"众善"是"本末体用"的关系,两个相互反对的范畴,又分别对应着"一"与"众"。显然,在这里,何晏将整个世界分成主次分明而又密切相关的两个层次,运用"本末体用"的本体思维与"一众"的哲学范畴,解释了"知其元"的世界观根据及其在治学上的意义所在,显露出其所事先认定的《论语》所蕴之理性哲学思辨。

"知其元"的"元",说到底,就是作为天地万物得以存在、生化根本的宇宙本体——"道"。而"知其元",在何晏看来,其实也就是"以道为度"与"从道而不任意",因而更有和光同尘、因世而动、相机行事的人生意义:

> 《论语·子罕》:子绝四:毋意,毋必,毋固,毋我。
>
> 何晏注:以道为度,故不任意也。用之则行,舍之则藏,故无专必也。无可无不可,故无固行也。述古而不自作,处群萃而不自异,唯道是从,故不自有其身也。[③]

既然无形的"道"等同于"无",为众多之一"元"、万变之一"统"而如此根本,那么,如何知"天道"、体"道"呢? 这又可分为两个层次:

第一,"天道"必须是体悟而非纯由耳目所得,而体"道"就应"虚心":

> 《论语·公冶长》:夫子之言性与天道,不可得而闻也。
>
> 何晏注:性者,人之所受以生也,天道者,元亨日新之道,深微,故不

---

① 何晏:《论语集解》,皇侃《论语义疏·卫灵公》第三章注引何晏注文,知不足斋丛书本。

② 冯增诠等:《何晏》,方立天、于首奎编:《中国古代著名哲学家评传》,齐鲁书社 1982 年版,第 73~74 页。

③ 何晏:《论语集解》,皇侃《论语义疏》注引,知不足斋丛书本。

可得而闻也。①

陈金木认为:何晏用“元亨日新之道”来解释夫子之道,虽然有孔子“五十以学《易》”的理论基础,但仍未脱以《易》解经。《易·乾卦》云:“乾,元亨利贞。”何晏加以化引,以概括孔子的天道。② 这里的“深微,故不可得而闻也”的“天道”,就是变动不居、大化流行的宇宙本体“道”,显然已非一般的耳目心智所能达到,必须进入虚静玄思的空灵状态:

> 《论语·先进》:子曰:“回也,其庶乎!屡空。赐不受命而货殖焉,亿则屡中。”
>
> 何晏注:屡犹每也。空犹虚中也。以圣人之善道,教数子之庶几,犹不至于知道者,各内有此害。其于庶几每能虚中者,唯回怀道深远。不虚心,不能知道,子贡虽无数子病,然亦不知道者,虽不穷理而幸中,虽非天命而偶富,亦所以不虚心也。③

何晏认为,人的思维要接近和理解“道”,就必须经常处于虚中的状态。“虚中”即“虚心”,而所谓“虚心”,“就是指思想的专一、安静、平和而敏锐,并且不囿于物欲而存侥幸之心。愚笨、迟钝、偏激和鲁莽,以及为了财货之利而臆测和碰运气,都是阻碍思维深入的病害,都是心不虚的表现。心不虚就不能接近道”④。

第二,体“道”所必需的“虚心”,并非绝对的“无所有”,而是对不同层次的“有所有”所进行的渐次“剥皮”与“抽空”。“虚心”主体并不是排斥任何感性知识与伦理世界的所谓绝对“空想”,而应是在“虚心”的前提下,据德,依仁,游艺,在“有所有”的日常涵泳中“当思其反”而达成对“无所有”的“道”的体悟与把握;否则,脱离对“有所有”的理性归并与推演,是不可能体“道”的。即如“天道”与“道”而言,体“道”离不开知“天道”,知“天道”是体“道”不可或缺的环节。之所以如此,是因为“道”有两个层面——“有所有”与“无所有”,且先在的后者内含于前者之中,“夫道者,唯‘无所有’者也。自天地以来皆

① 何晏:《论语集解》,皇侃《论语义疏》注引,知不足斋丛书本。

② 陈金木:《何晏论语集解用玄理注书问题的检讨》,《孔孟月刊》第23卷第5期,1985年。

③ 何晏:《论语集解》,皇侃《论语义疏》注引,知不足斋丛书本。

④ 冯增诠等:《何晏》,《中国古代著名哲学家评传》,第73页。

‘有所有’矣，然犹谓之‘道’者，以其能复用‘无所有’也。”[①]本于此，体“道”既须入乎“有所有”的知“天道”之内，而又要出乎“有所有”的知“天道”之外，从而在对“有所有”的“天道”的抽象、提升中，得出“无所有”的“道”。而这恰恰已触及了何晏所提出的“思其反”的哲学思维方法的某些原则及运思过程。

就后者而言，在“末有”与“本无”的来回推演中，何晏抽象、总结出“思其反”的哲学思维方法：

> 《论语·子罕》：子曰：可与共学，未可与适道；可与适道，未可与立；可与立，未可与权。唐棣之华，翩其反而。岂不尔思？室是远而。子曰：未之思也，夫何远之有？
>
> 何晏注：夫思者，当思其反，反是不思，所以为远。能思其反，何远之有。言权可知，唯不知思耳，思之有次序，斯可知矣。[②]

何晏在此注中，表面看前半部分是在训解经文中的“思”，其实是在展开自己的哲学玄思；整篇注文表面似乎是在总结这章经文的微言大义，实际也是借助因果逻辑关系发挥“思其反”的玄学义理，申明何晏自己的思维方法和探求宇宙本源“道”的方法——用“思其反”来探索、权衡“道”的本身及存在。何晏以为，“权”就是权量道的轻重之极，虽高妙但是可以被体验到，只不过要通过循序渐进的思索，尤其是运用“思其反”的思考方法才可达到。孔子之“思”，大多为修身进德之思，郑玄也将唐棣比喻为美女颜色，希望“以礼使媒氏往求之”，以便结为夫妻而成“室家之道”[③]；而何晏却将其改造为哲学思辨之思：“夫思者，当思其反，反是不思，所以为远。”在何晏看来，“道”是一种最高的综合，是思维通过追“统”求“元”、寻本溯源而达到的极度深化。[④] 因其精微、高度抽象不能为感官所觉，只能通过眼下的东西“是”而思其“反是”——眼下看不到的东西才能得到理解和掌握；也只能是从“有所有”入手，通过“思其反”，在有与无的对立统一中把握对立的两极，从而最终达到对宇宙、人生最高本体“道”的深刻体验。而“思之有次序”所进行的循序渐

① 何晏：《无名论》，严可均：《全上古三代秦汉三国六朝文》，中华书局 1958 年版，第 1274～1275 页。

② 笔者认为，何晏将此章与上章即今本第九篇第三十章合为一章，故而要理解何晏此注文，需将两章合起来考虑。

③ 王素：《唐写本论语郑氏注及其研究》，第 109 页。

④ 冯增诠等：《何晏》，《中国古代著名哲学家评传》，第 75 页。

进的思索，无非就是在天地万物中从不同视角，如“殊涂”“百虑”与“众善”等诸多“末”“用”中，逐步综合、抽象出“万有”之共性——“同归”“一致”与“善之元”，以作为天地万物赖以生化的内在根据“大有至无”。要从特殊“万有”中提升出一般“大有至无”，就必须据德、依仁，立足于“有”才能体悟到“无”，因为“能皆复用‘无所有’”的“有形之道”——“德”“仁”，内在地包含了作为“无形之道”的“无所有”：

> 《论语·述而》：子曰：“志于道，据于德，依于仁，游于艺。”
>
> 何晏注：志，慕也。道不可体，故志之而已。据，仗也。德有成形，故可据。依，倚也。仁者功施于人，故可倚也。①
>
> 郑玄注：道谓师儒之所以教诲者。②

何晏此注，简要玄远，既继承了汉注的字句训诂，又将对经文的解释纳入其“有无”之辨的玄理阐发中——“道”无形只可追慕，不可用肉体接触，而“德”有成形便能“可据”。结合何晏对“道”的界定与解释：“夫‘道’者，唯‘无所有’者也。自天地以来皆‘有所有’矣，然犹谓之‘道’者，以其能复用‘无所有’也。”③

有形之“德”“仁”，“能皆复用无所有”，即“以无为用”，因而才可成其为“德”“仁”而可依据。而依仗、倚靠有形有名的“德”“仁”，便可“谓之道”；志道，对“道”的志慕与体悟也经由据于德、依于仁而最终达成。就此注而言，何晏之玄思似已触及用体用来解释魏晋玄学中的有形与无形、道与德的关系，为王弼进一步的有无本末体用之辨奠定了基础。

---

① 何晏：《论语集解》，皇侃《论语义疏》注引，知不足斋丛书本。

② 王素：《唐写本论语郑氏注及其研究》，第75页。

③ 何晏：《无名论》，《全上古三代秦汉三国六朝文》，第1274～1275页。

《大学》“作新民”本义考

张　兴

摘要:关于《礼记·大学》引用的《尚书·康诰》中的“作新民”训诫,历来存在不同的诠解。汉宋学者对“作新民”的诠释视角是不同的,其强调的重点也有所差异。汉唐学者认为“作新民”是用来解释“明明德”的,注重从为政之君子的视角进行阐释,认为“作新民”是指君子念前王之明德而自新;而宋代学者认为“作新民”是用来说明“新民”的,着眼于从有道德的学者视角进行诠释,认为“作新民”是指有道德的学者自新其德而后新民之德。详考《礼记·大学》所引《康诰》中的“作新民”观念,其中的“新”字本义当为“新的”,“民”字当训解为“卫地殷商之余民”,“作新民”本义应为康叔帮助周王兴起或培养新的殷商余民。围绕“作新民”的诠解,从《康诰》“(康叔)助王作新民”到汉唐郑孔“君子念德自新”再到宋代朱子“学者自新新民”所发生的三次意义转变与延伸,实际上体现了《大学》学史不同历史阶段的特征。汉唐时期着重突出了君子作为治国的行为主体,强调良好的政教之于民众的重要性,而民众却处于被动接受的状态;宋代则着重突出了自新其德的学者作为唤醒民众明德的行为主体,强调良好的道德修身之于民众的重要性,并以此凸显民众自主而新、自愿而新所具有的积极主动性。

关键词:新民　君子　学者　有位者　有德者

本文系国家社科基金项目“经学视野下的《中庸》学史研究”(18CZX021)阶段性成果。

张兴,山东社会科学院国际儒学研究院副研究员,主要从事中国哲学、儒家思想史研究。

对于《礼记·大学》篇"《康诰》曰'作新民'"一段引文的注解，是历代学者关注的热点问题，一直存有争议。其原文是："汤之《盘铭》曰：'苟日新，日日新，又日新。'《康诰》曰：'作新民。'《诗》曰：'周虽旧邦，其命维新。'是故君子无所不用其极。"[①]学术界对于"作新民"的解释归纳起来有为民日新之教说、新的殷民说、新民之旧俗说、自新之民说、新王朝之子民说。这五种说法各有其合理之处，但都非其本义。此外，汉宋学者阐释"作新民"的角度是完全不同的，侧重点也存在较大的差异。但是，学界对于汉宋学者解释"作新民"之不同则很少提及，甚至在大多数的时候将其看作相同的说法来使用，这是一件非常令人遗憾的事情。本文主要想解决两个问题：第一个问题是考证"作新民"的本义，通过联系《尚书·康诰》上下文之间的关系及其他相关文献分析"作新民"中"新"与"民"字的原义，以此推断出"作新民"的本义；第二个问题是在其本义的参照下，从汉宋学者对"作新民"注解的仔细研读入手，寻找出汉宋学者注解《大学》时所采用的不同诠释视角，以及汉宋学者"作新民"说的不同之处。通过对上述两方面问题的仔细疏解，力图勾勒出一幅"作新民"的本义及其延伸义的流传演变图，从思想历史演变发展的维度对"作新民"作一个整体而全面的把握。

一、"作新民"的五种说法

《尚书·康诰》篇载："已！汝惟小子，乃服惟弘王，应保殷民，亦惟助王宅天命，作新民。"[②]《尚书·康诰》篇是周王封康叔于卫地而作的诰命。学术界对于"作新民"的理解大致形成了五种说法，分别是为民日新之教说、新的殷民说、新民之旧俗说、自新之民说和新王朝之子民说。

（一）为民日新之教说

为民日新之教说的代表人物是汉代孔氏传和唐代孔颖达。据《尚书正义》，汉孔氏传曰：

> 已乎。汝惟小子，乃当服行德政。惟弘大王道。上以应天，下以安我所受殷之民众。

① 郑玄注，孔颖达正义：《礼记正义》，上海古籍出版社2008年版，第2239页。

② 杜泽逊主编：《尚书注疏汇校》（六），中华书局2018年版，第2030页。

弘王道,安殷民。亦所以惟助王者居顺天命,为民日新之教。[①]

孔氏传认为,《康诰》中的"民"实际上特指原来卫地殷之民众,康叔被分封到卫地做国君,应当推行德政,弘扬大王之道,努力安定其所受的殷之民众,并帮助周王上顺天命,为了民众"日新之教"。

根据孔氏传诠解的"日新之教",孔颖达在《尚书正义》中进一步提出"政教日日益新"观念。《尚书正义》记载:

> 亦所以惟助王者,言非直康叔身行有益。亦惟助王者居顺天命,为民日新之教,谓渐致太平,政教日日益新也。[②]

由于《大学》文本曾引《康诰》"作新民",孔颖达在《大学正义》中也有相关的诠释。他这样说:

> 《康诰》曰"作新民"者,成王既伐管叔、蔡叔,以殷余民封康叔。《诰》言殷人化纣恶俗,使之变改为新人。此记之意,自念其德,为新民也。[③]

孔颖达认为,《康诰》原文之意是,康叔要上应周王之天命,下行德政于殷民,使殷人从恶俗之人变更为新人。孔颖达将"作"理解为"使之变改为",即"作新民"应当理解为康叔下行仁德之政教于殷民,使之转变为新人。由此可见,此处的"民"特指原来卫地之殷余民。"新民"是指让殷余民在康叔仁德之政教的引导下转化为新人。"作"在《诗经》等先秦古籍中作"为"字解释的情况比较多,汉代孔氏传即是将"作"理解为"为",将"作新民"理解为"为民日新之教"。

因此,孔颖达的"作新民"可以理解为"作新(政教于)民",于是"新民"应当理解为"行日新之教于民",这就是孔氏传、孔颖达所理解的为民日新之教说。

(二)新的殷民说

新的殷民说可细分为两类:一是古代学者的作新斯民说,二是近现代学者的重新改造殷民说。

---

① 杜泽逊主编:《尚书注疏汇校》(六),第 2030～2031 页。

② 杜泽逊主编:《尚书注疏汇校》(六),第 2032 页。

③ 郑玄注,孔颖达正义:《礼记正义》,第 2245 页。

作新斯民说的代表人物是宋代学者蔡沈、吕祖谦和元代学者王充耘。蔡沈说："汝之事，唯在广上德意，和保殷民，使之不失其所，以助王安定天命，而作新斯民也。"[①]元代学者王充耘说："言汝职事不在乎他，广宣上德，以和保殷民者，汝之职也。助王以安定天命，而作新斯民者，亦汝之职也。"[②]吕祖谦说："当时王室安危所系，正在商民。民得保养，则王业巩固，而天命可必其定矣。新民者，所迁之民也。新迁之民在洛邑，周公既师保之，何与于康叔。"[③]综合蔡沈、王充耘的注解，"斯民"即是殷民，而宋代学者吕祖谦"新迁之民"说，其核心要义也是新的殷民，可归结为同一种说法。

重新改造殷民说的代表人物是顾颉刚、刘起釪、王世舜、王翠叶等近现代学者，这其实是古代学者作新斯民说的现代翻版。顾颉刚、刘起釪两位先生注解"作新民"为"把这些殷民改造成新的人民"[④]，而王世舜、王翠叶则是这样注解"作新民"的："作新民：意谓重新改造殷民。"[⑤]唯一不同之处在于，王世舜、王翠叶还是将"民"解释为"殷民"，而顾颉刚、刘起釪则将其泛化为"人民"。

（三）新民之旧俗说

新民之旧俗说的代表人物是宋代学者陈经、杨简和元代学者陈悦道。陈经说："亦唯在于辅助成王居天命之安，作新民之旧俗而已。盖商民之安危，即天命之安危。而商民之旧染，亦当作而新之，俾之舍旧而唯新是图也。"[⑥]在陈经看来，"新民"是指康叔要更新商民之旧俗，改变"商民之旧染"，以培养商民新的行为习惯。可见，陈经侧重于从商民风俗的变迁角度强调康叔所"新"的内涵。同样，宋代杨简指出："宅者，不复他之也，助王作新殷民，俾脱旧习，乃所以宅天命也。"[⑦]杨简的说法跟陈经基本一致，也是将"新民"理解为新商民旧俗。元代陈悦道说："其必思所以作兴，鼓舞其民，而去其旧染之污矣。以殷民之旧俗，而康叔能作新之，则夫乃服之事无大于此

---

① 尤韶华：《归善斋〈尚书〉十诰章句集解》，中国社会科学出版社 2017 年版，第 1065 页。

② 尤韶华：《归善斋〈尚书〉十诰章句集解》，第 1069 页。

③ 尤韶华：《归善斋〈尚书〉十诰章句集解》，第 1041 页。

④ 顾颉刚、刘起釪：《尚书校释译论》第 3 册，中华书局 2018 年版，第 1441 页。

⑤ 王世舜、王翠叶译注：《尚书》，中华书局 2012 年版，第 185 页。

⑥ 尤韶华：《归善斋〈尚书〉十诰章句集解》，第 1045 页。

⑦ 尤韶华：《归善斋〈尚书〉十诰章句集解》，第 1070 页。

者。”[①]他也认为“新民”是指康叔能革新殷民之旧俗，塑造殷民之“新俗”。应当说，新民之旧俗说尽管基本上抓住了“作新民”的基本内容，却未能充分体现出何人以及如何新民之旧俗。

（四）自新之民说

自新之民说的代表人物是宋代的朱子。他在《大学章句》中说：“鼓之舞之之谓作，言振起其自新之民也。”[②]在朱子的理解中，“新民”是指自新之民。他从“天理”的角度强调有道德的学者能明其明德，下面之民众则观瞻上面之明明德学者而自己感化之，自己兴起同然之善心，成为自新之民。不难看出，朱子立足于“理学”视域对“作新民”所进行的诠释，并不完全符合《大学》引《康诰》原文之意。

（五）新王朝之子民说

赵法生认为顾颉刚、刘起釪二人的说法虽然存在合理的地方，但也有不尽如人意之处。他说：“其中对于‘应保殷民’和‘宅天命’解释十分精要，而对‘作新民’的解释则似有未达，所谓‘新的人民’的说法未免笼统。”[③]他结合孙星衍《尚书今古文注疏》中“作新民”为“言惟王受殷民而安之，王方受保殷民，汝亦当思助王图度天命，与殷民更始也”的观点，以及“亲民”“宅天命”和“作新民”三者之间的内在联系，指出“新民”应当解释为“新王朝之子民”。[④]同样，李民、王健也是这样注解“作新民”的：“作新民，使殷民成为周的新臣民。卫地的殷民被商纣统治日久，故戒以作新人。”[⑤]李民、王健的这种解释也可归于新王朝之子民说。

笔者认为，如同以上四种说法一样，新王朝之子民说的注解有其合理之处，但仍未能明确“作新民”之本义究竟为何。实际上，将“作新民”理解为“做新王朝之子民”并不是确解。要知道，殷民在成为康叔的子民之后，事实上已经成为“新王朝之子民”，无论殷民是否要从殷纣时期的恶俗之人重新开始转变为新人，他们在客观上就是“新王朝之子民”，并不需要康叔告诫指示做些什么。《康诰》既然说“作新民”，就是要求原来殷纣时期的恶俗子民

---

① 尤韶华：《归善斋〈尚书〉十诰章句集解》，第 1069 页。

② 朱熹撰：《四书章句集注》，中华书局 1983 年版，第 5 页。

③ 赵法生：《〈大学〉“亲民”与“新民”辨说》，《中国哲学史》2011 年第 1 期。

④ 赵法生：《〈大学〉“亲民”与“新民”辨说》，《中国哲学史》2011 年第 1 期。

⑤ 李民、王健撰：《尚书译注》，上海古籍出版社 2004 年版，第 261 页。

必须在新的王朝做一个全新的子民、一个区别于恶俗子民的新人;“新民”并不是指“新王朝的子民”,而是指人格上重新开始的新人或者全新的子民。

二、释《康诰》:康叔助王作新民

事实上,“作新民”有其特殊的意涵。原因有两点:一是“民”字有其特指,这在前面梳理“作新民”的五种说法时已经提到;二是“作新民”既然出现于一段完整的话语之中,具有独特对应关系,因而“作新民”应该与那段话中的“应保殷民”和“助王宅天命”结合在一起加以解释。

(一)“作新民”之本义

前文在梳理“作新民”的五种说法时提到,“作”字有“做”“重新改造”“改造为”“动化”“使”“作兴,鼓舞”“鼓之,舞之”“振起”“振起而变化之”“彼此相视而兴起”等多种含义。从上面的举例来看,“作新民”之“作”一般用作动词。《说文解字》载:“作,起也。从人从乍。则洛切。”[①]“作”释为“起”,引申为“兴起”。在笔者看来,“作新民”中的“作”不能解释为“重新改造”或“改造为”,而应当更准确地理解为“兴起”或“塑造”,所谓“作新民”即是兴起新的殷商余民,即是塑造新的子民。

汉代郑玄对于“新”字的解释为实践意义上的“修旧曰新”[②],把“新民”理解为“修旧民”。按照历代学者对于“新”字的理解,“新”字一般有三种内涵:一是使变成新的,二是新的人或事物,三是性质上改得更好的(跟“旧”相对)。从诠释学的角度而言,如果把“作”理解为动词性的“兴起”“塑造”的话,那么这里的“新”应当解释为形容词性的“新的”。

历代诠释者对于“作新民”中的“民”则有着基本一致的理解,最简单的说法就是“斯民”,即“殷民”。从周朝的角度来说,“民”就是卫地原来殷商之余民因更新换代而成为周朝的臣民,这即是“作新民”中“民”字的本义。在历代的注解中,虽然历代儒者有称其为“斯民”“殷民”“殷之民众”“商民”“商之余民”“殷之余民”“所迁之民”者,但毫无疑问都不过是指卫地原来殷商之余民。唯一例外的是朱子的《大学章句》不再将“民”称为“殷民”或“商民”,而是将其泛称为“民”,即一般的民众,从而弱化其本来卫地殷商之余民的所

---

① 许慎撰,徐铉校定:《说文解字》,中华书局2013年版,第162页。

② 唐文编著:《郑玄辞典》,语文出版社2004年版,第227页。

指含义。虽然历代学者注释“民”字所使用的语言以及角度有所不同，但“作新民”之“民”字为卫地殷商之余民的本义是被绝大多数注家认可的。

前文提到“作新民”出现在文章的最后一段，从整体的角度来看，“应保殷民”“助王宅天命”和“作新民”三条诫命是并列存在的，都是作为“弘王”的必要条件。因此，在对“作新民”之本义作诠释时，一定要与前面的“应保殷民”“助王宅天命”联系在一起。由于“作新民”紧跟前文“亦惟助王宅天命”而来，这也就意味着“作新民”是“（康叔）助王作新民”，即康叔帮助周王兴起新的殷商余民。

综上所述，“新”字之本义当为“新的”，“民”字之本义当为“卫地殷商之余民”，“作新民”之本义当为康叔帮助周王兴起新的殷商余民。

（二）康叔助王作新民

明确了《尚书·康诰》“作新民”的本义，《大学》文本引《康诰》原文的本意即为康叔帮助周王兴起新的殷商余民，其行为主体特指周王新封于卫地的国君康叔，而所兴起的民众则是原来卫地的殷商余民，这样，卫地殷商余民是“作新民”的被动接受对象。

那么，康叔是如何兴起新的民众呢？抑或说康叔采取何种方式、何种途径去如何塑造适应新的朝代的民众呢？孔颖达《尚书正义》载：“亦所以惟助王者，言非直康叔身行有益。亦惟助王者居顺天命，为民日新之教，谓渐致太平，政教日日益新也。”①孔颖达认为“作新民”应当理解为康叔行日日益新之政教于民，很显然其实行主体是卫国国君康叔，所新的内容是“政教日日益新”，而民则处于接受“日新之教”的对象性位置。

孔颖达《大学正义》载：“《康诰》曰‘作新民’者，成王既伐管叔、蔡叔，以殷余民封康叔。《诰》言殷人化纣恶俗，使之变改为新人。”②由此可见，孔颖达认为，《康诰》原文是指康叔行仁德之政教，使化纣恶俗的殷余民变为化周善俗的新人，“作新民”强调的是在康叔仁德之政教的引导下化殷余民为新人。于是“殷余民”是被动接受的客体，其行为主体是以康叔为代表的国君之类的为政者。

孔氏传和孔颖达都认为是通过日新之教来“新民”，而“新民”的目的则是“助王宅天命”，即康叔为了帮助周王居顺天之所命，突出的是康叔作为为

① 杜泽逊主编：《尚书注疏汇校》（六），第 2032 页。

② 郑玄注，孔颖达正义：《礼记正义》，第 2245 页。

政者所推行的日新之政教的重要作用，而殷商余民则始终处于一种被动接受的状态。

三、释“明明德”：君子念德自新

自《大学》文本引《康诰》之后，汉宋学者之间的诠释就已经存在着较为明显的差异。其中，最大的差别在于“作新民”究竟是用来诠释“明明德”还是用来诠释“亲民”。笔者在此试图分别以孔颖达、朱子为代表进行分析。

（一）“作新民”释“明明德”

在汉唐经学的诠释中，《康诰》“作新民”明确是用来解释“明明德”中的“诚意”思想的。《大学正义》载：

> “汤之《盘铭》”此一经广明诚意之事。“汤之《盘铭》”者，汤沐浴之盘而刻铭为戒。必于沐浴之盘者，戒之甚也。“苟日新”者，此《盘铭》辞也。非唯洗沐自新，苟，诚也，诚使道德日益新也。“日日新”者，言非唯一日之新，当使日日益新。“又日新”者，言非唯日日益新，又须恒常日新。皆是丁宁之辞也。此谓精诚其意，修德无已也。[①]

孔颖达说“‘汤之盘铭’此一经广明诚意之事”，这里所说的“此一经”就是指汤之《盘铭》曰“苟日新，日日新，又日新”、《康诰》曰“作新民”、《诗》曰“周虽旧邦，其命惟新”和“是故君子无所不用其极”一段经文。在孔颖达的理解中，“诚意”是“明明德”不可或缺的组成部分，释“诚意”就是在释“明明德”，因此他才说“明明德必先诚其意，此经诚意之章，由初诚意也，故人先能明己之明德也”[②]。由此可知，孔颖达非常明确地认定“作新民”是用来诠释“明明德”思想的。

（二）君子念德而自新

所谓“作新民”是用来诠释《大学》“明明德”思想的，具体而言就是指用来诠释要达到“明明德”的过程中所必须遵守的“诚意之道”。既然孔颖达注解说《康诰》的“作新民”、《诗》的“周虽旧邦，其命惟新”“是故君子无所不用其极”都是用来解释《大学》“诚意”的，也就是用来解释“明明德”的，那么这

---

① 郑玄注，孔颖达正义：《礼记正义》，第2245页。

② 郑玄注，孔颖达正义：《礼记正义》，第2245页。

里就隐藏着一个非常重要的问题,即明明德的行为主体究竟是指谁。只有明确了这一点,对于《大学》的正确理解才能真正打开。郑玄在《大学注》中注解"《诗》云:'於戏,前王不忘!'君子贤其贤而亲其亲,小人乐其乐而利其利,此以没世不忘也"一段经文时这样说:

> 圣人既有亲贤之德,其政又有乐利于民,君子小人各有以思之。[①]

很明显,郑玄将"前王"理解为"圣人",将前王的恩惠(或者说明明德)分为两个层面:一个是君子看中的"亲贤之德",一个是小人看中的"乐利于民",圣人只有同时兼顾这两个层面,后世之君子与小人才能够对其没世不忘。其实郑玄的这句注解有省略与颠倒的地方,完整的说法应该是"圣人之德既有亲贤于君子,其政又有乐利于民,君子小人各有以思之"。

这里面有隐含的意义。首先,前王是能够明明德的人,正是由于前王能明明德,故后世之君子与小人都没世不忘前王。其次,前王之明明德分为两部分,一种是之于君子的"亲贤之德",一种是之于小人的"乐利之政",只有做到了这两方面才是真正的明明德。君子与小人都属于"民"的范畴[②],君子是有德有位者,而小人则指无位之普通民众。

孔颖达《大学正义》载:

> 《康诰》曰"作新民"者,成王既伐管叔、蔡叔,以殷余民封康叔。《诰》言殷人化纣恶俗,使之变改为新人。此记之意,自念其德,为新民也。[③]

孔颖达认为,《大学》文本引《康诰》"作新民"并没有使用《康诰》原文之意,而是特指(君子)自念其德,为新民。前文提到,无论是《康诰》曰"作新民"还是《诗》曰"周虽旧邦,其命惟新""是故君子无所不用其极",都是用来解释《大学》"诚意"的,它们有一个共同的行为主体,那就是"君子"。因此,这里的"自念其德,为新民"的行为主体是指"君子",于是孔颖达将"新民"的行为主体作了较大的替换,由原来的"康叔"变成了"君子",且君子要自为"新民"。

也就是说,在孔颖达的理解中,《大学》文本引《康诰》"作新民"中的"民"由原来卫地殷商之余民变成了"君子"一类的为政者。"作新民"也就变成了

① 郑玄注,孔颖达正义:《礼记正义》,第 2238 页。

② 参见杨逢彬:《论语新注新译》,北京大学出版社 2016 年版,第 453~454 页。

③ 郑玄注,孔颖达正义:《礼记正义》,第 2245 页。

“为新民”,即君子自念其德,为日新其德之君子,其行为主体变成了君子一类的为政者。事实上,孔颖达所理解的“君子”主要是指后王、国君、大臣之类的为政者,在某种程度上三者的内容是可以互通的。突出的是君子作为为政者,能够精诚己意,思念前王之亲贤之德,自新其德,日新其德,最终达到明明德之境界。

(三)作新民与亲民:君子为民日新之政教

孔颖达所理解的“作新民”跟“在亲民”又有什么关系呢?这需要进行全面的梳理,借助孔颖达对这两句话的注解理解“作新民”的含义。孔颖达《大学正义》载:

> 《诗》曰“周虽旧邦,其命惟新”者,此《大雅·文王》之篇。其诗之本意,言周虽旧是诸侯之邦,其受天之命,唯为天子而更新也。此记之意,其所施教命,唯能念德而自新也。
>
> “是故君子无所不用其极”者,极,尽也。言君子欲日新其德,无处不用其心尽力也。言自新之道,唯在尽其心力,更无余行也。①

不难看出,孔颖达所理解的《大学》文本引“作新民”已经跟《康诰》原文之意存在着较大的差距了,《大学》文本引用《康诰》“作新民”都是在讲君子“诚意”之事,君子应当自念其德,为新民。应该说,以上两段引文都是在讲君子“诚意”之事,孔颖达认为“明明德必先诚其意,此经诚意之章,由初诚意也,故人先能明己之明德也”②。这些引文都是在解释“大学之道”中的“明明德”或“诚意”,跟“亲民”并没有直接的关系。

《大学》文本中不论是《康诰》曰“作新民”还是《诗》曰“周虽旧邦,其命惟新”“是故君子无所不用其极”,其中的“新”都是指向君子要念德自新,行日新其德之政教,而绝不是兴起新的民众。其隐含之内涵为,前王之所以被君子与小人念念不忘,是因为前王之明德与政教分别施于君子与小人,君子小人各有所得,故君子小人没世不忘。然而君子包含后王、国君、大臣之类的为政者,他们也需要明明德,而明明德首先要能诚其意,君子欲明明德,即是要自诚己意,自新其德、日新其德。然而,君子如何能自新其德?首要的一点就是要常常思念前王之“明德”而自新,因而孔颖达说君子念德而自新,其

---

① 郑玄注,孔颖达正义:《礼记正义》,第2245页。

② 郑玄注,孔颖达正义:《礼记正义》,第2245页。

所念之德即是先王之“明德”，亦即“亲贤之德”。

包括后王、国君、大臣在内的君子念德而自新之后，就要像前王一样行“日日益新之政教”于小人，使小人能够得其乐与利，这即是“亲民”。君子若想像前王一样行“乐利之政”亲民，那么就要行日新其德之政教，而这才是孔颖达所理解的《大学》文本“作新民”与“亲民”之间的关系。虽然，“民”字是一样的，但是“新民”之“民”与“亲民”之“民”字的内涵截然不同。

《康诰》原文作“新民”，而后世很多学者将其解释为“新人”。“人”和“民”当然有着部分相同的内涵，且在先秦时期就已经存在将两者连用的情况，比如“人民”“民人”，但是，“人”和“民”之间毕竟存在着较大的差别。杨逢彬先生在《也谈〈论语〉中的“人”与“民”》一文中就曾明确指出：

> “人”表示个体的人，“民”表示“人”的群体，即芸芸众生。[①]

这是杨先生系统考察《论语》及与《论语》成书年代较为接近的《左传》《国语》《墨子》《孟子》等书之后所得出的结论。其结论之所以能够成立，最主要的一点在于杨先生认为“探求某字词某一时代的意义，则应效法王氏，到该时期典籍中加以抽绎。……而王氏读书法的精髓，乃是在同一共时平面语言中加以抽绎，用特定语境锁定多义词众多词义中的某一意义，使其无所遁形”[②]。这里所说的“王氏”就是指清代高邮王念孙、王引之父子的读书法。从这个角度而言，历代儒家学者凡是将“新民”注解为“新人”的，都犯了将“民”群体性的内涵缩小的错误，这自然是不可取的。

杨逢彬先生在考察了《左传》和《国语》中两段关于君子、小人与民之间关系的文字后认为，“君子、小人是‘民’中的两个阶层，而非与‘民’对立的两个阶层”[③]，并强调了“民”并非奴隶阶级。笔者认为杨逢彬先生的这段结论放到《大学》文本中同样适用。

综上所述，孔颖达所理解的“作新民”是用来诠释“明明德”思想的，其是为了达到“明德”。然而，前王之明明德包含着“亲贤之德”与“乐利之政”两个层面，后世之君子欲明明德必先诚意，而君子诚意即是君子念前王之“亲贤之德”而自新。君子作为为政者，在念德自新之后要做的则是“行日新之

---

① 杨逢彬：《论语新注新译》，第449页。

② 杨逢彬：《论语新注新译》，第435～436页。

③ 杨逢彬：《论语新注新译》，第453页。

政教于民”，这是一种非常具体的东西，而不是一种虚无的存在。君子念前王之亲贤之德而自新其德，行日新之政教于民，此即是《大学》所说的“亲民”，而这才是孔颖达所理解的《大学》文本“作新民”与“亲民”之间的关系。绝不能够直接将“作新民”理解为“亲民”，否则就忽视了“作新民”所强调的有位之君子之类的为政者自新其德、行日新之政教于民的作用。只是孔颖达“作新民”的这种理解忽视了广大民众的自主性，将广大的民众置于一种被动接受的状态，这也是孔颖达诠释《大学》文本所存在的失误之处。

四、释“新民”：学者自新新民

以朱子为代表的宋代理学家没有承袭汉唐学者“作新民”释“明明德”的传统，而是在其“理学”思想框架下明确提出“作新民”释“新民”。二者之间的区别主要是“新民”背后的行为主体是不同的，其所强调的内容也截然不同。

（一）“作新民”释“新民”

众所周知，朱子承袭了二程的观点，认为“三纲领”中的“亲民”当作“新民”，朱子说：“程子曰：‘亲，当作新。’”[①]而这也成为朱子诠释《大学》的核心思想之一。

朱子明确认为，汤之《盘铭》曰、《康诰》曰“作新民”、《诗》曰“周虽旧邦，其命惟新”“是故君子无所不用其极”一段传文是用来解释“新民”的，并指出上面一段传文“右传之二章。释新民”。[②] 他认为，汤之《盘铭》以下的传文都是用来诠释“新民”的，因此把“作新民”明确诠释为“新民”。

（二）朱子：学者自新新民

如前所述朱子将“《康诰》曰：‘作新民’”注解为“鼓之舞之之谓作，言振起其自新之民也”[③]。他在对“大学之道，在明明德，在亲民，在止于至善”一句进行注解时说：

> 大学者，大人之学也。明，明之也。明德者，人之所得乎天，而虚灵不昧，以具众理而应万事者也。但为气禀所拘，人欲所蔽，则有时而昏；然其本体之明，则有未尝息者。故学者当因其所发而遂明之，以复其初

---

① 朱熹撰：《四书章句集注》，第 3 页。

② 朱熹撰：《四书章句集注》，第 5 页。

③ 朱熹撰：《四书章句集注》，第 5 页。

> 也。新者，革其旧之谓也，言既自明其明德，又当推以及人，使之亦有以去其旧染之污也。止者，必至于是而不迁之意。至善，则事理当然之极也。言明明德、新民，皆当至于至善之地而不迁。盖必其有以尽夫天理之极，而无一毫人欲之私也。此三者，大学之纲领也。①

朱子对“在新民”作诠释时，认为应当将“新”理解为“革其旧”，据此“在新民”就应当理解为自明其明德的学者自新其德，然后使民众去其旧染之污，恢复其明德。在这里，“新民”的行为主体是自新之学者，具体而言是自明其明德的学者，而“民”则是自明其明德的学者所新的对象。

（三）自新之民之积极主动性

作为自新之民，不同于汉唐学者所理解的始终处于被动接受的状态，其作为主体有着积极的主动性、创造性，主要表现为自主而新、自愿而新。

《大学或问》载：

> 曰：《康诰》之言“作新民”，何也？曰：武王之封康叔也，以商之余民，染纣污俗而失其本心也，故作《康诰》之书而告之以此，欲其有以鼓舞而作兴之，使之振奋踊跃，以去其恶而迁于善，舍其旧而进乎新也。然此岂声色号令之所及哉？亦自新而已矣。②

需要指出的是，虽然此处朱子仍然将“在新民”作为《大学》三纲领之一，但在注解“民”时却将“民”字变更为“人”字，即“言既自明其明德，又当推以及人，使之亦有以去其旧染之污也”③。朱子没有说“当推以及民”，而是说“当推以及人”，这就将前文所提到的“民”所隐含的群体性意义给抹杀掉了。如此一来，“民”在先秦时期所具有的群体性意义便无法显现，它作为一个特定群体被动接受为政者政教施与的含义也就无法彰显。

朱子将汉唐时期君子与小人之间的群体对应关系变成自明其明德的学者与有旧染之污的人，将其所具有的教化关系变为个人之间的道德关系，于是他所说的“自新之民”在本质上就有别于孔颖达的君子念德自新。不过，朱子的“自新之民”凸显的三点是孔颖达理解的“新民”所不具备的：一是明

① 朱熹撰：《四书章句集注》，第 3 页。

② 朱杰人、严佐之、刘永翔主编：《朱子全书》第 6 册，上海古籍出版社、安徽教育出版社 2010 年版，第 518 页。

③ 朱熹撰：《四书章句集注》，第 3 页。

明德者主动新之，突出了有德者之模范引领作用，降低了为政者所行政教在去民旧染之污中的作用；二是自新之民自觉、主动的求新；三是强调了自新之民道德的重要性。应当说，这跟朱子从理学角度阐释“作新民”有着密不可分的关系。

可以看出，郑玄、孔颖达都是从以君子为代表的为政者角度对“作新民”进行诠释，而朱子则是从有道德的学者角度进行诠释，其行为主体已经发生了巨大的变化。这样，君子念德自新就变成了有道德的学者自新其德，然后新民之德即学者自新新民，学者自新新民成为不可分割的整体。这是“作新民”说的第三次重大意义转变，深刻体现了《大学》诠释史不同历史阶段的不同特点。

结　语

综上所述，“作新民”本义为康叔帮助周王兴起新的殷商余民，汉宋学者对“作新民”的诠释视角和强调重点都是有所不同的。汉唐学者认为“作新民”是用来解释“明明德”的，强调从为政之君子的视角进行阐释，认为“作新民”是指君子念前王之明德而自新；而宋代学者认为“作新民”是用来解释“新民”的，强调从有道德的学者视角进行诠释，认为“作新民”是指有道德的学者自新其德而后新民之德。从《康诰》“（康叔）助王作新民”到汉唐学者“君子念德自新”再到宋代朱子“学者自新新民”所发生的三次意义延伸，实际上体现了《大学》学史不同历史阶段的特征。

汉唐时期着重突出君子作为治国的行为主体，强调良好的政教之于民众的重要性，强调居于统治地位的君子的重要作用，民众则处于被动接受的状态；宋代则着重突出能明明德的学者作为唤醒民众明德的行为主体，强调明明德的学者自新其德的重要作用，同时强调了民众的自主而新、自愿而新，而这正是汉唐时期的学者所不具备的。虽然汉唐时期的学者已经明确意识到只有做到保民、全民才能助王宅天命，但是他们强调的是君子如何做到保民、全民，以此维护其政治统治。而在君子施行政教的过程中则完全没有体现出民众自身应有的作用，这是汉唐学者诠释《大学》最重要的失误点，却是以朱子为代表的理学诠释所看重的。重视有道德的学者的道德引领作用，重视民众自发的自主而新、自愿而新的主观能动性，是宋代社会发展进步的重要标志，亦是宋明理学的一大特色，直到今天对于积极推进新时代公民道德建设、培育时代新人不乏重要的启发意义。

试析上博简《鲁邦大旱》的现存问题

——以孔子、子贡问答的归属为中心

刘雪菡

摘要：上海博物馆藏楚竹书中《鲁邦大旱》篇是重要的出土文献之一，记述了为应对鲁邦大旱，鲁哀公、孔子及其弟子子贡之间的问答。由于竹简缺失带来的不确定性，《鲁邦大旱》中仍存在不少值得探讨的问题。立足于文中孔子与子贡的问答，学界多有争议。有学者认为简三“子赣曰”至简五“孔子曰”的文本并非皆为子贡所说，其中混杂了孔子之言。若无法明晰孔子、子贡问答的归属，探析《鲁邦大旱》的思想资源便缺乏坚实的文本基础。为解决这一问题，本文从字词释义、人物形象、文本逻辑与思想脉络等角度入手，结合相关文献探讨简三“子赣曰”至简五“孔子曰”的文本皆为子贡所言的合理性，排除为“孔子曰”的可能，从而为正确理解《鲁邦大旱》的竹简文本提供佐证。

关键词：《鲁邦大旱》　孔子　子贡　话语归属　诠释

上海博物馆藏楚竹书中《鲁邦大旱》篇是重要的出土文献之一，记述了为应对鲁邦大旱，鲁哀公、孔子及其弟子子贡之间的问答。由于竹简缺失带来的不确定性，《鲁邦大旱》中仍存在不少值得探讨的问题。围绕孔子与子贡对答的归属，学界多有争议。本文从语词释义及使用语境、文本逻辑及思想内涵等角度入手，对这一问题展开探讨，目的是澄清简三“子赣曰”至简五“孔子曰”间的话语并无孔子之言，以期为正确理解《鲁邦大旱》的竹简文本提供佐证。

刘雪菡，中国人民大学哲学院硕士研究生，主要从事儒家哲学、宋明理学研究。

一、问题的提出

《鲁邦大旱》由六枚竹简组成，其笔迹与上博简第一册《孔子诗论》、第二册《子羔》相同。由于不存在重新编连的问题，即使《鲁邦大旱》有残断、缺简，但通过整理分析基本可以实现文本连读，并把握其中的主要内容。虽然竹简的残断不可避免地导致《鲁邦大旱》部分文本内容、情节缺失，却也为学者留下了广阔的诠释空间。为便于探讨，本文将《〈儒藏〉精华编》第282册《上海博物馆藏楚竹书〈鲁邦大旱〉》所作释文录于下：

鲁邦大旱，哀公谓孔子："子不为我图之？"孔子答曰："邦大旱，毋乃失诸刑与德乎？唯……（一）之可才？"孔子曰："庶民知说之事鬼也，不知刑与德，如毋爱圭璧币帛于山川，正刑与德……"（二）出遇子赣，曰："赐，尔闻巷路之言，毋乃谓丘之答非欤？"子赣曰："否！抑吾子若重命，其与。""如夫正刑与德，以事上天，此是哉。如夫毋爱圭璧（三）币帛于山川，毋乃不可。夫山，石以为肤，木以为民，如天不雨，石将焦，木将死，其欲雨或甚于我，或必待乎名乎？夫川，水以为肤，鱼以（四）为民。如天不雨，水将涸，鱼将死。其欲雨或甚于我，或必待乎名乎？"孔子曰："於呼！……（五）公岂不饱粱食肉哉，抑无如庶民何。"（六）①

在《鲁邦大旱》中，鲁哀公为解决旱灾带来的社会问题，向孔子寻求治理良策。文本主体可分为二：一方面，孔子提出了君主应对旱灾的策略，以回应哀公之问；另一方面，孔子以旱灾中的政治治理为线索，与弟子子贡进一步探讨了儒家视域下的刑德、人鬼、君民问题。可见，唯有正确地梳理《鲁邦大旱》主体部分的孔子、子贡之言，才能准确把握文本逻辑，进而明晰其核心思想。聚焦于文本中孔子与子贡的问答，学界围绕文本话语的归属问题，即从简三"子赣曰"之后直至简五"孔子曰"之前的内容是否皆为子贡所说，展开了讨论。主要有两种观点：一种观点认为，简五"孔子曰"之前的话语皆为子贡所言，以李学勤、廖名春、陈侃理等学者为代表。李学勤认为简三"子赣

① 北京大学《儒藏》编纂与研究中心：《上海博物馆藏楚竹书〈鲁邦大旱〉》，《〈儒藏〉精华编》第282册，北京大学出版社2020年版，第469～475页。上博书已释定文字，皆按照相通今字写出。括号内数字为竹简序号，原小一字号，今改为括号标出。

曰”后主要是“子贡对孔子的意见提出疑问，以为纠正刑德的失误是正确的，用玉帛祭祀山川则没有必要”[①]。陈侃理则进一步明确地指出，简三“子赣曰”至简五“孔子曰”中间“并无残缺，也没有插入成分，全部理解为子贡的话，是没有问题的”[②]。廖名春也认为“‘抑吾子如重命其欤’以下则是子贡自己的意见”[③]。另一种观点则认为，在简三“子赣曰”一段中有一部分为孔子之言，当在此段中选择合适位置插入“孔子曰”，以广濑薰熊、俞志慧、曹峰等学者为代表。日本学者广濑薰熊提出应当在简四“夫山，石以为肤，木以为民”前插入“孔子曰”。[④] 俞志慧在此基础上，进一步认为对于孔子关于巷路言论的疑问，子贡只需要回答“是”或“否”便可，无须刻意展开大段论述[⑤]，因此指出在简三“抑吾子若重命”、简四“夫山，石以为肤，木以为民”之前皆需插入“孔子曰”。曹峰虽不认同在简三“抑吾子若重命”前插入“孔子曰”，但指出简三“其与”之后的观点便全然为孔子之言了。[⑥] 由此，立足于《鲁邦大旱》的现存简文，学界各抒己见，未能就文中孔子、子贡问答中的观点归属问题达成一致。若无法明确文本话语的归属对象，必然会对《鲁邦大旱》中孔子、子贡形象的理解产生偏移，如此便难以准确把握二者对话的内在逻辑以及思想意涵。尽管出土竹简残缺，导致此问题于当下无法得到彻底解决，但并不妨害我们运用理性分析、逻辑梳理等方式对这一困境进行积极探索。笔者认为，从文本含义、行文逻辑、思想关联等角度分析，在出土竹简文本中另行插入“孔子曰”的观点并不可取。尽管李学勤、廖名春、陈侃理等学者反对在出土竹简文本中另行插入“孔子曰”，但并未系统地批判插入“孔子曰”的不当之处。

---

① 李学勤：《上博楚简〈鲁邦大旱〉解义》，《孔子研究》2004 年第 1 期。

② 陈侃理：《上博楚简〈鲁邦大旱〉的思想史坐标》，《中国历史文物》2010 年第 6 期。

③ 廖名春：《试论楚简〈鲁邦大旱〉篇的内容与思想》，《孔子研究》2004 年第 1 期。

④ [日]广濑薰熊：《关于〈鲁邦大旱〉的几个问题》，《武汉大学学报》(哲学社会科学版) 2004 年第 4 期。

⑤ 俞志慧：《〈鲁邦大旱〉句读献疑》，简帛研究网，2003 年 1 月 27 日。

⑥ 北京大学《儒藏》编纂与研究中心：《上海博物馆藏楚竹书〈鲁邦大旱〉》，《〈儒藏〉精华编》第 282 册，第 473 页。

二、插入“孔子曰”不合理之分析

根据上文分析，支持于竹简文本中插入“孔子曰”的学者皆认为从简三“子赣曰”至简五“孔子曰”间的话语并非全部为子贡所言。总括此派学者观点，可见其认为该段话语中存在三处文本似为孔子之言：

> 抑吾子若重命，其与？
>
> 如夫政刑与德，以事上天，此是哉！如夫毋爱圭璧币帛于山川，毋乃不可。
>
> 夫山，石以为肤，木以为民。如天不雨，石将焦，木将死。其欲语其欲雨或甚于我，或必待乎名乎？夫川，水以为肤，鱼以为民。如天不雨，水将涸，鱼将死。其欲雨或甚于我，或必待乎名乎？

如果从语词释义及使用语境、文本逻辑及思想内涵等方面来看，将上面三处文本视为孔子之言缺乏可靠的论证。

（一）澄清“吾子”的使用语境

朱熹在《中庸章句》中云：“视群臣犹吾四体，视百姓犹吾子。”[①]“吾子”本义为父母对子女的爱称。如俞志慧认为“吾子”是“上对下或平辈间的敬称，未见用于下对上的例子”[②]。从这个角度而言，“吾子”属于上对下或平辈间的敬称，不应为子贡对孔子所用。由此，学界多认为“抑吾子若重命，其与”当为孔子之言。但这种说法值得商榷。通过检索古文献探析“吾子”的使用语境，可知“吾子”并非仅出现于上对下或平辈之间的对话，在下对上的交谈中也是常被使用的代称。具体体现在以下几个方面。

首先，个体可在日常语境中以“吾子”称呼师长或贤者前人。《孔子家语》载：“哀公问于孔子曰：‘大礼何如？子之言礼，何其尊也！’孔子对曰：‘丘也鄙人，不足以知大礼也。’公曰：‘吾子言焉！’”[③]鲁哀公向孔子请教何为“大礼”，哀公虽贵为一国之主，但向先生求教态度自然应谦逊恭谨，以学生的身份尊孔子为师长。因此，此处哀公当为在下对上的关系中以“吾子”表达恭

---

① 朱熹撰：《四书章句集注》，中华书局 1983 年版，第 30 页。

② 俞志慧：《〈鲁邦大旱〉句读献疑》，简帛研究网，2003 年 1 月 27 日。

③ 杨朝明、宋立林主编：《孔子家语通解》，齐鲁书社 2013 年版，第 48 页。

敬。类似表达在《荀子·哀公》中亦有记载，鲁哀公希望孔子为自己解惑时言“非吾子无所闻之也”[①]，同样传达了尊敬之意。《韩诗外传》也有“吾子”的记载：鲍焦为周之介士，隐于山林而不仕。子贡见其“衣弊肤见，挈畚持蔬”而叹：“吾子何以至于此地也？”[②]子贡称鲍焦为“吾子”，目的是表达后学对前贤的尊敬之情。《孟子·公孙丑上》在记载孟子在回应公孙丑之问时云：“或问乎曾西曰：‘吾子与子路孰贤？’曾西蹵然曰：‘吾先子之所畏也。’”[③]“或人”视曾西为君子贤人，其以“吾子”代称曾西，亦当暗含敬服之意。曾西诚惶诚恐，以“吾先子”代称曾子，表达己之贤能远不及曾子。除上述相关记载之外，最为有力的证据见于《庄子·田子方》。“子路曰：‘吾子欲见温伯雪子久矣，见之而不言，何邪？’”[④]子路以“吾子”称孔子，直接证明“吾子”当为弟子对师长的合理代称之一。可见，“吾子”“吾先子”皆为个体面对贤者时心怀恭谨所用的敬称。

其次，个体以“吾子”称呼位高者亦合乎等级制度下的礼仪规范。《礼记·杂记》云：“讣于大夫，曰‘吾子之外私某死’；讣于士，亦曰‘吾子之外私某死’。”[⑤]这段文字记载了使者在向别国大夫、士人报丧时应当遵守的语言规范。在封建等级制度下，使者的地位自然要低于大夫与士。根据《礼记》所列举的用语规范，传讯使者传达讣告时当以“吾子”代称大夫、士人，可见在下者以“吾子”称呼在上者应是传达敬意的表现，符合等级制度的要求，并无失礼之处。

综上所述，视“吾子”为“上对下或平辈间的敬称，未见用于下对上的例子”[⑥]的说法无法成立，更不能以此证明“抑吾子若重命，其与”当为孔子之言。因此，将“吾子”视为子贡对孔子的代称并非不合礼节，“抑吾子若重命，其与”为子贡所言亦无不妥之处。

---

① 王先谦撰，沈啸寰、王星贤点校：《荀子集解》，中华书局1988年版，第543页。

② 韩婴撰，朱英华整理，朱维铮审阅：《韩诗外传》，上海书店出版社2012年版，第62页。

③ 朱熹撰：《四书章句集注》，第227页。

④ 王先谦撰，沈啸寰点校：《庄子集解》，中华书局1987年版，第177页。

⑤ 王夫之著，杨坚总修订：《礼记章句》，《船山全书》第4册，岳麓书社2011年版，第965页。

⑥ 俞志慧：《〈鲁邦大旱〉句读献疑》，简帛研究网，2003年1月27日。

（二）辨析“重命”“毋悉”的释义

《三国志·吴书·孙休传》云：“爱身重命，不犯科法。”[①]“重命”有重视、珍爱生命之意，“抑吾子若重命，其与”可释为“（民众）并没有反对您，只是如果您重视人的生命，（民众）就都会听从您的意见”[②]。《尚书·洪范》：“择建立卜筮人，乃命卜筮”，王先谦注“命，名也”[③]；《礼记·月令》：“诸蛰则死，民必疾疫，又随以丧，命之曰畅月”，王夫之解“命”为“名”[④]。“重命”通“重名”，“名”即名称、名誉，则“抑吾子若重命，其与”意为“（民众）并没有反对您，您如此重视（在民间的）声誉吗”[⑤]。此外，刘乐贤立足于文本语境，将“或必待乎名乎”之“名”释为“呼叫山川之名”[⑥]，则“重名”可解为“重视（在祭祀中）呼叫山川之名”。尽管从语义角度看，此三种释义皆通畅合理，但具体到《鲁邦大旱》却值得商榷。《鲁邦大旱》中先后出现了“抑吾子若重命”之“命”与“或必待乎名乎”之“名”，可见其作者对“命”“名”的使用已有区分。如日本学者广濑薰雄所言：“下文中既然使用两个‘名’字，读‘命’为‘名’就没有太大的说服力。”[⑦]若以“名”释“命”，难免有牵强附会之嫌。《礼记·哀公问》云：“古之为政，爱人为大。”[⑧]尽管孔子与子贡对待祭祀求雨的态度并不完全相同，但两人视安民为兴邦之本的立场却是一致的。因此，将“重命”释为重视、珍爱百姓的生命更为妥当。

“毋爱”原作“毋悉”，马承源解“悉”为“瘗”，指“掩埋”；“毋悉圭璧币帛于山川”，即“不要去做瘗埋圭璧币帛，祭祀山川的事”。[⑨] 这种解释虽然语义通

① 陈寿撰，裴松之注：《三国志》，中华书局 1982 年版，第 1158 页。

② 北京大学《儒藏》编纂与研究中心：《上海博物馆藏楚竹书〈鲁邦大旱〉》，《〈儒藏〉精华编》第 282 册，第 472 页。

③ 王先谦撰，何晋点校：《尚书孔传参正》，中华书局 2011 年版，第 574 页。

④ 王夫之著，杨坚总修订：《礼记章句》，《船山全书》第 4 册，第 441、442 页。

⑤ 苏建洲：《上海博物馆藏战国楚竹简（二）校释》，（台北）花木兰文化出版社 2006 年版，第 398 页。

⑥ 北京大学《儒藏》编纂与研究中心：《上海博物馆藏楚竹书〈鲁邦大旱〉》，《〈儒藏〉精华编》第 282 册，第 473 页。

⑦ ［日］广濑薰熊：《关于〈鲁邦大旱〉的几个问题》，《武汉大学学报》（哲学社会科学版）2004 年第 4 期。

⑧ 王夫之著，杨坚总修订：《礼记章句》，《船山全书》第 4 册，第 1183 页。

⑨ 北京大学《儒藏》编纂与研究中心：《上海博物馆藏楚竹书〈鲁邦大旱〉》，《〈儒藏〉精华编》第 282 册，第 470～471 页。

畅,但是塑造了一个明知民众对鬼神之事深信不疑却仍选择抛弃祭祀之礼、不顾民情民意的孔子形象。这显然与历史所载的孔子形象不符。《论语·雍也》载:"子贡曰:'如有博施于民而能济众,何如?可谓仁乎?'子曰:'何事于仁,必也圣乎!尧舜其犹病诸!'"[①]孔子始终以民为重,称赞博施济众者为圣贤;孔子言"务民之义,敬鬼神而远之,可谓知矣"[②],主张以"敬而远"的态度事鬼神——心怀敬畏行祭祀仪礼却不溺于怪谈邪说的儒者中道。相比而言,马氏之解下的孔子言语过于武断激进,所呈现的孔子形象已发生偏移,既不合于儒家以民为本的德治准则,也有背于孔子所倡导的鬼神观。此外,马承源认为简三"子赣曰"至简五"孔子曰"皆是子贡之言,以"瘗"解子贡之言会产生逻辑不通的问题。"毋悉圭璧币帛于山川,毋乃不可"意为不应当不进行祭祀山川之事,这与后文子贡主张的"祭祀无用论"——"其欲雨或甚于我,或必待乎名乎"——相矛盾。俞志慧亦解"悉"为"瘗",并主张于简四"夫山,石以为肤,木以为民"前插入"孔子曰",以化解子贡之言中的矛盾[③],却未能修正以"瘗"解孔子之言造成的孔子形象偏移。因此,视"悉"为"瘗"仍存在诸多不妥,并非最优解。事实上,"悉"为"爱"的异体字,可以"爱"释"悉"。《论语·八佾》:"赐也,尔爱其羊,我爱其礼",朱熹注"爱,犹惜也"[④];"知死不可让,愿勿爱兮"[⑤],"勿爱"即不吝惜;刘乐贤亦指出"爱"意为"吝惜"[⑥]。如此,则"毋爱圭璧币帛于山川"意为不当吝惜向山川供奉圭璧币帛以行祭祀之事。按此解,孔子向鲁哀公提出的应对之方有二:一则,重视山川祭祀之事,以安抚民心;二则,兼顾刑与德治理社会之乱,以保障民生。可见,以"爱"释"悉"有效避免了文本中孔子形象的偏移,与孔子所代表的儒者形象更为契合。如此,"毋悉圭璧币帛于山川,毋乃不可"即子贡对孔子的质疑——恐怕不应向山川供奉圭璧币帛行祭祀之事。这一反对祭祀山川的立场也与后文的"祭祀无用论"自然洽和,视简三"子赣曰"至简五"孔子曰"的

---

① 朱熹撰:《四书章句集注》,第91～92页。

② 朱熹撰:《四书章句集注》,第89页。

③ 俞志慧:《〈鲁邦大旱〉句读献疑》,简帛研究网,2003年1月27日。

④ 朱熹撰:《四书章句集注》,第66页。

⑤ 王夫之著,杨坚总修订:《楚辞通释》,《船山全书》第14册,岳麓书社2011年版,第325页。

⑥ 北京大学《儒藏》编纂与研究中心:《上海博物馆藏楚竹书〈鲁邦大旱〉》,《〈儒藏〉精华编》第282册,第471页。

内容皆为子贡所言并不前后矛盾。所以，将“悉”解为爱惜、吝惜，更能还原《鲁邦大旱》文本中的人物形象与对话逻辑。俞志慧之所以认为“重名与瘗圭璧币帛于山川为一事，而与‘政刑与德’适相反对，此正孔子所明确反对之事”[①]，是因为其未能明晰“重命”“毋悉”之意，才会视“抑吾子若重命”为孔子对子贡的质疑。根据上文分析，“重命”即爱惜、珍视民众的生命。“悉圭璧币帛于山川”意为吝惜圭璧币帛，不祭祀于山川，强调不当依赖鬼神缓解旱灾，而应致力于民事。“重命”“瘗圭璧币帛于山川”与“正刑与德”关怀百姓的根本立场是一致的，并不相抵牾，三者皆可归为子贡所言。广濑薰熊指出简四“夫山，石以为肤，木以为民”后至简五“孔子曰”前的文本“明确地否定了求雨祭祀的必要，跟上文‘女夫政刑与德以事上天，此是才。女天〈夫〉毋爱圭璧币帛于山川，毋乃不可’立场完全相反”[②]，因此不能认为两段话皆为子贡所说。这种说法也不足取。结合对“毋悉”释义的分析，可知孔子为应对旱灾提出的策略是，将正刑与德放在首位，同时不吝惜用珪璧币帛向山川祭祀。“如夫正刑与德，以事上天，此是哉！如夫毋悉圭璧币帛于山川，毋乃不可”当是子贡对孔子策略的评价，子贡在前半句肯定了正刑与德的合理性，后半句则表达了对祭祀山川之事的质疑。可见，此段话与简四“夫山，石以为肤，木以为民”至简五“孔子曰”所表达的“祭祀无用论”立场一致，二者之间并不矛盾。综上，若能正确把握“重命”“毋悉”的释义，语义混淆造成的立场割裂问题自然迎刃而解，简三“子赣曰”至简五“孔子曰”之间的文本逻辑通达明畅，若于其间另插入“孔子曰”，不仅会损害文本语境的原生性，亦颇有叠床架屋之嫌。

（三）“子贡疑师”的合理性

一般认为，简三“如夫正刑与德”至简五“或必待乎名乎”中的文本带有批判意味。“如果这一大段话全部视为‘子贡’所言，那么，‘子贡’不仅直接否定孔子的观点，而且说话的口气很像是在教导自己的老师。”[③]俞志慧提出子贡“在先生面前大发议论”有违情理，“以一种教训的口吻和老师说话，也

① 俞志慧：《〈鲁邦大旱〉句读献疑》，简帛研究网，2003 年 1 月 27 日。

② ［日］广濑薰熊：《关于〈鲁邦大旱〉的几个问题》，《武汉大学学报》（哲学社会科学版）2004 年第 4 期。

③ 北京大学《儒藏》编纂与研究中心：《上海博物馆藏楚竹书〈鲁邦大旱〉》，《〈儒藏〉精华编》第 282 册，第 472 页。

是在传世文献中看不到的”[①]。从表面上来看，若此段话皆为子贡所言，似乎有违师生之礼；但如果深加揣摩，“子贡疑师”并非不足取。

其一，子贡机敏，善于判断。《左传·定公十五年》记载，邾隐公来鲁国朝见，子贡观礼，并根据仪礼行为对两位国君进行了评判：“以礼观之，二君者，皆有死亡焉……君为主，其先亡乎！”[②]从这一事件可以看出，子贡并不会囿于等级尊卑之别，而对所评判对象有所区分。虽然孔子知晓此事后，批评子贡“不幸而言中，是使赐多言者也”[③]，但对子贡的机敏善断仍十分欣赏，正因如此，“孔子能够与子贡讨论各种各样的问题，也对任何事情、对任何人进行评论”[④]，使子贡善于观察、反思的天赋得到充分发挥。此外，子贡位列孔门“言语”科，以“有口才著名”[⑤]，能言善辩且有很强的质疑精神，以至于“孔子每诎其辩”[⑥]，即使时常被孔子训诫，也未能消减他善疑好辩的热情。孔子前往卫国途中，恰逢曾经住过的馆舍主人去世，便前往吊丧并让子贡将骖马送给丧家；子贡却认为“于所识之丧，不能有所赠。赠于旧馆，不已多乎？”[⑦]直率地表达了对孔子行为的怀疑。同样，孔子担任鲁司寇时，诛杀了扰乱朝纲的大夫少正卯，子贡则当面质疑孔子诛杀“鲁之闻人”[⑧]少正卯的行为不当：“今夫子为政而始诛之，或者为失乎？”[⑨]即“如今老师您执掌政事首先诛杀少正卯，或许有些不恰当吧”，通过反问表达对孔子行为的不满。更为直接的证据见于《帛书易传·要》，子贡质疑孔子晚而好《易》：

> 夫[一二下]子它日教此弟子曰：“德行亡者，神灵之趋；智谋远者，卜筮之繁。”赐以此为然矣。以此言取之，赐缗彳□[一三上]之为也。夫子何以老而好之乎？[⑩]

---

① 北京大学《儒藏》编纂与研究中心：《上海博物馆藏楚竹书〈鲁邦大旱〉》，《〈儒藏〉精华编》第282册，第473页。

② 郭沂编撰：《子曰全集》，中华书局2017年版，第591页。

③ 郭沂编撰：《子曰全集》，第591页。

④ 杨朝明：《上博竹书〈鲁邦大旱〉管见》，《东岳丛论》2002年第5期。

⑤ 杨朝明、宋立林主编：《孔子家语通解》，第432页。

⑥ 杨朝明、宋立林主编：《孔子家语通解》，第433页。

⑦ 杨朝明、宋立林主编：《孔子家语通解》，第553页。

⑧ 杨朝明、宋立林主编：《孔子家语通解》，第11页。

⑨ 杨朝明、宋立林主编：《孔子家语通解》，第11页。

⑩ 郭沂校注：《孔子集语校注》(下)，中华书局2017年版，第860页。

子贡认为孔子曾教导弟子：唯有德行匮乏者才会对神灵趋之若鹜，只有智慧浅薄者才会迷恋卜卦。然而，孔子晚年却“读《易》，韦编三绝”[①]，痴迷于研究易学。对此，子贡直接质问孔子：“为何您年老又沉迷于《易》了呢？”在子贡看来，孔子似乎成了一个“自食其言者”。面对子贡的诘问，孔子并未斥其失礼，而是耐心地解答子贡的疑惑：“君子言以矩方也。前羊而至者，弗羊而巧也。”[②]“‘羊’字实当释‘屰’，读为‘逆’”，“巧，通‘考’，可释为探究。”[③]孔子的意思是说，君子之言如以曲尺画方形般前后一致，之所以会招致“前逆”的诘难，是因为子贡未能察知其中“弗逆”的本质。可见，子贡善察孔子的言行，且不会拘泥于师生礼节而完全顺从孔子的言行，而孔子似乎对子贡不惧冒犯师颜的品性也非常欣赏和包容。正因如此，子贡并未因师生关系中尊卑礼节的拘束而对孔子的言行讳莫如深，一旦认为老师的言行存在不恰当之处，便会向孔子发出“诘难”，以解心中之惑。

其二，《荀子·子道》中亦有一段鲁哀公、孔子与子贡的对话，通过比照其与《鲁邦大旱》中的人物对话形式，可见“子贡疑师”的文本合理性。

> 鲁哀公问于孔子曰：“子从父命，孝乎？臣从君命，贞乎？”三问，孔子不对。孔子趋出，以语子贡曰：“乡者君问丘也，曰：‘子从父命，孝乎？臣从君命，贞乎？’三问而丘不对，赐以为何如？”子贡曰：“子从父命，孝矣；臣从君命，贞矣。夫子有奚对焉？”孔子曰：“小人哉！赐不识也。昔万乘之国有争臣四人，则封疆不削；千乘之国有争臣三人，则社稷不危；百乘之家有争臣二人，则宗庙不毁。父有争子，不行无礼；士有争友，不为不义。故子从父，奚子孝？臣从君，奚臣贞？审其所以从之之谓孝，之谓贞也。[④]

鲁哀公问“忠”“孝”于孔子，孔子出来之后将此事说于子贡，并问道：“三问而丘不对，赐以为何如？”子贡对曰：“子从父命，孝矣；臣从君命，贞矣。夫子有奚对焉？”针对子贡的观点，孔子进一步作出反驳。在同一文本中，不同的文本角色承担着不同的角色任务。《荀子·子道》与《鲁邦大旱》篇中鲁哀公、孔子与子贡三者的对话所展现的行文逻辑进路极为相似。首先，由“鲁哀公

---

① 刘宝楠撰，高流水点校：《论语正义》，中华书局1990年版，第184页。

② 郭沂校注：《孔子集语校注》，第860页。

③ 郭沂校注：《孔子集语校注》，第862页。

④ 王先谦撰，沈啸寰、王星贤点校：《荀子集解》，第530页。

问于孔子”引出核心话题;其次,子贡围绕核心话题,对鲁哀公与孔子的对谈进行讨论;最后,孔子辨析子贡之言的得失之处,并点明篇章所要表达的核心观念。因此,从文本角色角度而言,《荀子·子道》与《鲁邦大旱》中“鲁哀公”“孔子”与“子贡”所承担的角色任务非常相似:“鲁哀公”负责引入关键话题,“孔子”结合人物对话进一步深化阐发核心观点,“子贡”则站在“孔子”立场的对立面,通过质疑、诘难的方式推动对话。“疑师”也是作为文本角色之一的“子贡”为推进文本,以进一步引出核心思想所要完成的角色任务。

综上,通过分析文本中的“子贡”角色任务、历史文献中的子贡形象及其与孔子的对话方式,可察“子贡疑师”的合情合理之处。如此,在《鲁邦大旱》中,“子贡”对“孔子”进行诘难并非全然不当,仅凭“毋乃不可”“或必待乎名乎”的质疑语气判定简三“如夫正刑与德”至简五“或必待乎名乎”非子贡所言并不可靠。尽管简三“如夫正刑与德”至简五“或必待乎名乎”的话语确实具有评判意味,却是子贡对孔子应对大旱策略的正当怀疑,并非有违情理之举。

（四）“晏子”与“孔子”的立场差异

《晏子春秋·内篇谏上》(下文统称《晏子春秋》)载录了晏子关于祭祀山川之事的讨论:

> 不可。祠此无益也。夫灵山固以石为身,以草木为发,天久不雨,发将焦,身将热,彼独不欲雨乎?祠之何益。
>
> 不可。河伯以水为国,以鱼鳖为民,天久不雨,水泉将下,百川将竭,国将亡,民将灭矣,彼独不欲雨乎?祠之何益。①

为应对齐国旱灾,景公意图通过“祠灵山”“祠河伯”来求雨,晏子则认灵山“以石为身”“以草木为发”,河伯“以水为国”“以鱼为民”,二者又何尝不渴求甘霖呢?二者自身都难以保全又如何助人降雨呢?此章晏子所言与《鲁邦大旱》简三“夫山,石以为肤,木以为民”至“其欲雨或甚于我,或必待乎名乎”的话语,在表达句式、思想观点方面极为相似。通过对照《晏子春秋》与《鲁邦大旱》,从文本中出场人物的重要性来看,似乎晏子与孔子具有对等关系,二者批判祭祀求雨的立场应当是一致的,因此简三“夫山,石以为肤,木以为

① 张纯一校注,梁运华点校:《晏子春秋校注》,中华书局2014年版,第39～40页。

民”之后的话语“作为孔子的回答应该是最合适的”[①]。曹峰亦指出，“这一类的话，由类似晏子的重要人物加以阐释更为合理。就是说，从逻辑上讲，视为‘子贡曰’的那一段话中应该有一部分是孔子说的”[②]。问题在于，《晏子春秋》中的出场人物为齐景公、晏子，如果《鲁邦大旱》中出场人物同为两人的话，可将人物言语的归属进行对应分析。然而，《鲁邦大旱》中存在鲁哀公、孔子、子贡三个出场人物，子贡的登场必然具有相应作用，仅凭文献对照就抹除其观点存在的合理性缺乏依据。此外，若《晏子春秋》的晏子与《鲁邦大旱》的孔子具有相应关系，那么二者持有的主张也应当完全一致，否则其相应关系则不成立。“晏子之言可无用乎？其维有德。”[③]晏子认为面对旱灾不当依赖祭祀，而应敬修人事，以德动天。孔子是否与晏子的立场相同呢？细察简二中孔子提出的应对之方可知，尽管孔子强调了刑与德的重要性，但也指出了祭祀山川之事——“毋悉圭璧币帛于山川”不可缺少。根据简六“公岂不饱粱食肉哉！抑无如庶民何”，陈侃理推测竹简缺字部分内容为“以草木鱼虾比百姓，以山川比国君……天不下雨，草木鱼虾没有生路，但山川依然会存在，因而山川对下雨的希望并不会那么急切”[④]。因此，孔子并非反对“圭璧币帛于山川”，而是认为山川神灵与人事间具有密切联系，强调在“正刑与德”的基础上维护祭祀礼仪。“安排孔子与子贡的辩论，先由子贡提出反对意见，然后孔子予以驳斥。孔子所驳正是《晏子春秋》中晏子的观点。”[⑤]由此可见，孔子与晏子的立场并不一致，二者的语言也并非必然相应，子贡作为“理性改革派”的代表，站在与孔子相反的立场，质疑依赖于祭祀的行为也是合理的，仅凭《晏子春秋》与《鲁邦大旱》的文本对应断定人物话语的归属并不可靠。

---

① [日]广濑薰熊：《关于〈鲁邦大旱〉的几个问题》，《武汉大学学报》（哲学社会科学版）2004年第4期。

② 北京大学《儒藏》编纂与研究中心：《上海博物馆藏楚竹书〈鲁邦大旱〉》，《〈儒藏〉精华编》第282册，第473页。

③ 张纯一校注，梁运华点校：《晏子春秋校注》，第41页。

④ 陈侃理：《上博楚简〈鲁邦大旱〉的思想史坐标》，《中国历史文物》2010年第6期。

⑤ 陈侃理：《上博楚简〈鲁邦大旱〉的思想史坐标》，《中国历史文物》2010年第6期。

结　语

通过上文对字词释义、使用立场以及文本思想、逻辑的分析，可见将简三“子赣曰”至简五“孔子曰”的文本视为子贡所言并无不当之处，插入“孔子曰”将其中任何一段文字归为孔子所言，皆缺乏具备说服力的可信依据。脱离原始文本语境，在文本中另行添入“孔子曰”，不仅会混淆孔子与子贡各自持有的观点，造成读者对二者的形象认知发生偏移，亦使《鲁邦大旱》的文本逻辑不清，难以正确剖析其中的思想资源。

孟子气论探微

马　军

摘要：通过分析孟子与公孙丑的对话，可以对孟子“气”的内涵有新的发现。孟子的浩然之气，不是一种精神状态，而是人之本真的存在。孟子“集义生气”的养气说，不仅使孟子的气论和人性论相贯通，而且昭示出孟子养气的目的在于由“气一”达到“不动心”之境界。

关键词：浩然之气　集义生气　不动心

“气”是孟子思想中的一个重要概念，也是最难理解的概念，就连孟子本人都说“难言也”[①]。冯友兰先生认为，孟子思想中颇有神秘主义的倾向，并且指出孟子所谓浩然之气即个人在最高境界中之精神状态。[②]然而，这种思考方式忽视甚至割裂了浩然之气和人的身体之间的关系，实际上造成了精神（内）与肉体（外）的对立。重新考察孟子“气”的内涵，既有利于理解孟子的“浩然之气”，又有利于在整体上把握孟子思想。

一、以“生命之气”为气之内涵

“气”在孟子之前已经有了丰富的内涵，而且常用来解释自然界和人类社

马军，山东大学儒学高等研究院硕士研究生，主要从事儒学研究。

① 赵岐注，孙奭疏：《孟子注疏》，北京大学出版社 2000 年版，第 90 页。

② 冯先生讲：“此所谓神秘主义，乃专指一种哲学承认有所谓万物一体之境界。”[冯友兰：《中国哲学史》（上），华东师范大学出版社 2010 年版，第 79 页]

会的诸多事物。李存山先生指出:"'气'概念有物理、生理、心理、伦理、哲理等几个层次的含义"①,并且早在春秋时期,中国哲学和医学就已经把"血气"作为生命有机体的基础和本质,"'血气'概念是从血液和呼吸之气升华发展而来的"②。比如,公元前625年鲁大夫展禽在面对侍从"若有殃焉在"的疑问时,就讲道:"若血气强固,将寿宠得没;虽寿而没,不为无殃。"③展禽认为,血气是构成人的生命的重要因素,直接影响人的寿命和健康。另外,周定王在评论当时的戎、狄时说:"夫戎、狄冒没轻儳,贪而不让,其血气不治,若禽兽焉。"④血气不是人所独有的,而是用来表达生命体的一种自然状态。但是人与禽兽的区别就在于人可以治理血气,中断自然规律在人身上的作用。周定王将血气与人的伦理道德联系在一起,血气的治与否和道德的有与无密切相关。戎、狄不治血气,肆意放纵欲望,如禽兽一般。孔子也说:"君子有三戒:少之时,血气未定,戒之在色;及其壮也,血气方刚,戒之在斗;及其老也,血气既衰,戒之在得。"⑤在孔子看来,血气是人的生命形态变化发展的标志,随着血气在人不同生命阶段的表现状态不同,人举止行为的侧重点也会发生改变。《性自命出》作为孔子与孟子之间的文献材料,对"气"也有所论述:"喜怒哀悲之气,性也。"⑥《性自命出》把人的自然情感看作是气质的存在,并作为人性的内容。这种以情论性、以气论性的方式,可以看作是孟子以心论性的前身,也为探讨孟子气与心之间的关系提供了线索。总之,以上关于"气"的论述,构成孟子气论思想的理论基础。

孟子是在回答弟子公孙丑的问题时,通过评论告子的观点,进而提出自己的气论的。孟子说:"告子曰:'不得于言,勿求于心;不得于心,勿求于气。'不得于心,勿求于气,可;不得于言,勿求于心,不可。"⑦孟子首先引述了告子的观点,并给出了一可一不可的评价。朱子注"可"曰:"然凡曰可者,亦仅可而有所未尽之辞耳"⑧,即孟子认为,告子的观点仍有不通透的地方,因

---

① 李存山:《"气"概念几个层次意义的分殊》,《哲学研究》2006年第9期。

② 李存山:《中国气论探源与发微》,中国社会科学出版社1990年版,第45页。

③ 左丘明著,韦昭注,胡文波点校:《国语》,上海古籍出版社2015年版,第116页。

④ 左丘明著,韦昭注,胡文波点校:《国语》,第42页。

⑤ 朱熹撰:《四书章句集注》,中华书局2012年版,第173页。

⑥ 李零:《郭店竹简校读记》,中国人民大学出版社2009年版,第136页。

⑦ 朱熹撰:《四书章句集注》,第231页。

⑧ 朱熹撰:《四书章句集注》,第232页。

此便说出了自己对于“气”的看法。孟子说：“夫志，气之帅也；气，体之充也。夫志至焉，气次焉。故曰：‘持其志，无暴其气。’”[①]赵岐注：“志，心所念虑也。气，所以充满形体，为喜怒也。”[②]既然气流行遍布于形体，且表现为喜怒之情，则孟子所说的“气”，相比于“血气”之气，更加接近于“情气”[③]之气。“情气”之气以“血气”之气作为生理基础，而“血气”之气却无法表达人的情感。故将孟子所说的“气”单纯理解为“血气”之气，实际上使“气”的内涵变得狭隘了。结合孟子在《告子上》篇中所举的以牛山之性比喻人之性的例子，这一点能够得到更好的证明。牛山之木曾经非常茂盛，却因为长在齐国首都的郊外，被日夜砍伐，又放羊牧牛，所以变得光秃秃了。人们看到牛山光秃秃的样子，就以为这就是牛山之本性。孟子以牛山作例子来讨论人性问题：

> 虽存乎人者，岂无仁义之心哉？其所以放其良心者，亦犹斧斤之于木也，旦旦而伐之，可以为美乎？其日夜之所息，平旦之气，其好恶与人相近也者几希，则其旦昼之所为，有梏亡之矣。梏之反覆，则其夜气不足以存；夜气不足以存，则其违禽兽不远矣。人见其禽兽也，而以为未尝有才焉者，是岂人之情也哉？[④]

朱子注“平旦之气”：“未与物接之时，清明之气也。”[⑤]在孟子看来，对于人而言，怎么能够没有仁义之心呢？只不过是放逐本心罢了。人在日里夜里的发心，未曾待人接物时的清明之气，心中的好恶，与人相近，即“人心之所同然者”几希。但人在白天的行为又把它消灭了。反复的消灭，则夜气没有办法存在，人离禽兽也就不远了。人的日常所作所为，损害夜气，使之消散殆尽，但人们却认为人的本性就是如此，从未有此资质，这是孟子所反对的。孟子所说的“夜气”，即还未待人接物时的清明之气。然而，令人费解的是，孟子在这里将“夜气”作为人之性，即人之为人的根据，用来区分人与禽兽，这和人失其本心的结果是一样的。“夜气”遍布流行于形体之间，使人处于清明的状态。王阳明认为：“夜气是就常人说。学者能用功，则日间有事无

---

① 朱熹撰：《四书章句集注》，第 231 页。

② 赵岐注，孙奭疏：《孟子注疏》，第 90 页。

③ “情气”的概念，参见赵法生：《从性善论到性情论：论孟子性善论的历史形成》，《南京大学学报》（哲学·人文科学·社会科学版）2020 年第 4 期。

④ 朱熹撰：《四书章句集注》，第 337 页。

⑤ 朱熹撰：《四书章句集注》，第 337 页。

事，皆是此气翕聚发生处。圣人则不消说夜气。”①孟子讲夜气是为平常人指示善端，指出“不动心”的开端处。因此，孟子所说的“气，体之充也”，这里的“气”既可以指“情气”之气，也可以是“夜气”之气，还可以是“浩然之气”。但不管是哪种状态的气，一旦发动都流行遍布于形体之间。

徐复观先生认为，古人所说的“气”乃是由生理形成的生命力。徐氏认为“气，体之充也”，是说人的形体由此种生命力充实，当人死亡时形体还是形体，但因没有生命力而成为空壳子。② 因此，孟子所说的充体之气是人的生命之气，生命之气中蕴含人的道德情感（生命情感）而区别于动物之血气。李泽厚先生认为，有动物性的“情绪”与人类的“情感”之分③，情绪是人和动物共有的，但情感才是人类性的。李先生的观点从“情”的角度出发，也可以佐证人的生命之气不同于动物之血气。然而对于“充体之气”和“浩然之气”的关系问题，学者们存在分歧。朱子注“浩然之气”曰：“浩然，盛大流行之貌。气，即所谓体之充者。本自浩然，失养故馁。”④朱子认为，浩然之气就是充体之气，李存山先生觉得这是一种误解。如果浩然之气就是充体之气，那又有什么“难言”的？⑤ 李存山认为，“孟子和告子所言之‘气’不是局限于‘血气’，而是指构成生命体的物质材料，或称物质元素”；又进一步指出，孟子所谓浩然之气是“依于主观而存在的，实际上是孟子自我感觉道德无比高尚，内心极为满足的一种精神状态”。⑥ 因此，李存山认为“充体之气”和“浩然之气”是不同性质的“气”，前者是指构成生命体的物质材料，后者是指孟子主观的一种精神状态。然而，这种解释面临着自我矛盾。《左传》记载：“夫战，勇气也。一鼓作气，再而衰，三而竭。彼竭我盈，故克之。”⑦李存山认为，“‘勇气’实际上就是一种勇敢作战的精神状态”，但又在之后的分析中讲到“勇气”并不完全是心理状态，而是生理与心理的混合物，是物质力量和精神

---

① 王阳明著，[日]佐藤一斋注评，黎业明整理：《传习录》，上海古籍出版社 2018 年版，第 36 页。

② 参见徐复观：《中国思想史论集》，九州出版社 2013 年版，第 172 页。

③ 参见李泽厚：《伦理学新说述要》，世界图书出版有限公司北京分公司 2019 年版，第 172 页。

④ 朱熹撰：《四书章句集注》，第 232 页。

⑤ 李存山：《中国气论探源与发微》，第 113 页。

⑥ 李存山：《中国气论探源与发微》，第 109、114 页。

⑦ 左丘明著，王珑燕译注：《左传译注》，上海三联书店 2013 年版，第 24 页。

力量的结合体，并且由此得出结论：中国古代的气论思想没有发生像西方哲学那样的物质与精神的绝对对立。[①] 显然，李先生对将“勇气”单纯解释为一种精神状态也感到不安，进而解释为是物质力量和精神力量的结合体，并且和近代西方哲学主客二分的立场作了区分。然而，令人遗憾的是，李先生在诠释孟子的“浩然之气”时，又不自觉地受到西方主客二分思维方式的影响，而仅仅将其理解为一种精神状态，忽视甚至割裂了浩然之气与人的身体的联系。

冯友兰先生认为，孟子所谓浩然之气“即个人在最高境界中之精神状态”[②]。李景林先生基本同意冯先生的这一观点，但认为更确切地讲，浩然之气是落实于“气”或者人的实存而实现出来的一种精神境界。[③] 显然，李景林先生意识到浩然之气与人的身体存在某种联系，但最终还是将其认作是一种精神境界。李存山先生认为，如果浩然之气就是充体之气，那又有什么“难言”的？可更进一步思考，浩然之气总是人之气，不是充体之气又是什么呢？正是因为浩然之气与充体之气不一亦不异，故而孟子才说“难言”。只有认识到这一点，才能正确理解充体之气与浩然之气的关系。孟子讲：“君子所性，仁义礼智根于心。其生色也，睟然见于面，盎于背，施于四体，四体不言而喻。”[④]孟子这句话描述的正是人经过修养之后，人之气充体的景象。显然，孟子在这里描述的不仅仅是人的一种精神存在的状态，更关乎人的身体存在的状态。也就是说，孟子是基于人的实存来谈气的修养的，所以我们认为孟子所说的充体之气就是浩然之气，并且是人的一种存在状态，而不仅仅是精神状态。如果浩然之气仅仅是一种精神境界的话，则很难解释孟子这句话的内涵，同时也让人无法理解孟子为什么会强调“惟圣人，然后可以践形”[⑤]。因此，孟子所说的“气”是一种关乎人的肉体存在和精神存在两方面的生命之气。

---

① 李存山：《中国气论探源与发微》，第63～66页。

② 冯友兰：《中国哲学史》（上），第79页。

③ 李景林：《教化视域中的儒学》，中国社会科学出版社2013年版，第69页。

④ 朱熹撰：《四书章句集注》，第362页。

⑤ 朱熹撰：《四书章句集注》，第368页。

二、以“集义”为养气之方

在孟子和公孙丑接下来的对话中，公孙丑问什么是孟子所擅长的，孟子回答说：“我知言，我善养吾浩然之气。”[①]但这对于公孙丑是难以理解的，孟子又对此解释道：

> 其为气也，至大至刚，以直养而无害，则塞于天地之间。其为气也，配义与道；无是，馁也。是集义所生者，非义袭而取之也。行有不慊于心，则馁矣。我故曰，告子未尝知义，以其外之也。必有事焉而勿正，心勿忘，勿助长也。无若宋人然：宋人有闵其苗之不长而揠之者，芒芒然归，谓其人曰：“今日病矣，予助苗长矣。”其子趋而往视之，苗则槁矣。天下之不助苗长者寡矣。以为无益而舍之者，不耘苗者也；助之长者，揠苗者也。非徒无益，而又害之。[②]

问题的关键就在于浩然之气如何养成，又怎么能塞于天地之间。朱子注曰：“盖天地之正气，而人得以生者。……程子曰：‘天人一也，更不分别。浩然之气，乃吾气也。养而无害，则塞于天地；一为私意所蔽，则欿然而馁，却甚小也。’”[③]在程朱看来，浩然之气是人禀天地之正气而生，是先天本有的。养气不过是去除个人私意的遮蔽。而冯友兰先生对于程朱的这个观点提出了两点疑问：一是若此气是先天本有，又何必待人“养”之呢？二是如果养气只是去除个人私蔽，“养”就变成了恢复其本来面目，而孟子所说的浩然之气是“集义所生者”，并不是集义所恢复者。[④] 因此，冯先生质疑浩然之气是“先天”还是“后天”的问题，并且认为浩然之气并非先天本有，而是养而成之，强调浩然之气是集义而生而不是集义而恢复。冯先生对于程朱的质疑是有其道理的，浩然之气是存养的结果，而不是先天本有的，但存养的开端在人性之中确有根据，如前文中孟子所说的“夜气”。我们认为，浩然之气的存在和浩然之气的存养是同一的，并且是同一个过程。最后，孟子以宋人“揠苗助长”的故事来说明此气非外力可以养成，必须做到“必有事焉而勿正，心勿

---

① 朱熹撰：《四书章句集注》，第 232 页。

② 朱熹撰：《四书章句集注》，第 232～233 页。

③ 朱熹撰：《四书章句集注》，第 232～233 页。

④ 冯友兰：《中国哲学史》（上），第 325 页。

忘,勿助长也”。宋人过分期待禾苗的生长速度,肆意人为干涉禾苗的自然生长,结果导致禾苗枯死。孟子以此例来说明人在养浩然之气时应该既不过分期待,也不应忘记,更不应该借助外力,否则可能导致相反的结果。孟子强调浩然之气是集义所生,是长期修养而来的,并非偶然得到的。如果人对自身行为有不满意的地方便会泄气。

对于孟子所说的“集义所生”,前人理解有所不同。赵岐注“集”为杂,“集义而生”解释为“与义杂生,从内而出”。① 焦循解释“集”为“合”,解释“集义”为“与义合生”。② 赵岐与焦循都以义和气为二物,不符合孟子原意。蔡祥元先生指出:“当代儒家学者徐复观、劳思光、黄俊杰等人对孟子的不动心思想采取了先验化的解读视角,认为先验的义理是实现不动心的根据。”③如徐复观先生就认为,“道义的本身是一种普遍性的、无限的存在”,“浩然之气是由‘集义’所塑造出来的”。④ 在这种思考方式下,“集义”的“义”被理解成以一种先验的存在方式,现成地存在于人心之中,具有普遍必然性。而所谓“集义生气”就是让气通过义理的引导、统率,在不断存养中被塑成,其实质是将“生”理解为外部塑造,造成了义与气即内与外的二元对立,并不符合孟子的原意。当代新儒学受制于西方的形而上学框架,“不能充分显示出‘浩然之气’在孟子思想中的源发地位”,所以蔡先生认为应该将“生”理解为“生成”,意味着二者之间有一种内在的联系,是一种“生成”的关系。⑤ 如此看来,孟子所说的“集义生气”即意味着通过行义来生成浩然之气,此气在存在之时就已经有了刚正的属性,而不是因为有外在的义理支撑所以才显得“至大至刚”。我们认为蔡先生的思考方向是有道理的,但也并非完全正确。蔡先生认为:“孟子的气可以理解为一种贯通生命体的综合生命力,行义所生之气是生命体在义理的作用下被激发出来的东西,是超越于生命体之上

---

① 赵岐注,孙奭疏:《孟子注疏》,第 91 页。

② 焦循撰,沈文倬点校:《孟子正义》,中华书局 2017 年版,第 167 页。

③ 蔡祥元:《孟子“不动心”的根源——“集义生气”之“生”义辨析》,《道德与文明》2013 年第 2 期。

④ 徐复观:《中国思想史论集》,第 177、179 页。

⑤ 蔡祥元:《孟子“不动心”的根源——“集义生气”之“生”义辨析》,《道德与文明》2013 年第 2 期。

的。"[①]蔡先生将气理解为贯通生命体的综合生命力是有其道理的，但问题在于气是不是生命体的一部分呢？如果是的话，超越又从何谈起呢？蔡先生又引用徐复观先生"道义的种子可以长到人的血肉"的例子解释道："道义不是直接长到肉身上，而是道义与生命体相互作用，在生命体内引发浩然之气，此浩然之气又充于体内，这才使得'道义'以某种方式长到人的生命体之之中了。"[②]人通过行义来生成浩然之气，如孟子所说仁义内在，行义也就是发动人的恻隐之心、道德之情，而这本来就是生命体的活动，又如何能是道义与生命体的相互作用呢？使"道义"以某种方式长到人的生命体之中，这种解释的背后还是西方哲学"内"与"外"的对立，把身体看作真正的"我"之外的东西。最后蔡先生指出："孟子思想中的'气'有一个超出主客二分的存在方式。相比于抽象，普遍的义理，气是某种充于生命体内的东西，而相比于生命体的实然成分而言，气又跃居于生命体之上。"[③]尽管蔡先生强调"气"有一个超出主客二分的存在方式，并且把气与普遍的义理和生命体作了联系与区分。但是，不论是新儒家立足于主客二分，还是蔡先生的超出于主客二分，其背后都已经存在一个"主客二分"的预设。这点在蔡先生刻意区分气、义理、生命体时可见一斑。蔡先生批评新儒家立足西方主客二分的思想框架讨论问题，但在无形中又回到了这一立场，但对于强调"气"在孟子思想中的源发地位是值得肯定的。

我们认为，"集义所生"涉及孟子学说的核心，使孟子的气论与人性相贯通成为可能。赵法生先生指出，孟子的性善论是从早期儒家的"以情气论性"的基础上创造发展而来的，并且认为"孟子以心论性，从不离开人之心说性；然而孟子又是以情论心，从不脱离人的感情说心，而不论是道德感情还是自然感情，都属于气"[④]，由此可以更好地理解孟子所说的"集义生气"：人在实践中通过发动恻隐之心、道德之情生成浩然之气。赵先生指出，在孟子

---

① 蔡祥元：《孟子"不动心"的根源——"集义生气"之"生"义辨析》，《道德与文明》2013年第2期。

② 蔡祥元：《孟子"不动心"的根源——"集义生气"之"生"义辨析》，《道德与文明》2013年第2期。

③ 蔡祥元：《孟子"不动心"的根源——"集义生气"之"生"义辨析》，《道德与文明》2013年第2期。

④ 赵法生：《从性善论到性情论：论孟子性善论的历史形成》，《南京大学学报》（哲学·人文科学·社会科学版）2020年第4期。

的思想体系中，性、心、情、气与才在内涵上是相通的，只不过所言角度不同。[①] 孟子讲仁、义、礼、智之性是为了区分人与动物，孟子养气是就心、性、情的质料而言的，并且心、性、情皆一本于气化过程，不外于气化流行。根据此观点，赵先生认为，孟子所说的“夜气”就是人的本心的存在形式。[②] 既然“夜气”流行即是本心的呈现，那么“集义生气”的浩然之气亦是人本身的一种本真的存在状态，而非只是一种人的精神状态。赵先生所说虽然突兀，但并非没有道理。因为如果气与心性无关，孟子所说的道德情感便是一种假设，人之本心也就丧失了为善的动能，这样的人之本心只能是形而上的，而与生活世界无关。而孟子所说的心性既是形而上的又是形而下的，甚至孟子所说的心性根本不存在如西方哲学所说的形上形下的区分。原始儒家只有一个感性的真实世界，并没有西方哲学如柏拉图所说的两个世界的区分。尽管孟子的心、性最终通向天，但如王阳明所说：“上达只在下学里”[③]，孟子的“知天”也只在“尽心”里。总之，孟子“集义生气”的养气说，即强调人必须在具体的日常的道德实践中通过存养羞恶之心顺其自然的养成浩然之气。

三、以“不动心”为养气之目的

上文提到，孟子是在回答弟子公孙丑的问题时，通过评论告子的观点进而提出自己的气论的。许多学者都对告子的话加以注释，在此选择赵岐和朱子的注释加以辨析。赵岐注曰：

> 不得者，不得人之善心善言也。……人有不善之言加于己，不复取其心有善也，直怒之矣。孟子以为不可也。告子知人之有恶心，虽以善辞气来加己，亦直怒之矣，孟子以为是则可，言人当以心为正也。[④]

赵岐将“不得”注释为“不得人之善心善言”，则告子的话想要表达的意思是：假若他人对自己恶语相向，即使发心是善的也要直接怒斥之；假若他人的发

---

① 赵法生：《从性善论到性情论：论孟子性善论的历史形成》，《南京大学学报》（哲学·人文科学·社会科学版）2020 年第 4 期。

② 赵法生：《从性善论到性情论：论孟子性善论的历史形成》，《南京大学学报》（哲学·人文科学·社会科学版）2020 年第 4 期。

③ 王阳明著，[日]佐藤一斋注评，黎业明整理：《传习录》，第 24 页。

④ 赵岐注，孙奭疏：《孟子注疏》，第 90 页。

心是恶的，那么即使用和善的言辞来迎合自己仍要直接怒斥之。前者是孟子所反对的，后者是孟子所认可的。我们再来看朱子对于这句话的注释：

告子谓于言有所不达，则当舍置其言，而不必反求其理于心；于心有所不安，则当力制其心，而不必更求其助于气，此所以固守其心而不动之速也。孟子既诵其言而断之曰，彼谓不得于心而勿求诸气者，急于本而缓其末，犹之可也；谓不得于言而不求诸心，则既失于外，而遂遗其内，其不可也必矣。①

根据朱子的注释，告子的这句话想要表达的意思是：如果在言语上有所不理解，就应该舍弃言语置于一边，而没有必要再在心上追求道理；如果心中有所不安，就应该在心上做工夫而不再求助于气。前一句话本末皆失，是孟子所不认可的，后一句话急于本而缓其末，得到孟子的认可。

同样一句话却因为注释者思想的不同，诠释出来的意思也迥然有异。告子所说的"不得于言，勿求于心；不得于心，勿求于气"这句话的原意实在令人费解。然而，孟子引告子的话是对公孙丑"敢问夫子之不动心，与告子之不动心，可得闻与"这一问题的回答。也就是说，公孙丑问"孟子和告子二人的不动心之道可不可以说出来听一听"是孟子做出回答的文本语境。必须回到这一文本语境才能对告子的这句话有所理解。此外，金洪水先生通过对告子论述的语法结构的分析，认为"告子文句中的述语动词'得'和'求'都是典型的他动词，而句中成分，宾语即得到什么、求什么的具体对象没有出现"②。因此，告子文句中缺少的宾语就是"不动心"，而这作为孟子回答的文本语境，在孟子的回答中被省略了。所以告子的原话应该是，"不得不动心于言，勿求不动心于心；不得不动心于心，勿求不动心于气"③，即如果在言语上做不到不动心，就不必再去心上求不动心；如果在心上做不到不动心，就不必再去气上求不动心。相比于赵岐和朱熹的解释，这种解释更加符合文本原意。在告子看来，若不能在言语上做到不动心，也不必再求其于心，导致心与言之间的割裂。这也是孟子批评告子未尝知义的原因：知义就是

① 朱熹撰：《四书章句集注》，第231～232页。

② [韩]金洪水：《孟子"气"论及其"养气"说》，《大连理工大学学报》（社会科学版）2017年第2期。

③ [韩]金洪水：《孟子"气"论及其"养气"说》，《大连理工大学学报》（社会科学版）2017年第2期。

知言，而言由心发。

另外，孟子养气之目的，在孟子论述志、气、体三者关系时也可见一斑。孟子说："夫志，气之帅也；气，体之充也。夫志至焉，气次焉。故曰：'持其志，无暴其气。'"①对于这句话，前人有不同的理解。朱子注："此则孟子之心所以未尝必其不动而自然不动之大略也。"②依朱子之见，这句话是孟子所说并且是孟子不动心之大略。而冯友兰先生认为，这是孟子引告子的话，并且将"持"字解释为强制把持。③ 冯先生关于这是孟子引告子所说的分析确有道理，我们在此采用此种说法；但将"持"字解释为强制把持，这是我们不能认同的。孟子对于告子的观点实有批判，但这并不能表示告子所说就一定是错的。孟子是支持告子"持志养气"的观点的，孟子与公孙丑在接下来的对话中更加印证了这一点。而公孙丑的疑问在于，既然人的心志是气的统帅，可以起到引导作用。那要做到不动心就应该直接持养心志，为什么还要养气呢？对此，孟子做出了回答："志壹则动气，气壹则动志也。今夫有蹶者趋者，是气也，而反动其心。"对于"壹"字，赵岐和朱子有不同的解释。赵岐注："孟子言壹者，志气闭而为壹也。志闭塞则气不行，气闭塞则志不通。蹶者相动，今夫行而蹶者，气闭不能自持，故志气颠倒。颠倒之间，无不动心而恐矣，则志气之相动也。"④赵岐将"壹"解释为"志气闭而为壹"，则孟子的原话为"志因志气闭而为壹则动气，气因志气闭而为壹则动志。志闭塞所以动气导致气不行，气闭塞所以动志导致志不通"。赵岐实际上把"壹"解释为闭塞，这显然与孟子原意不符。相比之下，朱子的解释更加符合孟子原意。朱子注："壹，专一也。……孟子言志之所向专一，则气固从之；然气之所在专一，则志亦反为之动。"⑤由此可见，当人的志向专一时，气也跟从志而至，这也正是孟子所说的："夫志至焉，气次焉。"当气之所在专一时，人的志向也会被影响。由此可见，尽管人的志向是气的统帅，但人的心志绝非处于高高在上的绝对领导地位，而是心志与气相互作用、相互影响。如程子所说："志动

① 朱熹撰：《四书章句集注》，第231页。

② 朱熹撰：《四书章句集注》，第232页。

③ 冯友兰：《中国哲学史》(下)，第326页。冯先生在此书最后附录一篇文章《孟子浩然之气章解》，具体论述见此文。

④ 赵岐注，孙奭疏：《孟子注疏》，第90页。

⑤ 朱熹撰：《四书章句集注》，第232页。

气者什九，气动志者什一”[①]，尽管气对心志的影响相对较小，但也绝对不是可以忽略不计的。快要摔倒的人，当自身生命面临可能的危险时，充体之气在那一刻达到专一，并且影响人的心志。而当人们日常沉沦于事物的时候，自身的气往往是散乱的，并不专一。孟子养气之目的就在于使“气一”从而做到“不动心”。气乱则动心，气一则不动心，而后者正是孟子所想保持的状态。孟子探讨“不动心之道”的实质就是使人成为有道德的人，不因为外部环境的改变而丧失人之为人的根据。

孟子强调养浩然之气必须在事中集义而生，说明浩然之气并非孟子虚构，而是孟子本人真实的生命体验。这也是孟子每每遇到君主时能够“以德抗位”的依据，而这样的经历反过来也成就了孟子的浩然之气。孟子以事中集义来说明养浩然之气、以怵惕恻隐之心来言仁，皆是一种当下在场状态，而不仅仅只是在同一时空中。孟子曰：“乍见孺子将入于井，皆有怵惕恻隐之心。”[②]此恻隐之心打破人与孺子之间的形骸间隔，对于孺子的危险处境感而通之，使人当下便做出行动。这时人就是救孺子这一行为本身，并不存在人与行为之间的分别。但若是转念考虑到名利、个人偏好等因素，则人与孺子仅仅是处在同一时空中，恻隐之心被私欲遮蔽，便不是在场状态。若此刻选择视而不见，那么人丧失其本心的同时，其浩然之气也会消弭不见。反之，救孺子的过程也正是养浩然之气的时刻，待到修养有成，孟子之心便是“万物皆备于我”之心，其气便是“塞于天地之间”之气，其身体也会呈现特殊的气象。

① 朱熹撰：《四书章句集注》，第 232 页。

② 朱熹撰：《四书章句集注》，第 239 页。

从博弈视角看荀子政治设计的初衷与意义

蓝法典

摘要：针对人性生而好利的倾向，为了避免有道德者在“搭便车”环境中遭受不公平对待，荀子设计了一套由圣王支配，旨在实现道德与利益相匹配这一目的的政治秩序。然而，阿克塞尔罗德的囚徒困境实验证明，权力控制以及知性控制对于实现分配公平并不是逻辑必要的，因为在长时段的博弈过程中，由于善良策略总能赢取较高的分数，“合作”倾向会逐渐成为博弈者的主流共识。如果我们将博弈过程视为人类历史进程，将博弈结果视为政治的理想追求，那么此前被认为是不必要存在的权力与知性就获得了新的存在意义，二者可以为人类缓解漫长的博弈时间所带来的焦虑提供合理的帮助。这意味着，荀子政治设计的目的性意义并不仅是构建合乎道德的礼义秩序，还蕴含着如何跨越“时间”这一自然进程的形上意味。

关键词：博弈　搭便车　囚徒困境　道德　利益　时间

谭嗣同对荀子的思想有一论断，谓：“常以为两千年来之政，秦政也，皆大盗也；两千年来之学，荀学也，皆乡愿也。惟大盗利用乡愿，惟乡愿工媚大盗。二者交相资，而罔不托之于孔。”① 谭嗣同将荀子学说视为导致两千年中国君主专制的罪魁祸首，虽然客观上指出荀子政治设计过分强调权力支配的弊端，但荀子的本意在于指出唯有通过权力的裁断才能“止乱”，并实现

蓝法典，山东师范大学齐鲁文化研究院副教授，主要从事儒学研究。

① 蔡尚思、方行编：《谭嗣同全集》（增订本），中华书局1981年版，第337页。

“德必配位”的政治理想。荀子之所以对如何实现符合儒家道德追求的政治理想做出这一技术处理，是因为他清醒地意识到自然人性中“好利”“好争”的倾向是无法回避的。如果我们承认这一事实的限定，那么在此基础上延续儒家道德信念的可信性，建立一个符合道德的秩序的关键就在于正视“利益”与“道德”之间的关系并做出妥当的处理。换言之，摒弃道德在先的视角，正视“利益”与“道德”之间的博弈关系，会帮助我们进一步了解荀子政治设计中饱受诟病的“权力”以及荀子提倡的知性之学的存在意义。这一问题的答案并不是如何塑造一个合乎儒家道德信念的礼义秩序那么简单。

一、“子贡赎人”中的道德困境

首先借用“子贡赎人”的事例来指明荀子政治设计所面对的道德困境。《吕氏春秋·察微》记载：

> 鲁国之法，鲁人为人臣妾于诸侯，有能赎之者，取其金于府。子贡赎鲁人于诸侯，来而让不取其金。孔子曰：“赐失之矣。自今以往，鲁人不赎人矣。取其金则无损于行，不取其金则不复赎人矣。”子路拯溺者，其人拜之以牛，子路受之。孔子曰：“鲁人必拯溺者矣。”孔子见之以细，观化远也。①

“子贡赎人”“子路受牛”这两个故事的核心思想是一致的，即从后果的角度强调当道德无须在场时，没有必要造成多余的道德压力，压抑人们践行此类行为的积极性。换言之，“有能赎之者，取其金于府”的实现机制在于将人们内心“未赎人是否就是不道德”的迟疑转化为“这么做是对的并且不必付出额外道德代价”的变相激励。尽管子贡赎人不取金是典型的道德行为，但孔子却对其可能引发的消极后果表示担忧。

这一事例无疑对儒家强调内在动机的道德观点提出了挑战，也即当二者发生冲突时，我们应更看重后果意义的道德效用，还是更看重动机意义的道德目的。如若依“人而不仁，如礼何”②的动机论看，那么子贡不取金的行为是完全正当的，他没有理由为此后鲁人赎人或不赎人的后果担责。但是，

---

① 许维遹撰，梁运华整理：《吕氏春秋集释》，中华书局2009年版，第419页。

② 朱熹撰：《四书章句集注》，中华书局1983年版，第61页。

子贡的行为的确造成了一种无形的道德压力，致使人们用利益补偿的方式来赎人时，总会面对其行为相较于子贡乃是“不道德”的潜在评价。为了避免“不道德”的指责，最坏的结果就是孔子所说的“自今以往，鲁人不赎人”。

如此一来，子贡的道德行为就降低了公共生活中可以导向“善”之后果的行为比重，道德动机与效果之间发生严重的冲突。这是儒家强调内在动机的道德论调很少关注的部分，因而我们必须将它安置在一个更为合理的思想体系中进行解读。

无独有偶，《荀子》一书也记载了类似的事例，其谓：

> 公孙子曰：“子发将西伐蔡，克蔡，获蔡侯，归致命曰：‘蔡侯奉其社稷而归之楚，舍属二三子而治其地。’既，楚发其赏，子发辞曰：‘发诫布令而敌退，是主威也；徙举相攻而敌退，是将威也；合战用力而敌退，是众威也。臣舍不宜以众威受赏。’”讥之曰：“子发之致命也恭，其辞赏也固。夫尚贤使能，赏有功，罚有罪，非独一人为之也，彼先王之道也，一人之本也，善善恶恶之应也，治必由之，古今一也。古者明王之举大事，立大功也，大事已博，大功已立，则君享其成，群臣享其功，士大夫益爵，官人益秩，庶人益禄。是以为善者劝，为不善者沮，上下一心，三军同力，是以百事成而功名大也。今子发独不然，反先王之道，乱楚国之法，堕兴功之臣，耻受赏之属，无僇乎族党而抑卑其后世，案独以为私廉，岂不过甚矣哉！故曰：子发之致命也恭，其辞赏也固。”①

“子发辞赏”的事件性质与“子贡赎人”是相同的，荀子批判他的做法是“独以为私廉”。既是“私廉”，则意味着它破坏了公共生活中的公共规则。何为“公共规则”？在荀子笔下，即是行为的善与不善必须紧密与政治、经济利益的分配相挂钩，也即所谓“君享其成，群臣享其功，士大夫益爵，官人益秩，庶人益禄。是以为善者劝，为不善者沮”。在这一体系下，“子发辞赏”的行为固然因道德动机而具备道德价值，但这种只对内在动机负责的道德行为却彰显出一种俯瞰公共生活的姿态，也即道德与否乃是个人的事，而非公共的事。如此一来，道德的善与恶就不再是集体所能评判的对象，而相关的政治、经济利益分配也就无法与行为的评价紧密相关。

这是荀子政治设计所面对的道德动机与道德效果的困境。进一步说，

① 王先谦撰，沈啸寰、王星贤点校：《荀子集解》，中华书局1988年版，第293～295页。

如若注重道德动机，那么无法避免道德与利益分配相脱节而互不照管的对抗态势；如若注重道德后果，那么即便可以达到"德必称位，位必称禄，禄必称用"[①]的效果，但将道德完全置于权力控制之下的做法无疑将道德彻底工具化了。然而，由于动机论的道德判定更注重主体自身的内在反省与本心挺立，其对公共生活的解读能力有限，而荀子又对如何建立一个合乎儒家道德理想的政治秩序倾注了全副心血，所以我们首先需要明晰的是荀子如此设计的理由及其背后折射出的"不得已"原因。

荀子之所以做出"独以为私廉，岂不过甚矣哉"的评价，背后的原因并不复杂。首先，荀子假定的人类生活的自然状态是"今人之性，生而有好利焉，顺是，故争夺生而辞让亡焉"[②]。依东方朔先生的梳理，"争夺"所导致的欲多物寡之矛盾在荀子的政治哲学中同时具有原因和结果的意义，"作为结果的'争'，预设了其政治哲学思想赖于建立的前提和出发点；而作为原因的'争'则直接导向了其如何实现'去乱止争'的政治设计和制度安排"[③]。因而荀子抨击"私廉"的初衷显然在于这种动机的道德无法实现"去乱止争"的目的。在这一目的的设计安排下，以权力驾驭道德而归于合理的差等秩序，实现政治、经济利益的再分配的做法就获得了方法上的合理性。

其次，权力驾驭道德旨在实现的礼法社会，表面上是一个唯后果至上的道德社会，但其实质乃是一套政治、经济利益的分配体系。从以下两段话便可看出这一点，荀子谓：

> 礼者，法之大分，类之纲纪，故学至乎《礼》而止矣。夫是之谓道德之极。
>
> 礼起于何也？曰：人生而有欲，欲而不得，则不能无求；求而无度量分界，则不能不争；争则乱，乱则穷。先王恶其乱也，故制礼义以分之，以养人之欲，给人之求，使欲必不穷于物，物必不屈于欲，两者相持而长，是礼之所起也。故礼者，养也。……君子既得其养，又好其别。曷谓别？曰：贵贱有等，长幼有差，贫富轻重皆有称者也。……故人一之于礼义，则两得之矣；一之于情性，则两丧之矣。故儒者将使人两得之

① 王先谦撰，沈啸寰、王星贤点校：《荀子集解》，第 178 页。

② 王先谦撰，沈啸寰、王星贤点校：《荀子集解》，第 434 页。

③ 东方朔：《差等秩序与公道世界：荀子思想研究》，上海人民出版社 2016 年版，第 80 页。

者也，墨者将使人两丧之者也，是儒、墨之分也。[①]

在荀子笔下，“礼”虽然作为道德之极，但少有类似“克己复礼为仁”[②]这种指向道德的说明。对于“礼”的作用，荀子认为主要在于“养”与“别”，也即“养人之欲”，“贫富轻重皆有称者”，主旨在于合理分配既有利益。“礼”在其中所扮演的工具角色如此鲜明，以至于我们不能不把荀子笔下的道德也作相应的理解，即作为工具和后果意义的道德，不仅提供了分配之准则的作用，而且更为重要的是，荀子式的道德为义、利对抗的双方提供了一个彼此兑换的可能，也即通过充任利益之等价物的角色，道德能够使整个政治秩序统一为一个可被人力合理控制的秩序，也即荀子所谓“一之于礼义，则两得之”。

在荀子的思想体系中，子贡拒不取金的做法显然就如子发的“私廉”一样烘托出一种超越权力控制之外的，不甘于利益之等价物身份的道德，它的存在会彻底破坏道德、利益彼此通兑的可能性，进而使利益完全摆脱道德设定的差等秩序而沦为脱缰的野马。这大概是荀子极力批判孟子性善说，反问“恶用圣王”“恶用礼义”[③]的缘故所在。

然而在“子贡赎人”的故事中，促使人们放弃赎人行为的原因固然源自潜在的道德压力，但这种压力的具体内容是什么却没有被指明。举例来说，日常生活中随处可见这样的现象：当一个人出于道德的动机而主动践行某种道德行为之后，这种主动往往会变成一种被动的道德义务。譬如某人每月援助失学儿童500元，当自己因疾病而失去援助的能力之后，被援助者认为对方失信，其停止援助的行为是“不道德”的，于是上门索要“本应”寄出的捐款。于是，主动的道德行为就变成了不得不被动遵守的道德义务。孟子著名的恻隐之心的论证亦是如此，倘若此时一个人可以拯救快要落井的孩子，而彼时出于某些原因没有拯救，那么他一定会遭到千夫所指的道德谴责。

在类似的例子中，尽管对于主体来说，道德仍是一种内在动机的道德，并且主体亦只对此内在的动机负责，但他人评价这种动机论的道德却完全不顾及“动机”问题，而是以倘若一个人因“某件事”产生了“道德动机”，那么在同样的情境中，他就必须将这一道德动机转化为“道德行为”，否则，他就是不道德的。“子贡赎人”的例子同样如此，倘若子贡可以因道德动机而放

---

① 王先谦撰，沈啸寰、王星贤点校：《荀子集解》，第12、346～349页。

② 朱熹撰：《四书章句集注》，第131页。

③ 王先谦撰，沈啸寰、王星贤点校：《荀子集解》，第439页。

弃利益的补偿，那么是否放弃利益补偿就成为衡量人是否道德的标准。如果不放弃，那么他就是不道德的。当"放弃利益"成为被动的道德义务时，我们发现，道德动机不仅没有得到任何尊重，而且被替换为具体的，甚至有些荒谬的评价标准，这最终反向磨灭了人们内心将道德动机转化为道德行为的热情。

因而，荀子将道德与利益相通兑的设想，或许存在诸种弊端，但至少对如何解决上述强迫性的被动道德义务的问题提供了一种思路，那就是道德的在场真的是无时无刻都必要的吗？还是说，在某些情景下，道德需要被视为一种等价物而被兑换为人人可以参与其中并客观把握的对象？如果在公共生活中，动机论的道德并不能对儒家的政治理想作出有效的说明，那么我们是否应该从后果意义的道德重新审视这一政治理想的实现机制？因为道德的工具化固然是荀子政治设计的弊端所在，但它更是一种"不得已而为之"的方法需要，其背后折射出的是当道德遇见人类"搭便车"的自然倾向时，人类无法自我保全的尴尬处境。

二、"搭便车"问题的荀子式解决

"搭便车"理论原出美国经济学家奥尔森（Olson）所著《集体行动的逻辑》一书，说的是"尽管集团的全体成员对获得这一集团利益有着共同的兴趣，但他们对承担为获得这一集体利益而要付出的成本却没有共同兴趣"，并且"集团越大，就越不可能去增进它的共同利益"。[①] 这样的例子在生活中同样随处可见，譬如当一个十几人的科研院所开会讨论内部事务时，人们为了维护自己的利益，同时也因为无人能够代表自己的利益说话，更倾向于参加会议。但当这个基数由十几人变成几万人时，个人意见的重要性越来越小，并且因为参与人数庞大，对每一个人行为的监督是不可能的，所以无论会议所讨论的内容对自己是否有利，人们更倾向于拒绝参加会议。对于"国家"这一集团来说，情况更是如此，除去强迫性的税收、兵役等义务之外，人们很少会为增加集团利益而主动承担额外的成本。尽管集体利益的增进对自己是有利的，但如果它对别人也有利，那么人们通常会采取拒绝的态度。

---

① [美]曼瑟·奥尔森：《集体行动的逻辑》，陈郁、郭宇峰、李崇新译，上海人民出版社2018年版，第21、35页。

我们完全可以将“子贡赎人”导致的消极后果视为“搭便车”心理普遍存在的证据。理由在于，当人们发现“赎人”变成一种道德义务并且需要自己来承担相关成本时，他们拒绝履行这一可以增加鲁国集体利益的义务并且拒绝负担相关成本。“赎人取金”的做法在奥尔森眼中，是解决“搭便车”问题的一种方法，即通过选择性激励的方式鼓励人们为集体利益的增加作出贡献。当这一选择性激励消失时，人们更乐于扮演搭便车者的角色而没有兴趣参与其中。对应于道德行为，也即是说，如果道德行为不能对应于合理的选择性激励，或者沿用前文的说法，如果道德不能被通兑为利益，那么后果就是，它将在公共生活中蜕变为多余且消极的道德义务。显然，强迫他人履行额外的道德义务，对搭便车者而言乃是最为有利的选项。如此，我们就发现了这样一种情况：越是抱有“搭便车”心理的人，就越乐于以强调道德的重要性来伪装自己的行为动机，原因在于“这并不是说他的原则低劣得不能见人，而是因为隐藏这个原则符合利己主义者的最大利益，非但如此，利己主义者还应大力宣传利他主义，因为只有他人尽可能多的成为利他主义者时，利己主义者可能得到的好处才越多”[①]。用宋明理学的话来说，高级搭便车者即是“伪道学”的道德宣讲者，而戴震所谓的“以理杀人”正是对强迫人们履行道德义务而被动变成“利他主义者”这一现象的中国式表达。

既然“搭便车”是一个普遍存在的事实，而道德领域又是“搭便车”现象的重灾区，如何解决这一问题就让人感到颇为棘手。徐向东对此作了更进一步的说明，他写道：

> 一阶搭便车者试图不遵守社会规则并从中得到好处，而二阶搭便车者试图不去强化对一阶规则的遵守并由此让自己获益。不管在哪一个层次上，与自觉遵守规则并强化规则的人相比，成功的搭便车者在某种意义上总是过得更好，对搭便车者来说颇具吸引力的状况因此就有可能攀升为这样一种状况：每个人都试图从社会合作的漏洞中捞取好处却又不受惩罚地脱身而出。如此一来，整个社会合作体制以及有关的规则系统可能迟早就会崩溃。[②]

---

① 程炼编著：《伦理学关键词》，北京师范大学出版社2007年版，第10页。

② 徐向东：《理由与道德》，北京大学出版社2019年版，第324页。据徐向东页下注释，二阶搭便车问题最早出现于 The Evolution of Altruistic Punishment 一文（见 *Proceeding of the National Academy Science*）。

倘若人们用博弈的方式处理日常生活中的道德问题，那么没有道德对自己是最有利的。然而这种做法可能导致“整个社会合作体制以及有关的规则系统可能迟早会崩溃”。我们可以用荀子“争”的哲学来理解这一现象，但值得注意的是，荀子给出了两种完全不同的理解方式。

第一种理解是荀子彻底坦承人性的生而好利，欲多而不欲寡。这就相当于说，荀子完全承认“搭便车”现象的合理，并且将每一个人都视为潜在的搭便车者，对应的解决办法即是荀子设计的一套与道德相匹配的政治、经济利益的分配体系。当道德与利益之间存在通兑可能时，自然就不存在打着“道德”旗号，通过“搭便车”方式增加自我利益的可能。但这种方法需要一个拥有绝对权力并且绝对开明的支配者才能够实现，他评价每一个人的行为，并公平分配与其行为相配的政治、经济利益。

第二种理解是荀子既要求圣王这一绝对的支配者不能是一个搭便车者，但又不能避免其成为整个利益分配中的最大的搭便车者，如其谓：

> 夫贵为天子，富有天下，名为圣王，兼制人，人莫得而制也，是人情之所同欲也，而王者兼而有是者也。重色而衣之，重味而食之，重财物而制之，合天下而君之，饮食甚厚，声乐甚大，台谢甚高，园囿甚广，臣使诸侯，一天下，是又人情之所同欲也，而天子之礼制如是者也。……合天下之所同愿兼而有之，睪牢天下而制之若制子孙，人苟不狂惑戆陋者，其谁能睹是而不乐也哉！[①]

圣王虽与普通人类似，其性情本是一个天生的搭便车者，但他能够通过学习先王之道，“知统类”而制礼义以制止“争乱”。依荀子的观点，圣王的这种“能化性，能起伪，伪起而生礼义”的能力源于两个方面：一为既能“明于天人之分”，又能“清其天君，正其天官，备其天养，顺其天政，养其天情，以全其天功，如是，则知其所为，知其所不为矣”，通过合理运用人的能力仿效天生万物而成就人的政治事业[②]；一为通过知性的学习，尤其是学习先王之道而设计相应的礼法制度。然而既然人性天然好利，圣王亦不能免于这种天性，其独特之处仅在于通过后天的学习控制自己的欲望，并能尊重人好利的天性而公平分配利益，那么这套分配体系之于民众虽是“为善者劝，为不善者

① 王先谦撰，沈啸寰、王星贤点校：《荀子集解》，第216～217页。

② 王先谦撰，沈啸寰、王星贤点校：《荀子集解》，第442、308、310页。

沮”,但对于圣王及学习儒家之道的人来说却是“有智者劝,无智者沮”。智的最大功用并不在于控制自我的欲望,而在于如何通过制度设计控制他人的欲望。所以对于“性者,天之就也;情者,性之质也;欲者,情之应也”[①]一语,徐复观深刻地指出:“‘情者性之质也’,这才是他的人性论的本色”,并且“在事实上,性、情、欲,是一个东西的三个名称。而荀子性论的特色,正在于以欲为性”。[②]

基于“以欲为性”的立场,圣王角色以知性能力控制他人欲望所实现的政治秩序,虽然可以实现“止乱”的目的,但我们完全可以将这一绝对权力和公平分配的支配者视为荀子道德观中最大的搭便车者。因为首先,在德位相配的差等秩序中,圣王展现出的不是道德的能力,而是知性的能力,但人们却只能依照“为善者劝,为不善者沮”的道德阶梯获取更多的政治、经济利益。其次,荀子的“公平分配”指的只是这样一个事实——谁越能不追逐利益,则越能获得更多的利益,所以圣王虽不是一个追求利益的搭便车者,但将成为这一差等秩序中的最大受益者。关键在于,荀子“知统类”的相关表述说明他是在了解这一事实的基础上才最终做出了“止争”的知性结论,故其理论动机包含了“通过拒绝搭便车而成为最大的搭便车者”的理解可能。

然而问题在于,如果我们始终要面对道德行为中的搭便车现象,那么除去制造一个最大的搭便车者来控制他人的欲望之外,似乎并不能找到更为合适的解决方式。荀子关于“王天下”的论述称:

> 权谋倾覆之人退,则贤良知圣之士案自进矣;刑政平,百姓和,国俗节,则兵劲城固,敌国案自诎矣;务本事,积财物,而勿忘栖迟薛越也,是使群臣百姓皆以制度行,则财物积,国家案自富矣。三者体此而天下服,暴国之君案自不能用其兵矣。何则?彼无与至也。彼其所与至者,必其民也,其民之亲我也欢若父母,好我芳如芝兰;反顾其上则若灼黥,若仇雠。彼人之情性也虽桀、跖,岂有肯为其所恶贼其所好者哉!……故周公南征而北国怨,曰:“何独不来也?”东征而西国怨,曰:“何独后我也?”孰能有与是斗者与?[③]

① 王先谦撰,沈啸寰、王星贤点校:《荀子集解》,第 428 页。

② 徐复观:《中国人性论史(先秦篇)》,九州出版社 2014 年版,第 211～212 页。

③ 王先谦撰,沈啸寰、王星贤点校:《荀子集解》,第 172～173 页。

不仅荀子，儒家政治理想的基本模型就是“百里而王”。如果讨论这种“王天下”的可能性，则首先“天下”乃是指人类之全体，故荀子谓国家可以禅让，因其可以私有，但天下无所谓禅让，因其服从于人心所向；其次“王”的可能性在于“四夷宾服”式的主动来归。因而仅仅行仁政恐怕并不能实现这一目的，“仁政”更要表现为具体的“制度行”“财物积”“国家富”，其实质即是为普通百姓提供一个安居乐业的环境，以此达到吸引人心的目的。然而，“民之亲我也欢若父母，好我芳如芝兰”的表现并不说明民众之“欢”、之“好”暗示其内心希望做一个道德的人，而只是希望在圣王的治理下获得属于自己的利益。故在位者能够“让利于民”，即意味着其政治制度具备道德的属性。但倘若我们把圣王想象成一个完全利他主义的人，便又会面临上文已指出的被动的道德义务的困境，也即权力拥有者虽具有权力及分配的绝对支配权，但“让利于民”乃是他必须履行的道德义务，并且“利”的退让因着民众的利益追求将会变成一个永无止境的过程。换言之，其最终结局就是全体民众都在搭圣王道德的便车。这样的局面显然是不可维系的。故而，圣王必须具备一种控制民众欲望的知性能力，这也就是荀子视野中的王者形象，其能公平地分配利益，而不是“让利于民”，便能促使民众的欲望有一合理的晋升渠道，从而实现控制的目的。维系这一差等秩序即是所谓的“礼”，即是“道德之极”。

只不过在这一过程中，圣王并不是以主动“搭便车”的方式使自己成为最大的搭便车者，而是以被动的民众认同的方式，将政治秩序合理安排为“搭便车”之次序。但荀子政治哲学得以成立的关键是“知性”而非“道德”。这就造成了这样一种可能性，即遵守规则者，譬如相信通过道德的方式可以获得相应的社会地位与属于自我的利益的人，就成为那些不相信规则者，即用知性操纵道德以达到目的者的“搭便车”对象。其中，最大的搭便车者是凭借知性而维系秩序的圣王或权力支配者。霍布斯(Hobbes)有一洞见，其谓权势欲的普遍倾向之所以出现，“并不永远是人们得陇望蜀，希望获得比现已取得的快乐还要更大的快乐，也不是他不满足于一般的权势，而是因为他不事多求就会连现有的权势以及取得美好生活的手段也保不住”[①]。如果在荀子的政治体系中，“争”乃是无可回避的自然状态，那么差等秩序划定的分配次序也不能真正杜绝争的倾向。因为对所有人而言，他们如果“不事多求”便无法保住自己的利益以及权势；对于君主，他唯有通过强迫他人扮演

① [英]托马斯·霍布斯：《利维坦》，黎思复、黎廷弼译，商务印书馆 2017 年版，第 72 页。

遵守规则的道德者的角色,并且从中攫取更多的利益,才能避免他人由于捍卫既得利益而表现出的进一步争的倾向冲垮整个秩序。从而我们说,他既在无形中捍卫了自己的搭便车者身份,但也不得不这么做。

经由以上分析可以看出,在荀子的思想中,“搭便车”的问题只有通过“搭便车”的方式才能解决。如果一味强调道德动机的重要性,那么“搭便车”现象便会对遵循内在动机的道德践行者造成不公平的损害。但是,这种基于博弈的“不得已”结果真的彻底否定了道德在场的可能性吗?还是说,在荀子的视野中,由于过分强调“人为”的道德设定,而在不经意间放弃了这种可能性?

三、“囚徒困境”实验中的道德起点

回到第一节提出的问题:“道德在场真的是无时无刻都必要吗?还是说,在某些情景下,道德需要被视为一种等价物而被兑换为人人可以参与其中并客观把握的对象?”

从“搭便车”现象普遍存在的客观事实来看,至少在集体行动的场域中,道德的在场并不是时刻必要的,因为它一方面会强化有道德者深陷的义务困境,另一方面会损害有道德者的切身利益。虽然有德者未必有福,但显然强调有德者必须甘于贫穷,或者必须无私奉献,甚至加重这一不合理的待遇并不应成为人类的共识。在荀子政治设计所表露出的道德观中,除去公平分配的目的,我们完全看不到道德存在的任何必要性。从这个意义上说,出于保护有德者的目的,道德一方面无须在场,但另一方面道德的不在场并不是说道德无须发挥它的相关作用,而只是说它需要以另一种更合理的方式介入其中。荀子的答案是从后果的角度安置道德,这样不仅使其与利益相通兑,而且将其效用呈现为利益分配的公平。

然而正如前文所论,倘若我们只能通过知性的方式左右集体行动的逻辑,进而使它呈现出尽可能合乎道德诉求的面貌,那么塑造最大的搭便车者的方式在遏制普遍“搭便车”现象时甚至不能对“如何止争治乱”这一荀子政治哲学与伦理观的起点作出有效的回应。如果我们承认这一论断的合理性,那么荀子圣王的角色也就完全靠不住。因为其虽然拥有道德意义的人格定位,但实质却只是通过知性与权力的结合来塑造这一人格形象。在这其中,道德固然是“公平分配”的动机所在,但更是一个尚未完成的社会秩序。最为重要的是，这一社会秩序的设想也许并不能实现如此设计的道德初衷。因而道德的在场似乎又是必要的，虽然它面临着一个痛苦的选择，无论是承认普遍“搭便车”的合理还是承认特权“搭便车”的合理，任何一方都试图将道德这一观念的有效性在集体活动的场域中彻底抹去。

荀子的观点与霍布斯有些类似。因为在霍布斯看来，问题同样出在“如果没有对某种强制力量的畏惧心理存在时，就不足以束缚人们的野心、贪欲、愤怒和其他激情”①，所以如果没有集权的控制，合作不可能产生，而没有合作，我们习常用以审视行为的道德观念也就失去了用武之地。奥尔森的“搭便车”理论只是从经济的角度重复指出了霍布斯观点的合理性。但正如前文所论，无论是荀子的圣王还是霍布斯的利维坦，由集权控制而达成合作所产生的道德，是无法反过来衡量权力本身的正当性的，并且这一权力为了维系自己的存在会日趋强大而走向控制的极端。既然道德与利益的通兑乃是在知性和权力的支配下才得以可能，如果我们抛弃权力的预设，只讨论知性支配下的道德通兑可能，又会发生什么呢？

美国学者阿克塞尔罗德（Axelrod）的研究为这一问题提供了一份详尽的参考答案，并迫使我们重新衡量权力与知性存在的意义。他在《合作的进化》一书开篇便写道：“本书提出的合作理论是基于对追求自身利益的个体的研究，而且这些个体中并没有什么中心权威强迫他们互相合作。”②书中列举并分析了他所组织的两轮“囚徒困境”竞赛积分游戏的详细情况。这一游戏的规则图示如下：

列游戏者

行游戏者		合作	背叛
	合作	$R=3, R=3$	$S=0, T=5$
	背叛	$T=5, S=0$	$P=1, P=1$

R：对双方合作的奖励　　T：对背叛的诱惑

S：给笨蛋的报酬　　P：对双方背叛的惩罚

说明：行选择者的收益值列于前面。③

① ［英］托马斯·霍布斯：《利维坦》，第104页。

② ［美］罗伯特·阿克塞尔罗德：《合作的进化》（修订版），吴坚忠译，上海人民出版社2017年版，第5页。

③ ［美］罗伯特·阿克塞尔罗德：《合作的进化》（修订版），第6页。

如果游戏只进行一次，那么背叛是能够使自我利益最大化的选择。在这种情况下，选择合作无疑是愚蠢的行为。但倘若游戏是一个无限展开的过程，那么出于赢取最高分的目的，选择背叛对双方都产生了长远利益上的损害，这时，“合作”就成为一个必须考虑的选项。阿克塞尔罗德强调两点：第一，“合作可能出现是因为对策者将再次相遇”；第二，“独立于对方所用策略之外的最好的决策规则是不存在的”。[①] 他邀请诸位博弈论专家提交程序进行囚徒困境的计算机竞赛。每一个参赛程序与其他程序循环相遇，在第一轮竞赛中，“整个循环赛重复了 5 次，一共是 12 万次对局，24 万个不同的选择”[②]，而在第二轮竞赛中，因参与者增多，出现了上百万次的对局。结果是令人惊讶的，在两轮竞赛中，“一报还一报”(tit for tat)策略都赢得了最高分。它的策略很简单“开始选择合作，然后就按对方上一步的选择去做”[③]。许多“一报还一报”策略的变种，比如“乔斯”策略，试图通过偶尔的背叛提高自己的得分，但得分情况并不好，其中最重要的原因就在于“竞赛中的大部分规则都不是很宽容的”[④]，偶然的背叛会导致无休止的报复。竞赛的结果也证明了这一点，在第一轮竞赛中，得分前 8 名都是善良的程序，也即更倾向于表露合作姿态的程序，而在第二轮竞赛中，前 15 名中只有一个不善良的程序。第二轮参赛者吸取了第一轮的经验，即“首先背叛通常要付出很大代价，超过一半的参赛程序是善良的”[⑤]。但有趣的是基于此类经验而做出的进阶策略，比如“两报还一报”——对方连续背叛两次才选择背叛，并没有得到更多的积分。这是因为固然善良策略可以最终获得一个较高的积分，但整个游戏的本质在于“利己”，也即“如果其他人是善良和宽容的，那么就可以占他们的便宜”[⑥]。那些试图在善良基础上多占便宜的策略同样没有获得成功，因为长久的报复和惩罚使其短期内获得的利益远远低于长期付出的代价。

阿克塞尔罗德在此基础上还做了一个进化的模拟演算，即成功的参赛规则更有可能在下轮中被使用。结果是“名列最后 11 名的规则到第 5 代时

---

① [美]罗伯特·阿克塞尔罗德：《合作的进化》(修订版)，第 9、10 页。
② [美]罗伯特·阿克塞尔罗德：《合作的进化》(修订版)，第 21 页。
③ [美]罗伯特·阿克塞尔罗德：《合作的进化》(修订版)，第 21 页。
④ [美]罗伯特·阿克塞尔罗德：《合作的进化》(修订版)，第 24 页。
⑤ [美]罗伯特·阿克塞尔罗德：《合作的进化》(修订版)，第 29 页。
⑥ [美]罗伯特·阿克塞尔罗德：《合作的进化》(修订版)，第 31 页。

就剩下原来的一半……到了第50代,名列最后1/3的规则实质上已经消失,大部分名列中间的规则开始下降。而名列前1/3的规则在继续增长"[①]。最后,阿克塞尔罗德将"一报还一报"策略的成功归结为以下几点:"1.不要嫉妒;2不要首先背叛;3.对合作与背叛都要给以回报;4.不要耍小聪明。"[②]

两轮"囚徒困境"的竞赛及附加的进化演算说明,荀子和霍布斯的观点在逻辑上并不是必要的。在长期共处的时间条件下,即便集权控制不曾介入,人类选择以合作的方式共处并进一步巩固这一合作的趋势在逻辑上也是可行的。换言之,我们的确可以摆脱权力的预设而讨论道德、利益以及知性之间的关联。值得注意的是,第一,阿克塞尔罗德的研究表明,没有一条规则可以保证我们必然能够赢得这场竞赛,重点在于根据对方的反应而做出合理的回应。对应于人类社会,如果我们仅依据某一原则而试图找出一条一劳永逸的实践法则,那么这是不可能的。道德的意义只是说,它应该成为人类行为的第一选择,而之后要视对方之于"道德"的回应做出。孔子也曾表达过类似的意思:"或曰:'以德报怨,何如?'子曰:'何以报德?以直报怨,以德报德。'"[③]所谓"直"实际指的就是"对合作与背叛都要给以回报"的意思。

第二,过度的善意付出与过度的利益计算都会造成不良后果,前者无疑指向强迫性的被动道德义务与普遍存在的"搭便车"现象,而后者则为我们阐明了在上述顾虑下,选择放弃道德而采取利己态度同样是不明智的。虽然这二者的行为性质不同,但从后果来说没有区别。对自己最有利的规则既不是"道德"的,也不是"利益"的,而是与对方行为策略相匹配的。

第三,阿克塞尔罗德同样意识到,"一报还一报"的策略唯有在时间跨度足够长而参加者谁都不知道比赛会于什么时候结束的状态下才足够有效。倘若我们知道目前是最后一次对局,那么出于利益的缘故,我们就会像比赛只有一次对局那样更倾向于选择"背叛"。因为这次"背叛"并不会让我们在之后付出更为昂贵的代价。"一报还一报"策略得以成立的关键就在于,当存在一个无穷的博弈过程时,人们必须谨慎地考虑自己当下的利己行为是否会造成长远利益的得不偿失。这一点在日常生活中也是极为常见的,譬

---

① [美]罗伯特·阿克塞尔罗德:《合作的进化》(修订版),第33～34页。

② [美]罗伯特·阿克塞尔罗德:《合作的进化》(修订版),第77页。

③ 朱熹撰:《四书章句集注》,第157页。

如我们对陌生人总是怀有提防心理，因为我们之后可能不会再见，所以当下的背叛是没有任何代价的。与之相反的是，中国人常说“人之将死，其言也善”，假如我们比赛的所有积分立马清零，那么通过背叛来为自己增加得分就是没有意义的，在这种情况下，我们也就更倾向于用合作的方式对待他人。

总而言之，阿克塞尔罗德的计算模型虽然清除了“权力”预设存在的逻辑必要性，但是指出了“时间”预设存在的必要性。在一个陌生人的社会，采取道德的方式对待他人简直是不可思议的。相较之下，中国饱受诟病的“熟人社会”一词反而彰显出相应的优越性。因为只有在“熟人社会”的时间条件下，人们才有可能整体性地评估自己行为的得失，而更倾向于用道德的、合作的方式对待彼此。

言及至此，我们需要指出阿克塞尔罗德实验中容易被忽视的一个实践缺陷，那就是，这个实验中存在一个“最高分”的设定，并且每一位参赛者最终都能够通过分数反向评价自己行为的合理性。对于日常生活来说这是不可能的，没有人拥有类似的“上帝视角”。如果没有人能够对自己的行为进行一个最终的评定，这当然也就增加了行为的盲目性，进而促使人们更倾向于采取背叛的行为方式。在人类文化传统中，这种类似的评定角色是宗教来充任的，故而人们如果拥有宗教信仰，就会很自然地从此岸世界与彼岸世界两个层面来评估自己的行为，并意识到不道德行为所带来的风险。如果没有类似的风险提醒人们关注自己行为的整体利益评价，那么将阿克塞尔罗德实验结果移植于人类道德生活中的做法就只能在参考的意义上使用。

显然，阿克塞尔罗德的研究证明了“道德”是可以在场的，这尤其表现在“一报还一报”策略绝不“首先背叛”的设定上。这一策略的成功使荀子的政治设计处在一个十分尴尬的困难处境。因为“人为”与“控制”这两种方法对于荀子所想实现的政治理想都不是必要的。最为重要的是，知性的竞争策略并没有表现出它的优势，这意味着，它同“权力”一样，似乎都不是逻辑必要的。

四、荀子政治设计的时间意义

在“囚徒困境”的实验中，除去“合作”这一首先持有的道德态度之外，“道德”显然是不在场的，在场的只有“分数”这一利益的代表。然而，道德像“子贡赎人”以及荀子的设计一样是被通兑为利益了吗？情况并非如此简单。在整个"囚徒困境"的博弈之中,"一报还一报"策略的胜出只是说明,任何期望以"道德"或"利益"的方式来增进自我利益的主动性策略都失败了,它们都没有比仅仅依据对方的态度而还之以同样态度的策略表现得更好。这意味着,对"道德"与"利益"保持漠不关心的主动态度,似乎更有助于博取最大化的利益。其中,"道德"并没有首先被视为"君享其成,群臣享其功,士大夫益爵,官人益秩,庶人益禄"[①]的利益等价物。更准确地说,在主观行为层面,道德只是对他人道德进行回应的等价物,并且这种道德对道德的等价回应被动实现了利益最大化的目的。所以,"囚徒困境"实验最终给出的道德与利益相匹配的公平结局是荀子的政治设计能够并且乐于接受的,它符合道德与利益相通兑的理念,但实现的机制却比荀子的安排更有说服力。

那么,荀子用以分配利益的知性又在其中扮演什么角色呢?显然,"一报还一报"策略并不需要知性的决断,作为一种永远保持首先合作而总是做出滞后反应的行为策略,它的知性特质仅体现于对他人滥用知性的无情嘲弄。如此一来,知性就其适用性也可于两个层面作出区别。对于集体行动的层面,我们可如荀子一样,设计一个政治、经济利益的分配体系,以"知统类"的方式着意克制"争"的自然倾向,奥尔森的理论与阿克塞尔罗德的实验均旨在说明在集体行动的场域中,一味提倡道德的说服力远不如审慎的知性分析更为有效。但知性的运用显然不能包括行为主体的"我"在内。因为"我"一旦被牵扯其中,就会出现这样的结果:"我"总是试图驾驭这一知性分析的结论而增进自我的利益,这意味着知性结论仅适用于他人动机的分析,而"我"则是超出其上的掌控者。这便导致知性结论的得出只是宣布了自身的破产。举例来说,倘若我们将荀子生而好利、不能不争的知性结论运用到自我的行为抉择上,显然就出现了所谓"坐山观虎斗"的知性运用,而在这一过程中,"我"是超越这一结论而完全不受其束缚的。同样,对于孟子的"性善"说,人亦可以做出类似的知性运用,也即俗语所谓"会哭的孩子有奶吃",而行为者同样是"性善"结论的支配者而非被说明者。

这一运用知性而驾驭规则的倾向似乎是不可避免的。换言之,秩序的知性解决总不能避免知性的滥用。但正如第二轮"囚徒困境"实验表明的那样,当人们了解"善良"的策略更为有利而对它进行知性的运用时,那些试图对"一报还一报"策略进行适当修改以获得更多利益的做法都没有表现得比

---

① 王先谦撰,沈啸寰、王星贤点校:《荀子集解》,第 294 页。

原版策略更好。这一方面说明知性的滥用并不像我们想象的那样有效，另一方面说明相比较于赢得游戏，人们更喜欢通过知性的滥用而掌控整场游戏的走向。后者显然代表了一种自然的权力欲。就阿克塞尔罗德的研究而言，这种权力欲是与“知性”同时出现的。

荀子对知性的推崇彰显出权力在政治设计中入场并支配整场游戏的必要性与正当性。如果我们参考阿克塞尔罗德的研究，承认权力的存在是不必要的，那么就必须承认知性的存在也是不必要的。类似孟子所谓“古之人修其天爵，而人爵从之”[①]，似乎坚持首先表达善意的道德态度（“天爵”），坚持“以德报德”“以直报怨”，就可以达到让我们获得利益回报（人爵）并免遭不公对待的目的。但现实情况要比实验数据复杂得多，我们不妨这样设想：假如阿克塞尔罗德的实验是有效的，并且值得借鉴，那么我们为何不通过人为方式缩短其中自然淘汰的“时间”成本而进一步维护这一体系呢？实际上，这是可行的，但需要两个条件：第一，掌握分数分配权力的操纵者；第二，对这一无止尽的游戏过程的熟知与了解。换言之，不必存在的权力与知性，在参照并加速阿克塞尔罗德实验的目的下又重新具备了存在的必要性。其中，最关键的就是权力与知性稀释了“时间”所带来的焦虑。倘若我们将五十轮实验结果视为人类历史进程的一部分，并且假设这一进程还将持续一百轮乃至更多，那么权力与知性的存在毫无疑问大大缩短了不必要的博弈过程。荀子“涂之人可以为禹”的阐述也暗示了这一点：

> “涂之人可以为禹”，曷谓也？曰：凡禹之所以为禹者，以其为仁义法正也。然则仁义法正有可知可能之理，然而涂之人也，皆有可以知仁义法正之质，皆有可以能仁义法正之具，然则其可以为禹明矣。……今使涂之人伏术为学，专心一志，思索孰察，加日县久，积善而不息，则通于神明，参于天地矣。故圣人者，人之所积而致矣。曰：“圣可积而致，然而皆不可积，何也？”曰：可以而不可使也。故小人可以为君子而不肯为君子，君子可以为小人而不肯为小人。小人、君子者，未尝不可以相为也，然而不相为者，可以而不可使也。故涂之人可以为禹则然，涂之人能为禹，未必然也。[②]

---

① 朱熹撰：《四书章句集注》，第 336 页。

② 王先谦撰，沈啸寰、王星贤点校：《荀子集解》，第 442～444 页。

所有人因“皆有可以知仁义法正之质，皆有可以能仁义法正之具”，故皆具有成为禹的可能性，这是没有问题的。问题出在以下两点：

第一，“可以而不可使”，也即“小人可以为君子而不肯为君子，君子可以为小人而不肯为小人”中，小人“不肯”为君子乃是出于好利而争的本性，但君子不肯为小人却是因为什么呢？我们不能说因为“仁义法正”是对的，体现了对道德价值的尊重，所以君子不肯。这样一来，荀子的整个政治、道德体系就会崩溃，他对政治、经济利益的分配设计的理由就显得多余，只能回到孟子的路上去思考“正理平治”的问题。君子不肯为小人最直接的原因乃是次生的利益原因。也即倘若所有人都好利，那么所有人都是小人，此是第一性的自然人性所致，是无须任何前提的；而君子的不好利，乃是在荀子政治设计的环境中才可能出现的一种道德追求，代表了一种博取利益的正当性，也是一种次生的利益追求。

第二，荀子强调的知性意味的“圣人者，人之所积而致”显然是一个与“时间”密切相关的陈述。对于圣人，“时间”的存在毫无意义；但对于“涂之人”，“时间”的绵延则暗示了人们经由学习而从自然人性走向圣贤人格的历史进程。但这一过程显然是不可信的，因为荀子通篇指出的理由中没有一个是成圣的充分条件，而皆是必要条件，如“仁义法正之质”“仁义法正之具”。换言之，即便“涂之人”的生命是无限的，这一学习进程的可行性也是值得怀疑的，更不必说在“涂之人”的生命长度大概只是能够延续一轮、两轮游戏策略的情况下，它究竟是否可行的问题了。所以，尽管人们在短暂的博弈过程中选择“背叛”策略往往是利大于弊的，但“所积而致”的“时间”意义则迫使人在观念中用一种永恒追求的态度来看待自己的生命，这对于遏制荀子批判的自然人性有着不可或缺的意义。另外，荀子并没有给出圣王角色是如何出现的解释，所以其可以说是一个超越时间之上的掌控者角色，而它存在的目的显然在于加速历史进程，而使普通人用永恒追求态度看待自己生命的观点立即获得“当下”的意义。如果没有“圣王”角色提供的这一“加速”的历史进程，那么君子人格在博弈过程中并不能成为一种普遍现象。因为阿克塞尔罗德实验是同一策略的不停博弈过程，但只要我们将博弈过程缩短为一至两轮，那么几乎所有策略都会选择“背叛”。因而如果我们将其视为人有限生命长度的一种暗示，那么荀子政治设计所做的事情就是，一方面消解人们关于“时间”的焦虑而以现实利益回报的方式使“道德”立场获得一种超越“人生”的意义（对应于无穷的博弈），另一方面以政治制度的方式克服“搭便车”“囚徒困境”等自然博弈过程中的阻碍而将最终的博弈结果直接呈现出来（对应于“一报还一报”策略所导致的永恒合作）。

在时间的意义上，我们前文所担忧的那种圣王乃是政治体系中最大的搭便车者的顾虑也就变成了为尽早达成博弈目的而不得不付出的代价——我们只能寄希望于它不会如此。在这个意义上说，圣王角色既代表了阿克塞尔罗德实验中最早奉行“绝不首先背叛”策略所暗示的道德起点，也代表了整个人类博弈过程的“乌托邦”终点——因为人类的历史进程并不存在实验那般明确可知并一定如此的特性，而“搭便车”现象与“囚徒困境”都不过只是两点之间必须经历的博弈过程，代表了某一竞争策略视野中的合作与背叛、道德与利益的博弈。

如此，我们就可以对阿克塞尔罗德实验中“道德”可以在场却并不一直在场的问题，以及为什么荀子的政治设计忽略了“道德”在场的可能性及必要性问题作出解答。因为圣王角色所兼具的起点与终点的双重身份使得其支配的政治制度类似于一个长期博弈之后的平衡状态，在这一状态下，每个人都采取合作的态度来对待彼此，道德仅是回应道德的等价物，而圣王则以合理的利益分配回应每个人的道德行为，道德又是利益的通兑物。如此一来，我们也就没有必要强调“道德”存在的特殊性。换言之，除去起点意义的道德表态之外，也即圣王的“不忍”，在荀子政治设计支配下的生活世界中，道德以一种隐性的存在方式由圣王角色及人与人之间的合作关系共同代表。在这个世界中，所谓道德，就是利益分配的“公正”与互动关系的“合理”。进一步说，荀子使我们意识到，在政治语境中，除去“公正”与“合理”，“道德”一语并不能言说更多，而起点意义的“道德”则指的是“公正”与“合理”目的之所以可能出现，又之所以可能实现的超越性起点——一种对人类历史进程的形上式关怀。

当然，必须承认的是，这种设想只是一种可能性。因为在现实中，荀子的圣王角色既不可能摆脱博弈过程而必须身在其中，也不具备关于博弈过程及结果的所有知识。但重要的是，我们可借由上述分析一方面清醒地意识到权力与知性在荀子政治设计中的局限性，另一方面认知到唯有在超越“时间”的目的下，二者的存在才具备相关的必要性。

结 语

综上所论，本文从“子贡赎人”“搭便车”以及“囚徒困境”三个方面阐明了博弈视角中道德与利益之间的关系，最终发现，对这一关系的理解既不能是道德的，也不能是利益的。我们尝试在道德与利益之外寻找一个使双方各安其职的“等价物”式的通兑可能时，却发现它既不能是权力的，又只能是权力的，只不过二者成立的前提条件不同。对于前者而言，荀子政治设计中的圣王权力并不能由其庇护下的通过后天学习的礼义道德获得正当性；对于后者而言，真正使其获得正当性的并不是道德的动机抑或目的，而是对人类历史进程所带来的时间焦虑的克服。因而，这一分析多少可以为中国传统政治哲学中的道德在先立场提供一种借鉴，那就是首先，道德坚持不仅在政治视域中是极为脆弱的，而且在失去权力庇护的情况下，甚至不能保护自身；其次，对权力的道德正当性追问似乎更应转换为对公正问题与主体间的合理互动问题的解读；再次，当我们言及政治与权力的问题时，必然伴随着历史想象，也即如果我们没有一种将乌托邦憧憬当下化的紧迫感，那么一种关于政治与权力的冲动与设想就几乎是不可能的。

荀子乐治思想探析

倪　超

摘要：荀子通过阐述音乐之道来描绘儒家的政治理念与价值，为安邦治国、平定天下提供理论依据。“乐”肇始于远古，贯穿于三代，发展于春秋战国时期，经历了漫长的演变历程。原始的“乐”与宗教巫术等结合密切，主要用于祭祀神灵的仪式。荀子借鉴了周代以来的乐教思想，用于构建自己的乐治思想体系。荀子乐治思想包括乐的生成、乐的功能、乐治主体和目标三方面的内涵。“乐”的产生源于“人情”，具有“化人”、治国安邦、治政治军等功效，乐治的主体是圣人、先王和君子，为了实现大一统的王道政治目标。荀子的乐治思想对推进文化强国建设有着重要的价值和意义。首先，有利于提高公民素养，提升社会文明程度。其次，有助于引导和规范文化市场的发展，树立良好风气。最后，有利于推进国家治理，树立大国形象。

关键词：《乐记》　治道　德　礼

《乐论》是《荀子》中一篇有关音乐理论的儒家文献，反映了荀子的乐教思想，有着重要的理论价值和影响。对于《荀子·乐论》这篇文献的研究，学界以往多从美学、伦理学、艺术学等角度进行探讨。据李润生对《荀子·乐论》研究的考察，从1958年梁启雄《荀子乐论篇浅解》开始至2008年这50年间，有关荀子《乐论》的主要研究成果重点体现在音乐美学、音乐社会学、音乐教育学和音乐哲学等几方面。[①]可以说，这些研究代表了荀子“乐”思想研究

倪超，中国人民大学哲学院2018级博士研究生，主要从事儒家哲学研究。

① 详见李润生：《荀子〈乐论〉研究50年(1958～2008)》，《中国音乐学》2010年第1期。

的主要面向。近年来，关于《荀子·乐论》，有的学者将其与《礼记·乐记》进行对比分析，着重考察其中的文献学意义①；也有学者侧重于从乐论或乐教角度来探讨荀子的“乐”思想②。这些都为我们进一步探讨荀子的音乐观提供了准备。然而，综观《乐论》这篇文献，我们发现，荀子并不只是讨论音乐，更是通过阐述音乐之道来描绘一种儒家的政治理念与价值，为安邦治国、平定天下提供一种可行性方案。也就是说，荀子探讨的乐教思想本质上与政治息息相关，“乐教”在荀子那里则更多地指向“乐治”。那么，荀子乐治的理论渊源有哪些？荀子乐治的内涵是什么？荀子的乐治观有什么当代价值？围绕这些问题，我们尝试从政治哲学视角出发来进行探讨。

一、荀子乐治的理论渊源

乐，甲骨文作，小篆作，《说文解字》云：“乐，五声八音总名。象鼓鞞。”③可见，“乐”最初指的就是某种打击乐器，由乐器之形进而引申出表示音乐的含义。中国古代的“乐”内涵广泛，不仅仅专指音乐，而且可以作为诗、歌、舞三位一体的综合性艺术形态。郭沫若指出：“中国旧时的所谓‘乐’（岳），它的内容包含得很广。音乐、诗歌、舞蹈，本是三位一体可不用说，绘画、雕镂、建筑等造型艺术也被包含着，甚至连仪仗、田猎、肴馔都可以涵盖。所谓乐（岳）者，乐（洛）也。凡是使人快乐，使人的感官可以得到享受的东西，都可以广泛地称之为‘乐’（岳）。”④

“乐”肇始于远古，贯穿于三代，发展于春秋战国时期，经历了漫长的演变历程。原始的“乐”，与宗教巫术等结合密切，用于祭祀神灵的仪式和各种典礼之中，作为沟通天地、神人的媒介。随着社会的发展，“乐”逐步摆脱了原始宗教的色彩，转而突出其人文教化的内涵与作用。

① 参见王齐洲：《〈礼记·乐记〉作者及其与〈荀子·乐论〉之关系》，《中山大学学报》（社会科学版）2019年第5期。

② 参见张源旺：《荀子乐论与儒家乐论传统》，《孔子研究》2011年第6期；祁海文：《论荀子的礼乐教化美育观》，《东岳论丛》2013年第4期；王楷：《美善相乐：生命哲学视域下的荀子乐论精神》，《北京师范大学学报》（社会科学版）2018年第4期；雷永强：《荀子乐教思想新论》，《东岳论丛》2018年第7期；吴祖刚：《荀子论乐教的可能性》，《中州学刊》2019年第3期。

③ 许慎：《说文解字》，上海古籍出版社2007年版，第288页。

④ 郭沫若：《青铜时代》，科学出版社1957年版，第187～188页。

“乐”不是独立存在的，而是与天地自然、社会人伦、政教民生息息相关。《吕氏春秋·仲夏纪·古乐》记载，远古时期的朱襄氏、葛天氏、陶唐氏、帝颛顼、帝喾、帝尧、帝舜等部落首领都有制礼作乐的传统，他们命令乐官从天地自然中取象，汲取“乐”的元素，创作出符合当下时代环境和风貌的音乐，达到“以定群生”“以祭上帝”“以明帝德”的目的。另《尚书·舜典》所记载的上古时代，帝舜命令乐官夔主管音乐教育，以此教化国子，培养人才。“帝曰：‘夔！命汝典乐，教胄子，直而温，宽而栗，刚而无虐，简而无傲。诗言志，歌永言，声依永，律和声。八音克谐，无相夺伦，神人以和。’”①此时也已有了“八音克谐”“神人以和”观念的萌芽。

及至周代，“乐教”成为“六艺”教育的重要组成部分，是国子贵族教育的基本教学内容。《周礼·地官·保氏》记载：“保氏掌谏王恶。而养国子以道：乃教之六艺，一曰五礼，二曰六乐，三曰五射，四曰五驭，五曰六书，六曰九数。”②通过“乐教”，贵族子弟掌握基本的技能，积淀人文底蕴。“乐教”同时需要“诗教”和“礼教”的配合。孔子说：“兴于《诗》，立于礼，成于乐。”③《诗》原本是乐歌，可以配乐吟唱。唐代孔颖达注解《礼记·经解》时指出：“然《诗》为《乐》章，《诗》、《乐》是一，而教别者，若以声音、干戚以教人，是《乐》教也；若以《诗》辞美刺、讽喻以教人，是《诗》教也。”④“乐”的起源原本早于“礼”，原始的“乐”与巫术、宗教紧密联系，是原始巫术、宗教祭祀神灵的仪式。此后，随着巫术向宗教的发展，“礼”逐渐从“乐”中分化独立出来，至西周，“乐”反而成为“礼”的组成部分。⑤ 古代以乐行礼，礼乐配合，相辅相成，共同构成礼仪的外在形式。比如《诗经·小雅·楚茨》描述了周王祭祖祀神过程中礼、乐相配的情况：“礼仪既备，钟鼓既戒。孝孙徂位，工祝致告：‘神具醉止。’皇尸载起，钟鼓送尸，神保聿归。诸宰君妇，废彻不迟。诸父兄弟，备言燕私。乐具入奏，以绥后禄。”⑥

及至春秋时期，“乐”对政治伦理教化形成了规范与引导的作用。《左传·昭公元年》记载，晋侯求医于秦，医和说：“先王之乐，所以节百事

① 李民、王健撰：《尚书译注》，上海古籍出版社 2004 年版，第 19 页。

② 孙诒让撰，王文锦、陈玉霞点校：《周礼正义》，中华书局 2013 年版，第 1010 页。

③ 朱熹撰：《四书章句集注》，中华书局 1983 年版，第 104～105 页。

④ 郑玄注，孔颖达疏：《礼记正义》，北京大学出版社 1999 年版，第 1369 页。

⑤ 参见祁海文：《儒家乐教论》，河南人民出版社 2004 年版，第 10 页。

⑥ 方玉润评，朱杰人导读：《诗经》，上海古籍出版社 2009 年版，第 251～252 页。

也。……于是有烦手淫声，慆堙心耳，乃忘平和，君子弗听也。物亦如之，至于烦，乃舍也已，无以生疾。君子之近琴瑟，以仪节也，非以慆心也。"[①]先王所创制的音乐是用来节制百事的，故琴瑟再好也不可过度弹奏，达至中和之音即要停止。同样，政治领袖应该对自己的私生活加以节制，不可过度接近女色，否则就会生出疾病。又如，晏子说："和如羹焉……先王之济五味，和五声也，以平其心，成其政也。"[②]伶州鸠曰："夫政象乐，乐从和，和从平。声以和乐，律以平声。"[③]施政如同奏乐，奏乐要求和谐，和谐要求均平。以上例子都说明音乐等艺术形式与政治存在着紧密的联系，古人倾向于通过阐述音乐之道来规范政治主体和政治行为，从而提高人的道德修养，促进政治清明，实现社会和谐的目标。

春秋时期儒家的重要代表人物孔子和战国时期的孟子也有不少关于"乐"的论述，这些都为荀子"乐论"的提出奠定了理论基础。孔子致力于恢复西周的礼乐制度，并大力提倡"仁"的主张。"仁"是孔子思想的核心，礼、乐也要以"仁"为基础，孔子说："人而不仁，如礼何？人而不仁，如乐何？"[④]对于古乐的评判，孔子有自己独特的审美标准，他推崇《韶》《武》之乐，并以"尽善尽美"为"乐"的最高境界，即美善合一。比如，子谓《韶》："尽美矣，又尽善也。"谓《武》："尽美矣，未尽善也。"[⑤]《韶》是舜帝之乐，舜的天下受禅于尧，其乐和平，所以谓其"尽美尽善"。《武》是周武王之乐，武王伐纣而得天下，其乐演奏起来，有杀伐之声，其音乐不如舜的音乐那样调和，故云"未尽善"。孔子不仅对乐有"尽善尽美"的追求，还推崇"乐而不淫，哀而不伤"[⑥]的雅乐，排斥放纵情欲、追求奢华的俗乐。音乐不能只具有外在的形式，还应该蕴含内在的艺术精神，以达至内外合一、美善合一的境界。孔子说："礼云礼云，玉帛云乎哉？乐云乐云，钟鼓云乎哉？"[⑦]孟子从性善论出发，主张向内扩充善性，提出"仁政"思想。孟子虽提到孔子曾言"恶郑声，恐其乱乐也"[⑧]，但也

---

① 左丘明传，杜预注，孔颖达正义：《春秋左传正义》，中华书局 1999 年版，第 1165 页。

② 左丘明传，杜预注，孔颖达正义：《春秋左传正义》，第 1400～1401 页。

③ 《国语》，上海古籍出版社 1988 年版，第 128 页。

④ 朱熹撰：《四书章句集注》，第 61 页。

⑤ 朱熹撰：《四书章句集注》，第 68 页。

⑥ 朱熹撰：《四书章句集注》，第 66 页。

⑦ 朱熹撰：《四书章句集注》，第 178 页。

⑧ 朱熹撰：《四书章句集注》，第 376 页。

赞同国君喜好世俗之乐，并将今乐纳入古乐之中，引导君王关心民生，与民同乐，不断提升民众的获得感、幸福感、安全感，“今王与百姓同乐，则王矣”①。此外，孟子也认同乐是人内心情感的流露，认为“仁声”比“仁言”更具有感染力，“仁言，不如仁声之入人深也”②。赵岐注：“仁言，政教法度之言也。仁声，乐声《雅》《颂》也。仁言之政虽明，不如《雅》、《颂》感人心之深也。”③在孟子看来，音乐艺术对人起到了重要的教化作用。

以上我们简略讨论了上古至先秦时期“乐”的理论渊源，可以看出，“乐”并非一种单纯的艺术形式，而是与政治教化息息相关的，这对荀子的乐论产生了很大影响。

二、荀子乐治的内涵

（一）乐的生成

《荀子·乐论》首先考察了音乐的起源问题。荀子指出：“夫乐者，乐也，人情之所必不免也，故人不能无乐。乐则必发于声音，形于动静，而人之道，声音、动静、性术之变尽是矣。”④由此可知，荀子认为，“乐”产生于“人情”。《荀子》一书中的“情”有情实与情感两种含义。前者指人的部分或整体的实然状态，如《荀子·荣辱》：“人之情，食欲有刍豢，衣欲有文绣，行欲有舆马，又欲夫余财蓄积之富也，然而穷年累世不知不足，是人之情也。”⑤可见，追求优越的物质生活是人之常情和本然状态。后者则是指人的自然情感，如《荀子·正名》“性之好、恶、喜、怒、哀、乐谓之情”“性者，天之就也；情者，性之质也；欲者，情之应也”⑥“人情之所必不免也”中的情，当指人的自然情感。荀子认为“乐”的产生源于“人情”，这一观点与《礼记·乐记》有着一脉相承的关系。《礼记·乐记》开篇就探讨了这个问题：

凡音之起，由人心生也。人心之动，物使之然也。感于物而动，故

① 朱熹撰：《四书章句集注》，第 214 页。

② 朱熹撰：《四书章句集注》，第 353 页。

③ 赵岐注，孙奭疏：《孟子注疏》，北京大学出版社 1999 年版，第 358 页。

④ 王先谦撰，沈啸寰、王星贤点校：《荀子集解》，中华书局 1988 年版，第 379 页。

⑤ 王先谦撰，沈啸寰、王星贤点校：《荀子集解》，第 67 页。

⑥ 王先谦撰，沈啸寰、王星贤点校：《荀子集解》，第 412、428 页。

形于声。声相应，故生变，变成方，谓之音。比音而乐之，及干戚羽旄，谓之乐。乐者，音之所由生也，其本在人心之感于物也。是故其哀心感者，其声噍以杀；其乐心感者，其声啴以缓；其喜心感者，其声发以散；其怒心感者，其声粗以厉；其敬心感者，其声直以廉；其爱心感者，其声和以柔。①

这段话指出了音乐的产生问题。音乐源于人心的萌动，而人心的萌动又受到外物的影响，故人心与外物的相互作用是音乐产生的根本动因。这里，哀心、乐心、喜心、怒心、敬心、爱心等都因人的情感而发，也代表了不同的情感。不同的情感产生了不同的"声"，而"声"进一步形成"音"和"乐"，"声"不同自然会导致"乐"不同。因此，人的内在情感不同会导致外在的音乐形式不同。故"乐"源于人情。

"乐"不仅产生于人情，还作用于人情，"乐"与"情"形成一种双向互动的关系。"乐"是人类社会中必不可少的存在物，人可以通过"乐"来表达情感。但是"乐"还需要加以引导和规范，否则就会产生祸乱。因此，荀子说："故人不能不乐，乐则不能无形，形而不为道，则不能无乱。先王恶其乱也，故制《雅》《颂》之声以道之，使其声足以乐而不流，使其文足以辨而不諰，使其曲直、繁省、廉肉、节奏足以感动人之善心，使夫邪污之气无由得接焉。"②正是由于"乐"不经规范和引导有可能产生一些流弊和祸患，因而荀子认为先王制作雅乐的目的是防患于未然，将音乐的声调、节奏、旋律、歌词等调至中和的状态，以此启发和感动民众的善心和情感，从而形成良好的社会风俗，达到"治"的目标。

音乐不仅仅是一种声音符号，还反映了音乐创作者的心理状态和精神风貌，故不同的音乐类型会对人的情绪、情感产生不同的影响。音乐于是有了道德意义上的善恶之别。笔者试将《礼记·乐记》与《荀子·乐论》关于音乐类型的相似段落作一个对比分析：

凡奸声感人而逆气应之，逆气成象而淫乐兴焉。正声感人而顺气应之，顺气成象而和乐兴焉。倡和有应，回邪曲直，各归其分，而万物之

① 朱彬撰，饶钦农点校：《礼记训纂》，中华书局1996年版，第559～560页。

② 王先谦撰，沈啸寰、王星贤点校：《荀子集解》，第379页。

理各以其类相动也。是故君子反情以和其志，比类以成其行。[①]

凡奸声感人而逆气应之，逆气成象而乱生焉，正声感人而顺气应之，顺气成象而治生焉。唱和有应，善恶相象，故君子慎其所去就也。[②]

由此我们可以看出，《乐记》强调一种音乐与人心互相感应的关系。正因为二者交互生成，所以君子对音乐的谨慎体现在返回检讨自身的情志之中。而荀子的《乐论》似乎认定音乐对人心的必然使动作用，而这种对人心的必然导向，进而又直接导致政治局面的治乱状况，乃至直接关系到国家安全。[③]这两段材料都提及的“奸声”“正声”是针对音乐而言的，前者代表恶的音乐，后者代表善的音乐。“逆气”“顺气”是就情感而言的，“逆气”表示情感处于混乱状态，“顺气”则表示情感处于和谐状态。《乐论》中提及的“乱”和“治”应作两方面的理解：一是个人身心状态的“乱”与“治”，二是家国天下的“乱”与“治”。一个君子如果身心紊乱，情感混乱，投射到政治上也会导致政治不稳定，反之亦然。这便是不同类型的“乐”所带来的不同效果。

(二)乐的功效

在荀子看来，“乐”不单单是一种娱乐的方式，还是一种政治教化的手段。“乐”可以调和人的身心状态，凝聚社会共识，规范人伦秩序，最终实现社会的和谐。

首先，“乐”具有“化人”的功效。荀子认为音乐能反映人的性情、举止等，能够以和声、节奏、旋律的调和来表现“人之道”。所谓“人之道，声音、动静、性术之变尽是矣”[④]。音乐能够深入人心、感化人心，因而能够对人产生深远而持久的影响。荀子认为：“夫声乐之入人也深，其化人也速，故先王谨为之文。”[⑤]声乐之特点在于，一是“入人也深”，即能够深入人心，陶冶性情；二是“化人也速”，着眼于“化人”的效果。荀子进一步指出，不同的音乐类型所导致的“化”的功效也不同。荀子说：

乐中平则民和而不流，乐肃庄则民齐而不乱。民和齐则兵劲城固，

---

① 朱彬撰，饶钦农点校：《礼记训纂》，第579页。

② 王先谦撰，沈啸寰、王星贤点校：《荀子集解》，第381页。

③ 参见王玲：《乐教治国辨正：从〈礼记·乐记〉与〈荀子·乐论〉之别谈起》，《天府新论》2013年第5期。

④ 王先谦撰，沈啸寰、王星贤点校：《荀子集解》，第379页。

⑤ 王先谦撰，沈啸寰、王星贤点校：《荀子集解》，第380页。

> 敌国不敢婴也。如是,则百姓莫不安其处,乐其乡,以至足其上矣。然后名声于是白,光辉于是大,四海之民莫不愿得以为师。是王者之始也。乐姚冶以险,则民流僈鄙贱矣。流僈则乱,鄙贱则争。乱争则兵弱城犯,敌国危之。如是,则百姓不安其处,不乐其乡,不足其上矣。①

可见,音乐如果中正平和、严肃庄重,那么百姓就能够和睦协调、同心同德,君民一道共同捍卫国家安全;相反,如果音乐妖冶轻浮而邪恶,那么民众就会淫荡轻慢、卑鄙下贱,进而造成内乱和争斗的局面,最终导致敌国的侵袭,国家安全受到严重威胁。因此,乐的"化人"功能还会对国家的稳固和治理产生巨大影响。

正是由于不同类型的音乐会有不同的"化人"作用,所谓"齐衰之服,哭泣之声,使人之心悲;带甲婴胄,歌于行伍,使人之心伤;姚冶之容,郑、卫之音,使人之心淫;绅端章甫,无《韶》歌《武》,使人之心庄"②,古圣先王才把修养德行、端正音乐摆在治国理政的重要位置。荀子继承了孔子的雅乐观,主张将雅乐纳入乐教治国的社会实践中来。雅乐能够净化人的心灵,变化人的气质,犹如春风化雨、润物无声。

其次,"乐"具有治国安邦的功效。荀子指出,"乐"与"礼"的区别在于,"乐也者,和之不可变者也;礼也者,理之不可易者也。乐合同,礼别异"③。这即是说,"乐"使人们达到和谐一致,"礼"使人们区分上下等级。中国古代强调以礼治国,"礼治"成为治国的主要方式之一。在"礼治"之外,荀子还补充了"乐"的政治作用。他指出,"乐"能够促进宗庙、家庭、乡族中的人伦关系有序和谐,从而促进政治稳定。《乐论》:"乐在宗庙之中,君臣上下同听之,则莫不和敬;闺门之内,父子兄弟同听之,则莫不和亲;乡里族长之中,长少同听之,则莫不和顺。"④在乡民的日常生活中,明确礼乐规范能够使不同身份地位的人和乐相处。以乡中请人喝酒的礼仪为例,主人对位尊、德高的客人行礼,在宴会中乐工又演奏着不同的"乐",礼乐配合,相得益彰。"贵贱明,隆杀辨,和乐而不流,弟长而无遗,安燕而不乱:此五行者,是足以正身安

① 王先谦撰,沈啸寰、王星贤点校:《荀子集解》,第380页。
② 王先谦撰,沈啸寰、王星贤点校:《荀子集解》,第381页。
③ 王先谦撰,沈啸寰、王星贤点校:《荀子集解》,第382页。
④ 王先谦撰,沈啸寰、王星贤点校:《荀子集解》,第379页。

国矣。”①

此外，荀子还认为“乐”具有表达先王情感的功能，通过这种喜怒的情感可以震慑天下。“乐者，先王之所以饰喜也；军旅铁钺者，先王之所以饰怒也。先王喜怒皆得其齐焉。是故喜而天下和之，怒而暴乱畏之。先王之道，礼乐正其盛者也。”②荀子在讨论富国、强国的策略时也明确指出，如果为政者不推行礼乐，就无法统一民心、管理民众。所以为政者必须推行礼乐政治。“为人主上者不美不饰之不足以一民也，不富不厚之不足以管下也，不威不强之不足以禁暴胜悍也。故必将撞大钟、击鸣鼓、吹笙竽、弹琴瑟以塞其耳，必将雕琢、刻镂、黼黻、文章以塞其目，必将刍豢稻粱、五味芬芳以塞其口。”③推行“乐”是实现国家富强的有效途径。

最后，“乐”具有治政治军的功能。为了实现国家的统一和天下太平，“乐”起到了十分重要的作用。荀子认为，乐“足以率一道，足以治万变”④，能够用来率领统一的原则，可以用来整治各种变化。具体而言，荀子认为，推行中正之乐有助于内政外交的展开和进行。他说：“故听其《雅》《颂》之声，而志意得广焉；执其干戚，习其俯仰屈伸，而容貌得庄焉；行其缀兆，要其节奏，而行列得正焉，进退得齐焉。故乐者，出所以征诛也，入所以揖让也。征诛揖让，其义一也。出所以征诛，则莫不听从；入所以揖让，则莫不从服。”⑤如果军队中采用雅颂之声，战士在这种中正之乐的熏陶下，行列便能够做到整齐一致；在出兵征战时，军队也会更加整齐强固，富有战斗力。“揖让”“征诛”代表了君王处理内政和外交的关系问题。以雅颂之乐作为讨伐征战的工具没有人不服从，若士兵和百姓都服从于征战，那么战事就更容易获胜了。“故乐者，天下之大齐也，中和之纪也，人情之所必不免也”⑥，“乐”作为天下齐一的重要手段，以中和之声来治政治军，具有极高的政治价值。

此外，荀子还探讨了不同音乐对于士兵的作用，指出“中平”“肃庄”之乐能使民众“和而不流”“齐而不乱”，“民和齐则兵劲城固，敌国不敢婴也”。⑦

---

① 王先谦撰，沈啸寰、王星贤点校：《荀子集解》，第385页。
② 王先谦撰，沈啸寰、王星贤点校：《荀子集解》，第380页。
③ 王先谦撰，沈啸寰、王星贤点校：《荀子集解》，第186页。
④ 王先谦撰，沈啸寰、王星贤点校：《荀子集解》，第380页。
⑤ 王先谦撰，沈啸寰、王星贤点校：《荀子集解》，第380页。
⑥ 工先谦撰，沈啸寰、工星贤点校：《荀子集解》，第380页。
⑦ 王先谦撰，沈啸寰、王星贤点校：《荀子集解》，第380页。

反之，如果乐声淫邪，那么民众就容易心生邪念、自私自利，这样便无法组织起强劲的军队，长此以往，国家便会兵力衰微，国力不足，容易受到敌国侵犯，百姓就不会也不愿意安居在自己的住处了。“故礼乐废而邪音起者，危削侮辱之本也。”[①]因此，荀子认为以雅正之乐治理国家、管理军队、教化百姓是固国强兵的好方法。换言之，施行乐治有助于增强民众的凝聚力和军队的战斗力，从而维护国家的安全和政权的稳定。

（三）乐治主体与目标

在儒家传统里，“制礼作乐”是关乎国家命运和发展的重大事务，具有神圣性，因而只有圣人或者先王才拥有“制礼作乐”的合法性权力。先王作乐基于对现实政治的思考与关怀，绝不仅仅是为了美学意义上的欣赏和体验。同样，荀子继承了儒家传统所强调的圣人、先王“制礼作乐”，认为乐治的主体是圣人、先王和君子。比如，荀子说：“先王恶其乱也，故制《雅》《颂》之声以道之……是先王立乐之方也。”[②]又如，“乐者，圣人之所乐也，而可以善民心，其感人深，其移风易俗。故先王导之以礼乐而民和睦”，“君子明乐，乃其德也”。[③] 先王十分重视音乐的教化作用，即使不亲自制礼作乐，也要命令德位合一的君子来作乐。荀子说：“先王贵礼乐而贱邪音。其在序官也，曰：‘修宪命，审诛赏，禁淫声，以时顺修，使夷俗邪音不敢乱雅，太师之事也。’”[④]

荀子提出的乐治目标是实现大一统的王道政治。荀子生活的战国晚期是一个礼乐急剧崩塌的时代，各国陷入无休止的战争和纷争。面对这样的局面，荀子把关注点放在如何使天下重新回归大一统、如何重新构建一个稳定和谐的秩序上。基于这样的问题意识，荀子认为君王应当效法先王，倡导礼乐制度，推行礼乐教化，构建礼乐秩序，这实质上是想借用“礼乐”来结束诸侯争乱的局面，建立大一统的国家。荀子的理想政治形态是王道政治，即和谐、有序的群体共同进行的道德生活和政治生活。礼乐是儒家最重视的教化方式，也是实现王道政治的核心手段。“乐”体现出一种伦理性的、对社会风俗潜移默化的影响。中国传统社会重视伦理关系，先王制礼作乐的目的在于明确家庭的秩序和社会的等级，同时通过礼乐教化来促进族群凝聚，

---

① 王先谦撰，沈啸寰、王星贤点校：《荀子集解》，第 380～381 页。

② 王先谦撰，沈啸寰、王星贤点校：《荀子集解》，第 379 页。

③ 王先谦撰，沈啸寰、王星贤点校：《荀子集解》，第 381、382 页。

④ 王先谦撰，沈啸寰、王星贤点校：《荀子集解》，第 381 页。

进而构建起一种家国天下统一而且和谐的社会和政治秩序。

三、荀子乐治思想的当代价值

党的十九届五中全会通过的《中共中央关于制定国民经济和社会发展第十四个五年规划和二〇三五年远景目标的建议》,明确提出到2035年建成文化强国的远景目标,并强调在"十四五"时期推进社会主义文化强国建设的时代任务。音乐是文化艺术的重要组成部分,反映了文化艺术的成果。乐治,简而言之,是以乐治国的治国方略;大而言之,体现了文化强国的治理精神。荀子的乐治思想对于我们推进文化强国建设有着重要的参考价值和实践意义。

首先,有利于提高公民素养,提升社会文明程度。荀子指出,音乐的教化功用是其政治理念的首要因素。音乐艺术作为文化的重要组成部分,"声乐之入人也深,其化人也速"[①],是培养民众良好道德修养及情操的重要工具,因此君主应当重视乐教。当今社会我们强调人的"德、智、体、美、劳"全面发展,音乐艺术教育作为"美育"的重要组成部分,承担着以美育人的重要功能。民众长期在一个具有良好社会风俗的文化环境中生活,受到礼乐文化的熏陶,自然而然会提升综合素养,长此以往,整个社会的文明程度将有显著提高。

其次,有助于引导和规范文化市场的发展,树立良好风气。在荀子看来,并非所有的音乐都能给国家和人民带来积极影响,"凡奸声感人而逆气应之,逆气成象而淫乐生焉。正声感人而顺气应之,顺气成象而和乐兴焉"[②]。音乐也有好坏之分,奸邪的音乐不仅不能教化百姓,还会造成歪风邪气,只有中正典雅的音乐才能教化百姓,有助于治理国家。当今社会的音乐市场同样如此,各类艺术作品鱼龙混杂,虽不乏陶冶心灵的佳作,但网络市场自由度过高,国家监管可能无法全面兼顾,也充斥着各类低俗、卑劣的文艺作品,有的甚至给青少年带来不少负面影响,引导青少年走向犯罪之路。从这个意义上讲,荀子强调要加强音乐的规范和引导,"贵礼乐而贱邪音",

---

① 王先谦撰,沈啸寰、王星贤点校:《荀子集解》,第380页。

② 朱彬撰,饶钦农点校:《礼记训纂》,第579页。

"修宪命，审诛赏，禁淫声，以时顺修，使夷俗邪音不敢乱雅"[①]，对于文艺的良好发展、形成文明的社会风气有着重要作用。

最后，有利于推进国家治理，树立大国形象。中国传统有"德治""法治""礼治"等基本治国方略，"乐治"附属于"礼治"，是"礼治"的重要补充方式。当今推进国家治理体系和治理能力现代化的实践，需要从传统和现代的治国理念中寻找经验，不断丰富和充实治国理政的智慧，推动构建和谐有序的礼乐中国。音乐作为国家文化软实力的重要组成部分，是中华文明和国家形象的代表。因此，在中华优秀传统文化"两创"视域下，不断推进中国"乐"文化的现代性转化和创新性发展，创作更多富有中国特色、中国精神、中国价值的文艺作品，对于宣传中国文化、讲好中国故事、展现中国风貌、树立中国形象具有重要意义。

① 王先谦撰，沈啸寰、王星贤点校：《荀子集解》，第381页。

陆贾天人理论对汉代政权正当性的理论构建

闫晓阳

摘要：在面对政权正当性问题时，秦皇汉祖虽然采取了一定手段来构建自身正当性理论，但由于缺乏来自"天"的权威依据与来自"民"的价值认同，因而此问题并没有很好地解决。针对这种情况，陆贾一方面引入了本源之"天"的观念，重新肯定"天"的权威性，试图打通天道与人事的隔断，将"天"的神秘性与权威性授予至圣王身上，以此提高君主的权威性以及民众对其的敬畏感；另一方面又将"圣道"与"政道"统一，要求君主提高自身道德修养，引导百姓正面效仿并推行仁政，以此成为既受有天命又自具道德且深受民众认同的德君。陆贾以天人理论为基础对汉初政权正当性的构建，不但为汉王朝社会治理的长治久安提供了理论依据，而且促使儒家思想走向了纲纪天下的重要地位。

关键词：政权正当性　权威性　认同性　圣王

在传统社会中，君主取得统治地位后，为巩固统治，一方面会将政治秩序程序化和理性化，以此完善治道方式；另一方面则会构建一套取信于民、具有正当性依据的意识形态，肯定自身在政治伦理上的正当地位，即从价值范畴出发，证实政权的正当性。早在殷周时期，统治者用与血缘相联之"天"与"天命有德"证明其正当性，秦始皇也曾通过自称"受命于天"来树立权威。这些汉代之前的政权大多用"天命"证明合法性，期待得到普遍的认同与敬畏，却最终湮灭。陆贾作为一个见证历史的后来者，为何仍选择用天人关系

闫晓阳，山东大学儒学高等研究院硕士研究生，主要从事中国古代哲学研究。

理论为汉代新生政权的正当性作辩护？其如何在新的条件下对“王权神授”理论加以继承与发展，以期克服以往理论的不足之处？这都是本文期冀通过对陆贾思想进行研究而要厘清的问题。

一、权威性与认同性的缺失：秦及汉初政权正当性问题分析

公元前221年，秦国结束了数百年来列国纷争的局面，建立中央集权制的王朝，使得中国两千多年的政治制度格局基本确定。秦始皇在取得现实政治权力后，不但使用武力与峻法等一系列手段压制民众，还期望在伦理道德领域占据制高点统治民众，获得百姓身心两维度的服从。为此，秦始皇一方面沿用了周代“奉天”而治的辩护方式，自称“受命于天”，将秦朝的政权来源追溯到神圣之“天”，并引用邹衍的“五德终始说”，用带有神秘色彩的因素为皇权添加不可侵犯性；另一方面采用宣扬功绩和道义的方式来塑造理想君主形象，定称号为“皇帝”，“刻石著其功”①，注重对“秦德”及其统治的道义性进行宣传，试图使百姓相信并服从于由此生成的“习俗的权威”。以上为秦政权争取正当性的方式，其大致沿袭了周代，看似合理，但最后秦仅历两世而亡。除去其横征暴敛，统治措施不当的政治因素，也恰好侧面反映了上述策略没有为政权取得足够的正当性认同。

继秦朝之后重新建立统一政权的是汉高祖刘邦。以平民身份、武力方式新创汉代政权的刘邦，并未从血缘世袭和道德伦理两方面获取权力正当性优势，这使得汉代自始就面临严峻的政权正当性构建问题。即使刘邦继续采用了与秦始皇类同的一些神化自身和宣扬功绩的方式——一面利用感生神话包装自己，一面宣扬自己“德施四海”“居帝位甚实宜”②——试图获得普遍的认同，结果也是收效甚微。汉代建立之初，社会统治地位改由新上升的平民阶级占据，这些新贵族不但蔑视礼仪制度，而且对刘邦政权缺乏敬畏感，致使当时社会上层基本不存在真正的等级和尊卑观念。更严重的是，这进一步导致原本来源于广大百姓心中对世袭贵族身份正当性的认同感消失了，刚刚建立的汉代政权的正当性受到威胁。

由此可见，秦汉“大一统”国家虽然建立，但政权正当性并未随之被成功

① 班固撰，颜师古注：《汉书·贾邹枚路传》，中华书局1962年版，第2332页。

② 班固撰，颜师古注：《汉书·高帝纪》，第52页。

构建，统一的帝国并不是天然具备了权力正当性。同时，这种政权的正当性又是统治集团亟需在理论与现实两方面来构建的，这关系到政权能否被各个阶层认同。如若不能成功建立，其统治的稳定性必将遭遇哈贝马斯所说的“一种直接的认同危机”①，轻则危及政权根基，重则面临灭国风险。通过对秦汉社会的分析，原本在五帝时代与西周时期，用于论证政权正当性百举百全的天命论与德性论，在秦朝及汉初统治者手中却失效了。如果不是天命论和德性论本身存在不可调和的理论缺陷，那么极有可能是以下原因造成的偏差。

其一，“天”的权威性缺失。中华文明早期就已出现与神权相联的世俗统治权力，此时具备与神沟通能力的人即为权力的享有者。这种授予君权的“神”信仰，经过西周时期的理性因素改造，被包括在内涵更广的“天”信仰中。“天”不仅囊括了原始之神的含义，与“命”连用，表达一种人力不可抗拒的权威力量，还可以作为道德本源，在授予权力后以理性身份发挥社会监管作用。这时“天”的地位至高无上，与君权直接相联后，也随之成为君权最坚实的权威基础。而秦汉时期“受命于天”“天生贵子”等借“天”之势的思路虽与周代无异，但经过春秋战国时期人文主义的觉醒之后，此前具有宗教意味之“天”，逐渐被改造为可以被认知和思考的自然之天，日月星辰的运行变成一种纯粹的自然现象，“天道”也基本丧失其神秘的色彩，成为自然规律或价值信念的代名词。那么，秦皇汉祖所崇尚之“天”的象征性意义就已远远大于实质性意义，不再具有足够的权威效力为政权正当性作辩护。更有甚者，在“天命”衰微之时，秦始皇非但不试图重新树立“天”的地位，在某种程度上还想支配“天命”，如《史记·秦始皇本纪》载：秦始皇在封禅泰山时执意坐车进山，并且命令军士砍伐草木示威。这一系列试图将王权凌驾于“天”之上的行为，使得“天”的权威性大为减弱，还引发了民间社会诸如“王侯将相宁有种乎”等反对和不认同秦朝地位的声音。

其二，对“君”的认同性缺失。如果说“天”是规定权力归属的抽象权威，那么“民”则是评判政权正当性的现实主体。通常“民”愿意遵守当权者及其制定的法规，不是出于担心惩处，而是确信遵守是应该的，政治权威才是正

① ［德］哈贝马斯：《合法性危机》，刘北成、曹卫东译，上海人民出版社2000年版，第65页。

当且稳定的。[①]“民”给出的“应该”性评价中，既包括对“天命”的信仰，也包含对君主道德品质的信服。后因“天命有德”思想的提出，两条标准又可以合一看待——君主有德即可获享天命。周之所以能够取代殷，乃是“天命”因周王之德而转移至周。秦始皇在建立政权后，虽多次自我颂德，言“寡人以眇眇之身，兴兵诛暴乱，赖宗庙之灵，六王咸伏其辜，天下大定”[②]，试图通过宣扬功绩的方式获得认同，但这种方式充其量只是哄骗百姓与进行政治斗争的一种手段。秦政权在实际运行中更多受到法家严刑峻法思想的影响，用武力而不是道德镇压民众，那么百姓只可能因为一时被暴力镇压，屈服于其统治之下，并不可能完全认同此政权。秦之后的西汉政权虽然汲取了前朝暴政教训，接受黄老之学的指导，实行休养生息政策，但因黄老之学同样忽略道德认同感在政权正当性建构中所起的重要作用，君主自身道德的提升并未得到重视，政权正当性理论建构同样面临亟待解决的困境。

陆贾正是在这样的背景下，提出一整套崇尚仁义的治国之道，以期治世。在理论构建方面，陆贾认识到政权正当性在根本上是一个政治秩序是否被认同的价值评判问题，靠功绩宣扬与暴力镇压是无法取得民心的。统治者要想政权获得“民”的普遍认同，至少应该在提高授予君权之“天”的权威性与百姓对君主的认同性两方面入手。首先恢复超验之“天”的作用，凭借其超越政治社会及其成员的更高地位，使政治权威作用于全体百姓；其次提高君主自身的道德，发挥儒家学说的优势，施行德政，以配天命。这并不是靠一个人就能够完成的任务，但至少在汉初，陆贾就开始从天人理论出发，为汉代政权探寻最终可以被社会普遍认同的正当性依据。

二、天人感应：陆贾政权正当性构建的权威性基础

陆贾《新语》开篇即言：“传曰：‘天生万物，以地养之，圣人成之。’功德参合，而道术生焉”[③]，把“天”放在了最高的本源地位，并将统治的本源诉诸意

---

① 参见[美]阿尔蒙德：《比较政治学：体系、过程和政策》，曹沛霖等译，上海译文出版社1987年版，第35～36页。

② 司马迁撰，裴骃集解，司马贞索隐，张守节正义：《史记·秦始皇本纪》，中华书局1959年版，第236页。

③ 陆贾撰，王利器注：《新语校注》，中华书局2012年版，第1页。

识形态化的本体。接着,具体解释了"天"作为最高主宰如何作用于万物:"故曰:张日月,列星辰……春生夏长,秋收冬藏,阳生雷电,阴成霜雪,养育群生,一茂一亡"①,将天视为自然法则的终极依据,主张与之相应的世间万物都是"天地相承,气感相应而成者"②。陆贾通过建立以"天"为核心的宇宙论系统,将自然和人事的一切都归于"天"的统治,在构建思想体系之初就把恢复"天"的权威地位放在了首位。

陆贾树立"天"之权威的最终目的,是要为政权寻找自然法则支持和形而上信仰支撑,探寻以天为终极根源的治道方式。因此,他并没有因强调天的本源地位从而走上命定论,反而接着将"人"捻出来,打通天道与人事的壁垒,强调天与人相通相应。陆贾认为,天与万物、人之间是有同类相通性的,如其曾说:"故性藏于人,则气达于天;纤微浩大,下学上达,事以类相从,声以音相应"③,由"以类相从"来推说天人相通。但在陆贾思想中,多数时候"天"与"人"并不直接相通,"天"与普通人之间隔了一层上承"天命"之人,即不必出身高贵,但必须秉承"天道"之善性的"圣人",这也是其用天人理论构建政权正当性的逻辑起点。陆贾认为,唯有圣人才能"乘天威,合天气,承天功,象天容"④,凭借上天的威力,集合天命的气数,继承上天的功业,效法上天的景象。正是由于圣人有"在天者可见,在地者可量,在物者可纪,在人者可相"⑤的能力,其才能沟通天道,而后"以定人道",继此之后普通民众才开始有所觉悟,了解社会运行的一般规则,知并行父子、君臣和夫妇等社会关系中的纲常伦理。在"天"委托"圣人"下发天命以治世的过程中,"圣人"也反向借助了普通人对"天"的信仰来神化自己,由此获得自身政权正当性的来源。

这里实际上存在一个"圣人"概念转换问题,陆贾并没有遵循自孟子以来儒家的设定,将"圣人"看作人人可追求的社会理想人格,反而在某种程度上向上追溯,将"圣"与上承天命的"王"等同而论。从《新语》所举之"圣"基本同时具有"王"的身份就可以看出,陆贾多数时候直接把"圣人"定义为承

---

① 陆贾撰,王利器注:《新语校注》,第 2～3 页。

② 陆贾撰,王利器注:《新语校注》,第 8 页。

③ 陆贾撰,王利器注:《新语校注》,第 55 页。

④ 陆贾撰,王利器注:《新语校注》,第 164 页。

⑤ 陆贾撰,王利器注:《新语校注》,第 6 页。

接天命的世俗统治者，将儒家“圣者为王”的政治理想变为了政治现实。不仅如此，陆贾还认为整个社会的发展都是由圣王推动的：先圣时代，观天道以定人道，进行各种物质的创制，建立以刑罚为核心的统治机器；中圣时期，文王与武王“设辟雍庠序之教”[①]，建立上下礼仪；后圣时期，则进一步“定五经，明六艺”[②]，实现更高程度的文化发展，以期达到“天人合策”“原道悉备”。关于后圣，有学者直接将其解释为素王孔子，但本文认为陆贾为我们勾勒的是一个从无到有、不断进步、非停滞的历史过程，圣人创制的过程并不是到孔子这里就完美结束了，因此后圣应该包括之后每一个“怀仁仗义”的君主，继先圣“行合天地，德配阴阳，承天诛恶”[③]，不断完善社会制度。

陆贾所言虽暗含了与天命相联的“圣”乃当世之王之意，但也对君王“受命于天”提出了以德成圣的要求。陆贾在《新语·术事》篇中讲：“文王生于东夷，大禹出于西羌，世殊而地绝，法合而度同”[④]，以生于“夷狄之域”先圣为例，说明“天”重德重道不重位，是“唯德是辅”的，身份贵贱并非“天”授予权力所要考虑的因素，关键在于君王是否具有天命认同的德性与德行。统治者之“德”除了影响天命归属外，还与政权祸福息息相关。陆贾曰：“圣贤与道合，愚者与祸同，怀德者应以福，挟恶者报以凶。德薄者位危，去道者身亡”[⑤]，即认为君主个人道德修养乃是整个国家稳定的基础，若其无德，国家必坏也无日矣。依此理论，汉王朝之所以能够代替秦王朝成为新的“大一统”国家，乃是因为汉高祖有德，这样就使天命由秦转移到了汉，如果汉高祖能够“怀德”，长久维系天道，永保天命是可以实现的。

为了保证君王德行与天道相合，陆贾还用天降“灾异”思想为其设定了监督机制。陆贾“开言《春秋》五行、陈灾异封事者先”[⑥]，开汉代“灾异”二字连用以论政的先风，以“灾异”思想规制与震慑君主行为，反向督促君主行德政、维稳定和获民心。至于对“灾异”的具体理解，陆贾在《新语·明诚》篇中讲：

① 陆贾撰，王利器注：《新语校注》，第 19 页。
② 陆贾撰，王利器注：《新语校注》，第 21 页。
③ 陆贾撰，王利器注：《新语校注》，第 32 页。
④ 陆贾撰，王利器注：《新语校注》，第 50 页。
⑤ 陆贾撰，王利器注：《新语校注》，第 50 页。
⑥ 陆贾撰，王利器注：《新语校注》，第 170 页。

> 故世衰道失，非天之所为也，乃君国者有以取之也。恶政生恶气，恶气生灾异。螟虫之类，随气而生；虹蜺之属，因政而见。治道失于下，则天文变于上，恶政流于民，则螟虫生于野。贤君智则知随变而改，缘类而试思之，于灾异而变。①

其认为君主行为与上天的灾异之间存在对应关系，君主治国不善就会"世衰道失"，即"治道失于下，则天文变于上"。但"失道"并非不可逆，灾异如果发生，贤君可以通过"知随变而改"，设法顺应天意以提出应对之策，弥补自己施政上的过错。陆贾赋予"天"下降"灾异"的功能，意味着此前重新恢复"天"之权威，目的不仅在于神化与"天"相联的王权，还在于设立一个价值坐标②，对君主权力进行道德约束。陆贾将价值坐标寄托在利益超然的"天"身上，可以使社会道义摆脱君主私利的干扰，保证民意能够借助天意畅通表达。

综上，陆贾作为一个见证历史的后来者，意识到秦政权在权威之"天"的塑造上的不足，从而在构建汉王朝政权正当性时，力图通过肯定"天"的本源地位，规定天道与人道的相通，将"天"的神秘性与权威性授予至圣王，并提出一套灾异理论为政权正当性的运行设定监督保障机制。但一个政权只有高高在上的神性与权威性是远远不够的，国之将兴归根结底还是要听于民。汉王朝政权想要获得长足的稳定与发展，争取百姓深度的认同是操刀必割之径。

三、崇圣效君：陆贾政权正当性构建的认同性基础

世人求神信神，一方面是要为自身寻找来源，更重要的一方面是要寻求精神寄托，求解世间苦难。亚里士多德认为"一种政体如果要达到长治久安的目的，必须使全邦各部分(各阶级)的人民都能参加而怀抱着让它存在和延续的意愿"③。如果统治者不能满足人民的愿望，那么这个带有权威性的政权虽受人敬畏，却无法获得信仰和认同，长此以往，必定独木难支，无法长

① 陆贾撰，王利器注：《新语校注》，第 173 页。

② 王四达：《"天命有德"：中国古代对政治合法性的探索及其历史归宿》，《哲学研究》2012 年第 1 期。

③ [古希腊]亚里士多德：《政治学》，吴寿彭译，商务印书馆 1996 年版，第 188 页。

久。接下来,陆贾要做的就是将本源性的"天道"下移至"圣道",再将"圣道"与"政道"统一。换句话说,陆贾要使当世君主成为真正受天命的"圣王",提升自身德性,从而与"圣人"人格相统一。此时,其所施德政才能在百姓处获得政权正当性构建的认同性基础。为此,陆贾沿着以下思路对统治者及其治道方式进行完善。

其一,陆贾鉴于秦王朝暴政灭亡的教训,主张在尊君的同时崇圣,将"圣"封在君主身上,保证与"天道"相连的"圣道"继续延续下去。至于如何做到"圣",陆贾认为应该把修君之"德"放在首位。"德"作为衡量政权存续的关键因素,直接与"天"相联,既可在君主有"德"时为其政权带来权威性与正当性,亦可在君主无"德"时保留天命再次转移的可能性。基于此,汉朝君主应意识到前朝君主正是由于"道德不存乎身,仁义不加于下也"①的行为,使原本在身的天命转移到"德盛威广"的汉高祖身上,并且秦朝如此强大尚失去天命,汉亦可能因有失德而失天命。君主要想天命永驻,至少要保证私德不失,做到"卑宫室而高道德,恶衣服而勤仁义,不损其行,以好其容,不亏其德,以饰其身"②,对己"高道德",对民"勤仁义",亦即强调"治以道德为上,行以仁义为本"③,如此能上合天意,进一步保证天命不失。

陆贾"崇圣"与"重德",一则是因为从本源层面上讲,万物秉承天地之性,那么君主以"德"治世不仅是一种治道,而且是"天道"的表现;二则是想凭借君主之德感化民众,获得百姓对政权正当性的认同。为了建立一种关于君主道德的内部感化机制,扩大对君主以及政权认同的社会基础,陆贾主张在全社会弘扬一种臣民效仿君王、君主可为臣民楷模的风气。根据社会学习理论,当君主表现出较高的威信与道德水平时,社会内部极有可能建立起良好的道德氛围,全体社会成员会以君主之德行为模范进行日常活动,达到"上之化下,犹风之靡草也"④的移风易俗效果。陆贾之所以把德君立为臣民效法的对象,或是考虑到效仿本身就是一种认同兼服从的行为,一旦对君主道德的自愿服从成为可能,尽管不会完全取消对于强制性手段的需要,却能够减少"民"对政权认同的成本而同样达到预期效果;如果能进一步在全

① 陆贾撰,王利器注:《新语校注》,第164页。

② 陆贾撰,王利器注:《新语校注》,第167页。

③ 陆贾撰,王利器注:《新语校注》,第159页。

④ 陆贾撰,王利器注:《新语校注》,第77页。

社会营造效仿君主氛围，还可以利用社会认同趋势带动百姓自愿服从人君，在最短的时间、最大范围内确立起君主道德的权威。最终，百姓面对君主时，“畏其威而从其化，怀其德而归其境，美其治而不敢违其政”[①]，实现对君主统治正当性最高的认同。

其二，陆贾建议君主要以仁义为本，通过推行德政来争取民心认同，达到维护政权稳定的效果，这本质上是要把虚设的“天”与神化的圣王通过仁义之政转化为真实的社会理性。陆贾之所以要通过“仁义”连接“天”与王、民，起首是看中了“仁义”是在本源之“天”中推演出来的特殊一面。陆贾认为，仁义等伦理规范都源于天，经先圣仰观天文、俯察地理以定人道之后，“民始开悟，知有父子之亲，君臣之义，夫妇之别，长幼之序”[②]，才有了“仁义”显现；“仁义”又是阴阳二气产生的依据，“阳气以仁生，阴节以义降”[③]，而阴阳又最终会化生万物，那么“仁义”就成为陆贾整个思想体系中连接天人很重要的一环——自身以天为终极依据，又是万物产生的依据，陆贾也因此将其作为治道的根本所在。

陆贾借助“天”将“仁义”神圣化又自然化，可以弥补“儒学中关于人与社会的道德学说与礼乐制度的合理性仿佛缺少自然法则的支持，其不言而喻的权威性便不免脚下空虚”[④]的问题，还可以为政权的正当性理论构建增添部分认同性。如果君主希图依靠“仁义”获得更多的认同性份额，则需要实行仁义之政，使百姓得到生活改善的同时自觉向善。君主行仁义的首要条件即是不滥用刑罚，陆贾认为如果治国“以刑罚为巢”，以暴力镇压百姓，只能如同秦一般“有覆巢破卵之患”；如果治国“以仁义为巢”，施德政于民，用仁义将个体与家庭与国家串联起来，将仁义的治道基础直接与家庭与社会伦理统一，君主自然可受民爱戴，“高而不坠，危而不仆”。[⑤]

据分析可知，陆贾在提高“天”与君主的权威性之外，还通过君主增强自身道德修养、引导百姓正面效仿以及推行仁政等方式期待获得民众自觉认同，以此构建和完善汉王朝政权正当性。但值得注意的一点是，陆贾在此过

① 陆贾撰，王利器注：《新语校注》，第 74 页。

② 陆贾撰，王利器注：《新语校注》，第 10 页。

③ 陆贾撰，王利器注：《新语校注》，第 35 页。

④ 葛兆光：《中国思想史》，复旦大学出版社 1998 年版，第 376 页。

⑤ 陆贾撰，王利器注：《新语校注》，第 59、58 页。

程中一直都是以天人相感为逻辑出发点展开论证的，但最终落脚点却是获得民心。这是因为陆贾看到了包括“神圣正当性”在内的所有正当性理论，终极目的都是要争取民心民意的认同，无论什么情况下，“民”都是评判政权正当性的绝对主体，任何抛开民心的政治设想都不可能真正奏效。

余 论

陆贾是伴随汉高祖刘邦一统江山、建立汉朝并且对汉王朝统治作出极大贡献的政治家，也是第一个从儒家政治哲学的角度，借用天人理论对汉王朝改命的正当性进行论证，并为汉初政权发展提供有力理论支撑的思想家。“他的学说直接为董仲舒春秋公羊学的‘天人感应’神学目的论政治哲学奠定了理论基础，可以说开汉代‘天人’学的风气之先。”①

陆贾在构建汉王朝政权正当性的过程中，不但极大地促进了汉初社会的稳定和谐，而且将儒家思想在加强和巩固君主专制的政治制度方面的优势显示出来，极大提高了儒学的地位。正如李景明所说：“（陆贾）率先以理论的形式，劝说刘邦，启示刘邦君臣从治理天下的高度认识到儒学的作用，初品儒学要义，转变诋儒轻学的态度，为儒学走出厄运，在汉代复兴以至与王权结合奠定基础。”②无独有偶，《汉书》也评价陆贾及其所作《新语》推开了儒学复兴的历史进程，后又经过贾谊、董仲舒等人的发挥，儒学思想在政治统治中的历史地位得以复兴。

然而，也应看到陆贾思想存在不足的一面。首先，陆贾天人理论明显还在初创阶段，他虽然将“天”作为价值坐标独立于君主权力之外，并试图用超越世俗利益的社会理性对世俗政权进行制约，但是由于没有看到现实专制皇权的排他性，君主绝不允许有任何思想独立于权力之外不受束缚的特点，其对君主权力制约的理论建构只能是一种设想。如果要使“天”真正成为“民”的代表，则必须配以政教分离的现实架构，保证民意表达有畅通无阻的输送渠道，否则在“人”领域都无法限制君权，“天”又如何从民所欲？除此之外，陆贾在天人相分相合问题上也没有保持一贯的完整性，比之董仲舒系统

① 李禹阶、沈双一：《汉代新儒学“天人感应论”开山祖——陆贾》，《河南大学学报》（社会科学版）2003 年第 6 期。

② 李景明：《中国儒学史（秦汉卷）》，广东教育出版社 1998 年版，第 53 页。

天人理论明显属于浅尝辄止。其次，在政治思想方面，陆贾将“圣”直接等同于“王”的思想颠覆了“圣而王”的传统，尽管这种君主均为有德之圣的强权逻辑论证为君主受命与改命带来了部分合法性与正当性，但更多会造成君主在自诩之“德”的掩护下行不德之政，最终使社会偏离正常秩序。

论清代《荀子》诠释中的"书记"体

孙　娜

摘要：清代《荀子》研究的"书记"体主要包含学术札记、文章序跋和书目提要三部分内容。这些文献在成果彰显层面虽然不如《荀子》注本那样系统和完备，但实际上却是推动清代荀学发展的重要源泉。从研究方向上看，清人的学术札记着重于《荀子》文本的校勘，对《荀子》校注本的形成有着重要贡献。文章序跋则主要论述《荀子》的内容意义，梳理荀子的生平年代，重新定位《荀子》的价值，从外部推动荀学研究的进程。书目提要论及荀学发展史，研究荀子的版本流传问题，从宏观层面为《荀子》研究提供思路。这些文献在王先谦的《荀子集解》中都有体现，充分促进了《荀子》精校精注本的形成，并且影响着以后百年荀学研究的进程。

关键词：《荀子》　清代荀学　"书记"体

《荀子》从单篇流传到结集成书，再到诠释研究，经历了一个漫长的过程。《荀子》传播接受的历史过程也是起伏不定，饱经波折。简单来说，正如黄圣旻总结的一般，从魏晋以前影响广泛到唐五代时期地位没落，再到理学环境下饱受批判，最终在清代迎来了复兴。① 清代学者在义理分析、版本鉴别、文字校订、文本注释等方面对《荀子》研究有所推进，取得了丰硕的研究成

孙娜，山东师范大学山东省齐鲁文化研究院2019级博士研究生，主要从事儒家哲学研究。

① 详见黄圣旻：《王先谦〈荀子集解〉研究》，(台北)花木兰文化出版社2006年版，第36～79页。

果。这些成果的表现形式也多种多样，王念孙、俞樾、孙诒让等以读书札记的形式对《荀子》的文本以及相关问题进行了考订，卢文弨、阮元、凌廷堪等人在其文集中也有专门文章对《荀子》研究进行讨论，《读书敏求记》《四库全书总目》《经籍访古志》等目录著作以提要的形式对《荀子》的相关问题作出总结。这些成果都被王先谦取用，最终形成了《荀子集解》这个影响深远的完整注本。

从整个清代的荀学研究来看，从清初《荀子》义理讨论到乾嘉时期《荀子》文本的校注，再到晚清义理与考据并重的集大成，荀学在这一发展过程中脉络清晰，有着较为明显的时代特点，同时越来越受学者的重视。但从文献数量来看，清代结集成书的《荀子》校注文本并不算多，更多与《荀子》相关的文献则散见于不同形式的研究著作。因此，要想全面厘清清代荀学研究的特点和规律，就必须关注这方面的文献资料，了解注本之外更多其他形式的《荀子》诠释资料。正如康廷山在其《清代荀学史略》中所言："对清人笔记、文集、学术书信等凡有涉于荀学研究者，皆广加搜集，尽量网罗"，并且提及"清代各私家目录及学者之题跋对《荀子》研究亦有着极高的价值"。[①] 由此可见，在对清代荀学进行研究时，除了关注不同的注释版本之外，对与之相关的札记、文集、提要序跋进行研究，也有其重要意义。

"书记"体本来是文学范畴内的文章体式，刘勰在其《文心雕龙》文体论部分专列"书记"一章言："书之为体，主言者也"，"记之言志，进已志也"。[②] 从刘勰的论述来看，"书记"之下包含多种文章形式："夫书记广大，衣被事体，笔札杂名，古今多品。"[③]在刘勰的论述中，书札、笔记、序言、书信、叙录等都可归为"书记"一类。研究清代《荀学》诠释的"书记"体，事实上就是从新的视角，超出《荀子》注本之外，对清代学者所作的札记、文集、目录中与《荀子》研究相关的资料进行具体分析。这一部分材料，虽然引起了学者的重视，但在研究上并不系统，以单方面研究为主。以"书记"体对这些材料进行整合，分别探讨不同的著作形式在研究《荀子》时所侧重的方向，分析其在荀学研究中的特点以及对荀学发展产生的影响，也是清代荀学研究中

① 康廷山：《清代荀学史略》，山东大学 2006 年博士学位论文，第 15、16 页。

② 刘勰著，黄叔琳补注，杨明照校注：《文心雕龙校注》，中华书局 2021 年版，第 375、376 页。

③ 刘勰著，黄叔琳补注，杨明照校注：《文心雕龙校注》，第 376 页。

的一个新视角。

一、清代《荀子》研究中的专书札记

中国古代笔记的起源很早。刘叶秋认为"'笔记'二字，本指执笔记叙而言"，并且提出"这种体裁，汉代已有，如班固的《白虎通义》、应劭的《风俗通义》，实际就是考据辨证类的笔记"。① 张瑾认为"笔记体文学的源头可以追溯到先秦时代"②。这种体裁在历代不断发展完善，在清代考据之风的影响下，出现了大批以考据辩证为主的学术札记。徐德明在其《清代学术笔记提要》中提出"整个清代的学术笔记至少有500种"，并将之分为"经史汇释、群书集校、杂考琐议"三类。③ 清代这些笔记中，很多都涉及对《荀子》的研究，以王念孙《读书杂志》、俞樾《诸子平议》、孙诒让《札迻》等著作为代表，不仅在校勘学史上占据重要地位，而且对清代《荀子》研究产生了很大的影响。

王念孙的《读书杂志》是清代校勘札记的经典之作。其中，《读荀子杂志》是王念孙依据清代谢墉、卢文弨校本并参考诸多版本，对《荀子》文本以及杨倞注文进行考证的研究成果。这部著作共八卷，以读书札记的形式编著而成，书中王念孙对自己在校读《荀子》时有问题的部分摘出条目进行辨析。如对《荀子》原文文字的校勘、文章的断句、对杨倞注文的辨析、对卢文弨校勘成果的甄别等方面，同时在个别条目下附入王引之的意见。如《荀子·劝学》：

> "青，取之于蓝，而青于蓝。"卢氏抱经曰："'青取之于蓝'，从宋本，《困学纪闻》所引同。元刻作'青出之蓝'，无'于'字。"念孙案："《困学纪闻》云：'青出之蓝'作'青取之于蓝'，监本未必是，建本未必非。"自注云："今监本乃唐与政台州所刊熙宁旧本，亦未为善。"④

王念孙先提出卢文弨校勘《荀子》的结论，然后征引各方面材料，对卢文弨的结论进行详细辨析和阐释。依据各种版本以及相关传世资料，参考前人研究成果，对《荀子》文本原文进行考证。

① 刘叶秋：《历代笔记概述》，北京出版社2003年版，第1、7页。

② 张瑾：《清代文人笔记研究》，吉林大学2018年博士学位论文，第1页。

③ 徐德明：《清人学术笔记提要·前言》，学苑出版社2004年版，第2页。

④ 王念孙撰：《读书杂志》，上海古籍出版社2015年版，第1627页。

王念孙在《读荀子杂志》中也对杨倞的注文进行了辨析。如《荀子·修身》：

> 杨注曰："以和好交接于物，志意常泰也。"念孙案："好交"二字与"容貌不枯"无涉，杨曲为之说，非也。或引《荣辱篇》"豢之而俞瘠者，交也"，以为"容貌不枯，好交也"之证，斯为巨谬矣。[①]

王念孙直接指出前人断句有误，"血气不惰""容貌不枯"之后不应该断开。杨倞在此句之后解释："以和好交接于物，志意常泰也。"这种解释表面上能够证实"劳倦而容貌不枯，好交也"这种断句方式无误，而事实上"好交"与"容貌不枯"全无关联，古代典籍中也没有这种相关解释。王念孙认为这是杨倞曲解文意之说。

《读荀子杂志》基本上全是按这样的体例书写而成。王念孙将自己校勘《荀子》的成果以札记形式单独编著，其在《荀子补遗序》中称：

> 余昔校《荀子》，据卢学士校本而加案语，卢学士校本则据宋吕夏卿本而加案语。去年，陈硕甫文学以手录宋钱佃校本异同邮寄来都，余据以与卢本相校，已载入《荀子杂志》中矣。今年顾涧薲文学又以手录吕、钱二本异同见示，余乃知吕本有刻本、影钞本之不同，钱本亦有二本……乃因顾文学所录而前此未见者，为《补遗》一编，并以顾文学所考订及余近日所校诸条载于其中，以质于好古之士云。[②]

由此可见，王念孙的《读荀子杂志》在清代并非特例，整个清代以札记形式对《荀子》进行校勘考证的著作还有很多，并且相互之间有所借鉴，互相完善。王念孙的《读荀子杂志》吸取了卢文弨、顾广圻、刘台拱、陈奂、汪中等多人的研究成果，因此在清代《荀子》校勘方面有着深远的影响。

俞樾的《诸子平议》是清代校勘札记的另一经典之作，其中《荀子平议》四卷，体例与王念孙《读荀子杂志》相仿，只是每条之下皆先下按语，以"樾谨按"起始，对有问题的字句进行辨析。从校勘成果上看，俞樾以辨析杨倞注文不当之处为主，多发前人所未发，补充前人校勘注释中的遗漏之处。对清代其他诸家的校勘成果少有因袭，与王念孙《读荀子杂志》几乎少有重复之处。不同于王念孙的旁征博引、参考众本，俞樾在《荀子平议》中常常以义理

---

① 王念孙撰：《读书杂志》，第1653页。

② 王念孙撰：《读书杂志》，第1935页。

通释文意，并且发己之所疑。如《荀子·仲尼》：

> "武王诛二。"樾谨按："杨注引《史记》'武王斩纣与妲己'，又引《尸子》'武王亲射恶来之口，亲斫殷纣之颈'，然皆不足以为二。所谓'诛二'者，殆即《孟子》所称'诛纣伐奄'与！"①

俞樾在辨析"武王诛二"的具体内涵时，从自己的理解出发，认为杨倞注文所言"斩纣与妲己"以及"射恶来，斫殷纣"之说皆有不当，最后认为其当是如《孟子》所载"伐纣与奄"。俞樾对此条并没有过多解释，也没有旁征博引进行证明，只是用略带疑问的语气推测结论，用来证实杨倞注文之非。卢文弨、王念孙等清代学者并未对此条进行过多辨析，俞樾能发新意，多有创见。但由于过分追求新见，俞樾在有些条目下并未给出充分的材料依据，因而更像是自己的读书随想。这种札记方式与王念孙的《读荀子杂志》略有不同，王书实证丰富，俞书则多发己意。这两部著作被王先谦的《荀子集解》几乎全文选用，这也证明了这种札记类研究成果对清代荀学研究的推动作用。

在王念孙、俞樾之后，孙诒让的《札迻》也是清代校勘学的经典著作。全书是孙诒让以札记形式写成的，校勘诸多经典，其中包括对《荀子杨倞注》的校勘。俞樾在为此书作序时称：

> 今年夏，瑞安孙诒让仲容以所著《札迻》十二卷见示，雠校古书共七十有七种，其好治闲事盖有甚于余矣。至其精孰训诂，通达叚借，援据古籍以补正讹夺，根柢经义以诠释古言，每下一说，辄使前后文皆怡然理顺。②

孙诒让的《札迻》以文本训诂为主，注重文字校勘，版本依据较王、俞二人更多。根据俞樾的说法，其训诂特点与王念孙相一致，较之俞樾本人则更为精熟。如《荀子·强国》：

> "荀卿子说齐相曰"，卢云："此七字元刻无，从宋本补。"顾千里云："宋钱佃本卷末云：'监本有此七字，宋吕夏卿本有。'"案：台州本亦有此七字，有者是也。前章"公孙子曰"注云："公孙子，齐相也，未知其名。"盖即因此文而合为一人，即杨本有此七字可知。但以全书文例校之，

---

① 俞樾：《诸子平议》，上海书店 1988 年版，第 241 页。

② 孙诒让撰，雪克等校点：《札迻》，齐鲁书社 1989 年版，第 1 页。

"荀"实当为"孙"耳。[①]

孙诒让在辨析此条文本时先以版本为依据，罗列卢文弨、顾广圻诸家之说，参考台州本以证前人之说，并断以己意，最后在综合前人成果的基础上，进一步认为"荀"实当为"孙"，补充前人之所忽略之处。

事实上，清代这类有关《荀子》研究的学术札记还有很多，篇幅长短不一，或编成数卷，或寥寥几条。总体而言，这类文献以专题研究为主，主要针对《荀子》的原文和注文进行辨析，着重校勘，兼及议论。这些文献往往是学者自己阅读校勘《荀子》时的研究成果，不在《荀子》原书中加注，而以札记形式单独编辑而成。从文本形式上看，与校点注释《荀子》全书形成定本的形式相比，这种研究《荀子》的札记缺乏系统性和完整性；但从研究价值上讲，这类文献在个别问题的研究上却更加深入，并且影响了后世集注版本的完成，也对后世《荀子》文本的研究产生了重要影响。因此，清代《荀子》研究中的学术札记，是清代《荀子》"书记"体诠释文献的主体内容。

二、清代个人文集中的文章序记

清代《荀子》的研究成果以各种校注本的结集刊刻为主体，以校勘考辨类的学术札记、学者文集中的论述资料以及目录书志中的提要为重要参考。中国古代文人结集之风早已有之，《隋书·经籍志》云："别集之名，盖汉东京之所创也。自灵均已降，属文之士众矣，然其志尚不同，风流殊别。后之君子，欲观其体势，而见其心灵，故别聚焉，名之为集。辞人景慕，并自记载，以成书部。"[②]《四库全书总目》称："洎乎汉代，始有词人，迹其著作，率由追录"，"集始于东汉，荀况诸集，后人追题也"。[③] 自汉魏文人结集到两宋文集大量刊刻，再到明清两代个人文集泛滥，文集的数量越来越多，包含的内容也越来越广泛。蒋寅在《论清代诗文集的类型、特征及文献价值》一文中说："清代由于雕版印刷业的发达，只要有一定经济实力，刊行作品变成轻而易举的

① 孙诒让撰，雪克等校点：《札迻》，第187页。

② 魏征等撰：《隋书·经籍志》，中华书局1973年版，第1081页。

③ 永瑢、纪昀等：《四库全书总目》，中华书局1965年版，第1267、1271页。

事。”[①]柯愈春《清人诗文集总目提要》著录的清代传世个人别集超过4万种，其中以诗集居多，文集较少。这些文集保存了大量论及《荀子》的材料，特别是戴震、方苞、卢文弨、阮元、凌廷堪、顾广圻等考据家的文集中都有文章对《荀子》的相关问题作出讨论，并且具有一定代表性，对清代《荀子》研究产生了重要的影响。

卢文弨的《抱经堂文集》是其各类文章的总汇，其中《书荀子后》一文标举《荀子》一书的价值，并且申述自己校勘《荀子》的详细情况。他首先提出："世之讥荀子者，徒以其言性恶耳。然其本意则欲人之矫不善而之乎善。其教在礼，其功在学。"[②]他在文中首先为荀子辩白，认为长久以来学者们对荀子"性恶论"的批评事实上并未理解荀子的本意，而荀子提出的理论，实有助于礼法教化。同时，他还认为："荀子知夫青与蓝、冰与水之相因也，而不悟夫性与学之相成也，抑何其明于此而暗于彼哉！然其中多格言至论，不可废也。"[③]卢文弨认为长久以来荀子受人批评的地方，事实上在于过分重视教化而轻视个人性情，忽略了性情与教化相辅相成的作用。但是《荀子》中又多有"格言至论"，因此也不可废弃。这样说有利于对荀子作一个客观的评价，同时认为《荀子》值得精读校勘。卢文弨在文章中还详叙了自己校勘《荀子》所采用的版本，并且对王应麟、汪中等学者的观点有所辨析。最后感慨："若在梦境。而白发明镫，手此一编，摩挲探讨，不自意得见善本，疑若有鬼神为之赐，抑何幸欤！"[④]由此可见，卢文弨对《荀子》十分重视，日夜摩挲，得见善本，喜不自胜。其对《荀子》的研究，主要体现在对《荀子》的校勘。这篇文章也补充了一些相关材料，如其校勘时的版本选用，但更重要的是反映出他对《荀子》的评价和态度。

钱大昕的《潜研堂集》中有《跋荀子》一文，主要反映钱大昕对于《荀子》一书的看法。他在文中提到：

> 《荀子》三十二篇，世所共訾謷之者，惟《性恶》一篇，然多未达其旨趣。夫《孟子》言性善，欲人之尽性而乐于善；《荀子》言性恶，欲人之化

---

① 蒋寅：《论清代诗文集的类型、特征及文献价值》，《河北师范大学学报》（哲学社会科学版）2004年第1期。

② 卢文弨著，王文锦点校：《抱经堂文集》，中华书局1990年版，第140页。

③ 卢文弨著，王文锦点校：《抱经堂文集》，第140页。

④ 卢文弨著，王文锦点校：《抱经堂文集》，第141页。

性而勉于善。言性虽殊，其教人以善则一也。[①]

钱大昕同样在文章中表达了自己对《荀子》的态度，认为孟子、荀子虽观点不一，实则殊途同归，总旨是教人为善。钱大昕又进一步对《荀子》中的“其善者伪也”[②]这句话进行辨析，认为“荀子所谓‘伪’，只作为善之‘为’”[③]。由此可以看出，钱大昕不仅对以往人们对《荀子》的误解进行反驳，同时也有缓和孟子与荀子之间理论冲突的倾向。这篇文章同样代表了清代一些考据学者对于《荀子》的探讨。

顾广圻《顾千里集》中有关探讨《荀子》的文章主要是其所作的四篇跋文。顾广圻本人以校勘之学闻名于世，清代很多著名的经典都曾经过其手校，因此其跋文的主要内容是《荀子》的版本考证。如《荀子》吕夏卿本题下跋文云：

> 余姚卢抱经学士汇诸本参以己意，校定重梓，首列影钞宋大字本，即今此本，从朱文游家见之也。考《困学纪闻》所引，殆监本是已，采用颇多，咸足正世德堂之误。[④]

顾广圻在这里考证了吕夏卿本《荀子》的传播情况以及得失，接着用具体的文本句例证实其版本价值。再如《荀子》艺芸书社藏宋椠荀子二：

> 北宋则吕夏卿监本，南宋则钱佃江西漕司本也。佃字耕道，陈直斋称其本最为完善，指同时建、浙、蜀诸本而言，若较监本，互有短长，正以合之，乃成两美耳。[⑤]

顾广圻本以版本校勘之学名家，因此在版本辨析上成就最大。顾广圻考订艺芸书社所藏北宋、南宋两种《荀子》版本，并称其“互有短长”，在校勘时应当互相参考、取长补短，吸收两个版本完善之处，最终才能形成更好的精校之本。《顾千里集》中的这四篇跋文皆是从版本学角度探讨《荀子》版本的文章，与顾广圻个人学术风尚相吻合，同时在清代《荀子》版本研究上也有不可忽视的价值。

---

① 钱大昕撰，吕友仁标校：《潜研堂集》，上海古籍出版社 1989 年版，第 475 页。

② 王先谦撰，沈啸寰、王星贤点校：《荀子集解》，中华书局 1988 年版，第 434 页。

③ 钱大昕撰，吕友仁标校：《潜研堂集》，第 476 页。

④ 顾千里著，王欣夫辑：《顾千里集》，中华书局 2007 年版，第 314 页。

⑤ 顾千里著，王欣夫辑：《顾千里集》，第 315 页。

事实上，清人文集总数庞大，梳理这方面的文献能够得到很多与清代《荀子》研究相关的文献材料。从这些著名学者的文集来看，单篇注重探讨《荀子》的文章主要以书、序、跋、记等文体展现出来。这些文章独立成篇，集中探讨，以总结性为主，或从某一方面进行深入阐发，主要涉及对《荀子》的评价、《荀子》的版本流传、《荀子》的主要思想等相关内容。不同于札记类的文本校勘，而以总结性的概述为主，这些文献属于“书记”体的范畴，对《荀子》研究涉及的问题进行集中探讨，不包含某些文章中零星提及的《荀子》材料。这些书、序、跋、记等类文章是清代《荀子》“书记”体诠释文献的重要组成部分，王先谦在其《荀子集解》中对其也有一定的选用。

三、清代目录书志中的提要条记

目录学成熟于两汉时期，以刘向的《别录》为标志。章学诚在其《校雠通义》中讲道：“校雠之义，盖自刘向父子部次条别，将以辨章学术，考镜源流；非深明于道术精微、群言得失之故者，不足与此。”[①]余嘉锡在其《目录学发微》中也提道：“目录之学，由来尚矣！《诗》《书》之序，即其萌芽。及汉世刘向、刘歆奉诏校书，撰为《七略》《别录》，而其体裁遂以完备。”[②]中国古代完整的目录包含书目、小序、提要等多方面的内容。在目录学发展过程中，虽然有些目录为了简洁只保留了书目，但事实上，很多重要的资料和研究成果都是通过一些提要而体现出来的。清代目录学兴盛，以《四库全书总目》为代表的官修目录在体例方面十分完善，包含很多重要的研究资料。由于私家藏书之风的兴盛，很多私人藏书目录也十分完备。同时，由于典籍交流传播便利，国外的一些藏书目录对中国古代典籍的研究也有重要价值。这些资料里面有很多关于《荀子》研究的资料，或辨析版本问题，或考证荀学发展历程。总而言之，这些目录中分条撰写的提要是研究清代荀学不可避开的重要材料。

《四库全书总目》是清代官修目录的经典之作，其中对《荀子》一书提要的书写，大致反映了荀学发展的基本概况，并且对《荀子》的作者、篇目、注者、思想内容、传播情况以及价值评判等问题作了整体的梳理。其先介绍

① 章学诚著，叶瑛校注：《文史通义校注》，中华书局 2014 年版，第 1101 页。

② 余嘉锡：《目录学发微》，中华书局 2007 年版，第 7 页。

《荀子》文本的形成问题：

> 周荀况撰。况，赵人。尝仕楚为兰陵令，亦曰荀卿。汉人或称曰孙卿，则以宣帝讳询，避嫌名也。《汉志·儒家》载《荀卿》三十三篇。王应麟《考证》谓当作三十二篇。刘向校书《序录》称《孙卿书》凡三百二十三篇，以相校除重复二百九十篇，定著三十三篇，为十二卷，题曰《新书》。唐杨倞分易旧第，编为二十卷，复为之注，更名《荀子》，即今本也。①

从以上记载可以看出，《荀子》文本的固定始于汉刘向校书，而今传本《荀子》主要是从唐代杨倞为之注释而固定下来的。提要中不仅有考证的内容，而且有四库馆臣对《荀子》内容价值的态度。如：

> 况之著书，主于明周孔之教，崇礼而劝学。其中最为口实者，莫过于《非十二子》及《性恶》两篇。王应麟《困学纪闻》据《韩诗外传》所引，卿但非十子，而无子思、孟子，以今本为其徒李斯等所增。不知子思、孟子后来论定为圣贤耳，其在当时，固亦卿之曹偶。是犹朱、陆之相非，不足讶也。至其以性为恶，以善为伪，诚未免于理未融。然卿恐人恃性善之说，任自然而废学。因言性不可恃，当勉力于先王之教。
>
> 平心而论，卿之学源出孔门，在诸子之中最为近正，是其所长。主持太甚，词义或至于过当，是其所短。韩愈大醇小疵之说，要为定论。余皆好恶之词也。②

四库馆臣在这篇提要中肯定了《荀子》一书的价值，分析了长久以来学者批判《荀子》的历史缘由。这些论述对《荀子》在清代的价值评估产生了一定影响，并且在一定程度上促进了清代荀学研究。

《读书敏求记》是藏书家钱曾根据其家藏典籍所作的一部善本解题书目，按经、史、子、集四部分类。其中子部有提要论及其所藏《荀子》：

> 杨倞注《荀子》凡三十二篇，为二十卷，并刘向篇目。淳熙八年六月，吴郡钱佃得元丰国子监本。并二浙西蜀诸本参校，刊于江西计台。其跋云："耳目所及，此特为精好。"予又藏吕夏卿重校本，从宋刻摹写

---

① 永瑢、纪昀等：《四库全书总目》，第 770 页。

② 永瑢、纪昀等：《四库全书总目》，第 770 页。

者，字大悦目，与此可称双璧矣。[①]

钱曾在这篇提要中提及了自己所藏的两种《荀子》版本，并考证这两种版本的刊刻流传状况，论及这两种版本的版式特征。总体而言，清代私家藏书目基本上都是以这种方式完成一书的解题。这些提要着力于《荀子》的版本研究，从版式、跋识、藏书印以及版本传播方面深化清代《荀子》研究。

以上所列清代书目提要中对《荀子》的研究涉及官修目录、私家藏书目，内容主要涉及荀学发展、作者及篇目辨析、版本流传以及思想内容评价等相关问题。提要的书写一般是从宏观的角度进行研究，不同的书目类别，其内容也不一而同。总体而言，这类文献提供了很多清代荀学研究的成果，特别是在学术史和文本流传方面。清代书目中论及《荀子》的提要还有很多，书写形式都是分条记录，也属于清代与《荀子》研究相关的"书记"体文献。这些文献不仅被王先谦《荀子集解》有选择地引用，而且对后世荀学史的书写有重要启发意义。

四、"书记"体文献与清代荀学的发展

从宏观角度看，荀学发展到清代不仅迎来了复兴，甚至达到了以往未有的境地，不仅在义理阐释方面推进理论发展，在文献考据方面也积累了一大批研究成果。如果仅从《荀子》传本情况来看，清代的《荀子》注本数量并不算多，成就也不够明显，但从整个清代学术情况来看，在考据之风的影响下，由经、史而到子书的研究浪潮使得清代大批学者都对《荀子》的研究有所涉及。梁晓园《清代荀学研究》中提道："清代荀学几乎是前朝所有荀学研究成果的总结，无论在研究的深度、广度，还是在研究的思想、方法上，都是以前各朝代无法比拟的，堪称古代荀学的最高峰。清代独有的社会政治结构与学术风尚构成荀学的特殊背景：今文经学和古文经学，汉学和宋学的相激相荡，融合兼采，构成了独特的荀学特色；吴派、皖派、扬州学派、浙东学派描绘了《荀子》研究的异彩纷呈，其不同师承、不同需要、不同倾向、不同目的又形成了《荀子》研究错综复杂的格局。"[②]各个学派背景下研究《荀子》的侧重点

① 钱曾著，沈炎校：《读书敏求记》，商务印书馆1936年版，第75页。

② 梁晓园：《清代荀学研究》，暨南大学2006年硕士学位论文，第1页。

或许不同，这些成果更多地散见于个人的学术札记、书记序跋或书志提要，通过“书记”体文献呈现出来。从形式上看，这类文献所蕴含的《荀子》研究成果数量远超于结集刊刻的《荀子》注本。这类研究成果虽然未在荀学史中彰显出来，但在实际上推动着清代荀学研究的深化。

清代考据之风兴盛，使得学术札记大量出现。由于清代文献资料丰富，学者们在读书过程中常有校书的习惯。札记体形式较为灵活，在校勘时不附原书全文，只列条目，因此不受书籍刊刻出版时某些形式方面的限制，学者们也多以札记相赠，互相讨论商榷，推进学术研究。在这种学术风气及治学习惯的影响下，清代学者倾向于用札记的形式或记录自己的读书心得体会，或编辑自己在校勘中得出的研究成果。体现在《荀子》研究上，就是涌现出大量涉及《荀子》的研究札记。这些札记的主要价值体现在对清代《荀子》文本的校勘中，并且很多结论也被后世学者所引用。王先谦在其《荀子集解·例略》中提道：

> 其中刘台拱端临、汪中容夫、陈奂硕甫诸家之说，蒐讨綦详，而卢校、郝注之精者亦附录焉。兹取王氏各条散入注文，刘、汪、陈、顾诸说仍各冠姓氏于首。
>
> 《荀子平议》四卷，全采入注。近儒之说，亦附著之。①

由以上材料可知，王先谦对刘台拱、卢文弨、郝懿行等人的注本是有选择地运用，而对王念孙的《读荀子杂志》、俞樾的《荀子平议》却是全部采入注文。由此可见，这些校勘《荀子》的札记虽然未以《荀子》注本的形式刊刻流传，但事实上却对《荀子》的文本校勘产生了极大的影响。以上所举王念孙、俞樾、孙诒让等人的著作只是清代校勘札记的一些经典之作，从这些著作中也能看出清代校勘札记在《荀子》文本校勘方面的贡献。

清代关于《荀子》研究的书、记、序、跋，多收录在学者的文集之中。在清代倡导实学的风气下，很多学者的文章都体现出重学轻文的特点，学术类文章在个人文集中也占据了重要的位置。章学诚对文集性质的演变有一个很好的论述：

> 文集仿于东京，至魏、晋而渐广，至今则浩如烟海矣。然自唐以前，子史著述专家，故立言(入子)与记事(入史)之文不入于集，辞章诗赋所

① 王先谦撰，沈啸寰、王星贤点校：《荀子集解》，第 3 页。

以擅集之称也。自唐以后，子不专家而文集有议论，史不专家而文集有传记，亦著述之一大变也。①

文集在发展过程中，包含的内容越来越多，体现出子、史与文集合流的趋向。从清代学者的文集来看，其包含的内容也越来越广泛。清代文集中有很多涉及《荀子》研究的单篇文章，如关于荀子的生平、《荀子》的思想内容以及《荀子》的价值评判等方面的内容。方苞、卢文弨、顾广圻、钱大昕、汪中、阮元、凌廷堪等学者都有专门文章去探讨这些问题。梁晓园在其《清代荀学研究》中提出："清人研究《荀子》一生只耕作于这块学术园地者不多，但是在这里劳作过的人不少；《荀子》研究的专著不少，而单篇散见于各家别集者更多。"②从形式上看，这些文章多以书、记、序、跋等文体呈现，着重于探讨内容义理以及相关背景，虽然不属于系统性、集中性的研究著作，但也为清代荀学的研究拓展了方向，扩大了荀子在清代的影响力。王先谦在《荀子集解·考证》中选用了谢墉、郝懿行、汪中、钱大昕等人的单篇文章，这体现出清代学者文章对于荀学研究的推动作用，也说明清代文集中的文章序跋是研究清代荀学不可忽视的内容。

中国古代目录学发展到清代达到了鼎盛，私家藏书的兴盛也促使大批私人目录书志出现。以《四库全书总目》为代表的官修目录在提要中对《荀子》作了整体的概述，并梳理了荀学的发展情况。清代私家目录则多是对自己所藏的《荀子》版本进行考述，辨明其版式字体，记录其款识跋语，考证其版本流传，分析其校勘价值。总体而言，这些文献对清代荀学的贡献主要体现在学术史梳理以及版本考述层面，对后世荀学研究也有深远的影响，不仅推动了荀学史的研究，而且为《荀子》的校勘底本选取提供依据。王先谦在《荀子集解》中摘录了《四库全书总目》、《天禄琳琅书目》、钱曾的《读书敏求记》、孙星衍的《孙氏祠堂书目》、张金吾的《爱日精庐藏书志》等多种书目提要，此足以证明清代书目提要在荀学研究中的价值。

结　语

荀学研究在清代复兴，出现了很多校注《荀子》的文本。但从事实上来

① 章学诚著，仓修良编著：《文史通义新编新注》，浙江古籍出版社 2005 年版，第 440 页。
② 梁晓园：《清代荀学研究》，第 13 页。

看，更多的研究成果却保存在一些学术札记、文章序跋和书目提要之中。由于这些文献缺乏系统性和完备性，因此很多资料未被发掘。从形式与特征来看，这些文献又可以用刘勰所提出的“书记”体来统筹。清代研究《荀子》的学术札记以王念孙的《读书杂志》、俞樾的《群经平议》、孙诒让的《札迻》为代表，主要对《荀子》文本以及杨倞注文进行考证，勘正讹误，分章断句，梳理文意。书记序跋则以方苞、卢文弨、顾广圻、钱大昕、汪中、阮元、凌廷堪等学者的文集为代表，主要考证《荀子》的生平年代，辨析《荀子》的内容主旨，缓和荀、孟的理念冲突。书目提要以《四库全书总目》为代表，主要从学术史角度梳理荀学的历史发展，辨别特定历史时期荀学研究中的具体问题，对《荀子》的版本、注释、内容、价值等方面进行全方位的概述。一些私家书目则注重对《荀子》具体版本版式进行介绍，梳理版本流传情况，推动荀子版本的研究。从实际情况上看，清代有关《荀子》诠释的大部分文献都保存在这类“书记”体文献之中。这类文献虽然缺乏系统性和完备性，但由于形式自由，随笔记录，篇幅短小，易于交流传播，因此在很大程度上对《荀子》注本的形成产生了重要影响。总体而言，以上所述只是选取这三类文献中具有代表性的著作进行总结归纳，力求使更多学者发现这类文献对清代荀学研究的价值。由于目前传世的清代文献数量巨大，因此从这类文献中攫取有关《荀子》研究的材料，还有广阔的空间。

从朱熹、王阳明诠释看《大学》圣典化

王　广

摘要：纵观《大学》从《礼记》一篇到《四书》之端的历程，其间有一个圣典化建构、深化和解构过程。对这一过程进行考察，我们可以窥之传统经典诠释的三个要素：一是世势给的诠释课题，二是诠释者义理视界，三是诠释文献的事实依据。

关键词：《大学》　圣典化　朱熹　王阳明

"圣典"一词，一般指宗教经典。如果我们把儒家视为一种指点、启发人们在日常人伦世界中实现生命价值无限圆满的"人文教"，那么为宋明儒者所推崇的"四书"则成为"人文教"经典，也可以称为圣典。

《大学》同《中庸》，本为儒家经典《礼记》中的两个篇章，到了宋代道学家那里，这两篇独立成经，与本自独立的《论语》《孟子》一起合称为"四子书"(即"四书")。在道学家看来，《大学》作者宗圣曾子与述圣子思、亚圣孟子同至圣孔子一起形成了一个递相传授道统谱系。相应地，《大学》等体现着四子生命智慧的四部著作，对儒家道脉传承以及自我生命价值圆满都有着至关重要的作用。那么，《大学》是如何从《礼记》中的一篇讨论学制的作品升格为一部范导人们精神修为圣典的呢？

王广，山东财经大学马克思主义学院教授，主要从事儒家哲学研究。

一、太学与大学

纵观宋明学术文化发展历程,《大学》的圣典化起端于二程,完成于南宋朱子。其间,朱子功不可没,就其对《大学》文本及其意义世界的建构可管窥《大学》圣典化理路。

《大学》作为《礼记》之一篇,讨论的是"王制"问题。为了实现王道治理,礼制中的学制环节至关重要。如《礼记·学记》说:"玉不琢不成器,人不学不知道。是故古之王者建国君民,教学为先。"①在礼乐治理中,"学"是化民成俗以实现王者之制的重要环节。唐《礼记正义》引用汉郑玄的讲法:"《大学》者,以其记博学,可以为政也。"②这里郑玄所理解的"大学",是从博闻强识角度讲的。这个"大"字,从词性上说是程度副词,应该通"太"字,故而《礼记正义》指出:"大,旧音泰,刘直带反。"③由此"大学"即"太学",是指学习达到一定程度,实现"其记博学"。郑玄认为如果学至"太学",就可以说学成了,也就能具体去"为政"了。正是因为重视词章之学的汉唐儒者对需要博闻强识的古代文物典制等知识学习相当重视,故而《大学》一篇的主旨相应就成为如何让为学者能够博闻强识的"太学",进而学以致用,实现治平天下之大用。

对于汉唐儒者以词章之学发扬儒学的路子,宋代兴起的以光扬儒门道脉为任的道学家并不认同。他们认为这种词章之学无法继承孔圣"吾道一以贯之"的为学精神,尤其是无法与有着一种能够实现生命超越之形上学智慧的佛、老文化相抗衡,致使"儒门淡薄,收拾不住,皆归释氏"④。为了光扬儒门,道学家们温故知新,重新解读儒门圣典,探索儒门是否本具一种同样能够实现有限生命之价值圆满的形上超越智慧,以抗衡佛、老"出世间"文化。

同佛、老不一样,"即世间"并道德优位的儒家文化,是以日常人伦道德上达形上超越界。儒门的圣人就有这种以道德上达形而上界的智慧,也有

① 郑玄注,孔颖达疏:《礼记正义》,北京大学出版社1999年版,第1051页。

② 郑玄注,孔颖达疏:《礼记正义》,第1592页。

③ 郑玄注,孔颖达疏:《礼记正义》,第1592页。

④ 志磐:《佛祖统纪》卷四五,《大正藏》第49册,第415页。

一种由人伦道德实现生命价值圆满的人格典范。居于人伦世间的儒士如何学以至圣？宋代道学家们构建了一个不同于以往“六经(艺)”体系的新的为学体制，这个体制就是对宋之后学术文化有着重大影响的“四书”体系。这个体系不仅关注王者之制的实现，更关注开显儒门圣人所开创的一种关乎生命调适、运转和安顿课题的智慧。

在这个为学新体系中，《大学》居首，因为其确立了如何学而至圣的为学次第、规模。二程称：“《大学》，孔氏之遗书，而初学入德之门也”①，并指出：“于今可见古人为学次第者，独赖此篇之存，而《论》《孟》次之。学者必由是而学焉，则庶乎其不差矣。”②二程将《大学》视为“入德”的著作，这对于《大学》圣典化起到了开创之功。这样《大学》不仅是一篇学成后以致用的著作，更是一部指点、启发大家如何进德成圣的著作。

如此，“大学”中的“大”字就不是表明为学程度的副词，而是表明由学以至圣的道德实践所致力成就的一个目标，即“大人”。是故，朱熹的《章句》指出：“大学者，大人之学也。”③相应地，“大”字也不再通“太”字，而是如本字，故而《章句》指出：“大，旧音泰，今读如字。”④

将“太学”解成“大学”之后，《大学》则成了一部指点、启发儒士以道德实践成就“大人”人格的圣典。作为理学集大成者的朱熹，将《大学》视为圣典，将“大学”解成“大人之学”，专门撰写《大学或问》《大学章句》等专著。他从自己的理学视界出发，对这部圣典作出了体现知道之圣人智慧的定位。

朱子在为《大学》所作的序文开首引用二程的话说：“大学之书，古之大学所以教人之法也。”⑤在《大学或问》中，朱子具体解释曰：

> 学之大小，固有不同，然其为道则一而已。是以方其幼也，不习之于小学，则无以收其放心，养其德性，而为大学之基本。及其长也，不进之于大学，则无以察夫义理，措诸事业，而收小学之成功。是则学之大小所以不同，特以少长所习之异宜，而有高下浅深先后缓急之殊，非若古今之辨、义利之分，判然如薰莸冰炭之相反而不可以相入也。今使幼

① 朱熹撰：《四书章句集注》，中华书局1983年版，第3页。

② 朱熹撰：《四书章句集注》，第3页。

③ 朱熹撰：《四书章句集注》，第3页。

④ 朱熹撰：《四书章句集注》，第3页。

⑤ 朱熹撰：《四书章句集注》，第1页。

学之士，必先有以自尽乎洒扫应对进退之间，礼乐射御书数之习，俟其既长，而后进乎明德、新民，以止于至善，是乃次第之当然，又何为而不可哉？①

显然，朱子将“大学”“小学”对称，视两者为上古王者实施教化的两个阶段。首先是对《礼记》之“大学”思想的继承。晚明大儒刘宗周弟子陈确在《大学辨》中指出：“大学、小学，仅见《王制》，亦读‘太’。作大学者，疑即本此，亦犹宋人之作小学也云耳。”②的确，《礼记·王制》篇有云：“天子命之教，然后为学。小学在公宫南之左，大学在郊。天子曰辟廱，诸侯曰頖宫。”③虽然朱子没有否认“大学”作为学制的意涵，但他与汉唐儒者以及清初像陈确这样儒者的解读差异在于，《大学》是不是一部体现圣人修道智慧的著作。陈确称：“首言‘大学’云者，非知道者之言也。”④他认为学无“小”“大”分别，对其进行区分不合乎孔圣“下学而上达”的智慧。他辨曰：

> 子言之矣：“下学而上达。”夫学，何大小之有！大学、小学，仅见《王制》，亦读“太”。作大学者，疑即本此，亦犹宋人之作小学也云耳。虽然，吾又乌知小学之非即大学也？吾又乌知小学之不更胜大学也？夫道，一而已矣。古《易》称蒙养即圣功。古人为学，自少至老，只是一路，所以有成。今乃别之为大学，而若将有所待也，则亦终于有待而已矣。古学之不可复，其以此也。⑤

在陈确看来，并没有独立出来让世人专门去修为的“大学”，一旦独立出一个大学阶段，就会让世人“有所待”，一味追求这个阶段，以致“古学”不可复。

与陈确从“道一”出发反对大、小学分别的理路不同，朱子既认同小学、大学是“道一”，但又从“道一”而“学殊”出发，继承《礼记》中的“王制”传统，将学制区分大学、小学两个阶段。由此，朱子主张小学、大学是一体的，都体现着“王道”，只不过小学是“方其幼”之学，大学则是“及其长”之学，虽然教化的对象状况不一，但都体现着王道教化的主旨。朱子认为小学阶段是为

---

① 朱熹：《四书或问》，朱杰人、严佐之、刘永翔主编：《朱子全书》第6册，上海古籍出版社、安徽教育出版社2002年版，第505页。

② 陈确撰：《陈确集》，中华书局1979年版，第553页。

③ 郑玄注，孔颖达疏：《礼记正义》，第370页。

④ 陈确撰：《陈确集》，第553页。

⑤ 陈确撰：《陈确集》，第553页。

成就大人人格的大学筑基，大学阶段则体现出小学教育的成绩功效。故而，朱子不会认同陈确将《大学》视为背离孔圣之旨的“非知道之言”，而是认为《大学》所载的都是“知道之言”，这个“道”是上古圣王继天立极递相传授之道。朱子在《大学章句序》中指出：

> 盖自天降生民，则既莫不与之以仁义礼智之性矣。然其气质之禀或不能齐，是以不能皆有以知其性之所有而全之也。一有聪明睿智能尽其性者出于其间，则天必命之以为亿兆之君师，使之治而教之，以复其性。此伏羲、神农、黄帝、尧、舜，所以继天立极，而司徒之职、典乐之官所由设也。①

显然，朱子这里理解的“学”不是汉唐儒者词章之学所推崇的知识之学，而是贯通天道的性命之学，伏羲、神农、黄帝、尧、舜等这些上古圣王之所以设立掌管礼乐教化的司徒、典乐之官职，目的就是教化生民化掉气禀之“隔”，恢复与天道贯通之“性”。这个与天道贯通之“性”是儒门学以成圣的内在根据，是实现生命价值圆满的超越保证。

由此，“小学”便不再是词章之学讲的考据、训诂意义上的“小学”，而是在幼时通过洒扫、应对、进退以及礼、乐、射、御、书、数之六艺习行，涵养身上所禀的与天道贯通之德性；到了长时，不仅可以进一步自己明觉这个与天道贯通的德性(即明德)，而且可以新民，实现家国天下都“止于至善”的大用。朱子理解的“学”就不再是知识之学，而是道德实践之学。他在《论语集注》中解释“学而时习之”章时指出：“学之为言效也。人性皆善，而觉有先后，后觉者必效先觉之所为，乃可以明善而复其初也。”②可见，朱子虽然保持了“学，效也”的意涵，但兼容了“学，觉也”的内涵，让学成为“明性善”“复性初”的道德实践之学。

总之，朱子除了将“大”字训成“大人”之“大”字，还将“学”解读成道德实践之学，从“道一”而“学殊”出发，肯定了《大学》为“知道之言”的地位。陈确同汉唐儒者一样，由于知识之学的视界，不认同朱子对“学，觉也”的意涵的兼容，认为这是禅学色彩。他从“道一”出发，质疑了《大学》“知道之言”的定

---

① 朱熹撰：《四书章句集注》，第1页。

② 朱熹撰：《四书章句集注》，第47页。

位，认为“《大学》，其言似圣而其旨实窜于禅”①。

二、古本与章句

朱子将“大学”作为道德实践之学，这意味着《大学》文本成为呈现上古圣王对生民道德实践进行指点、启发的智慧之作。为了更好地呈现圣王这种“教人之法”，朱子在二程基础上对《大学》文本进行大胆重构，呈现了一个有经有传的《大学章句》之文本，以之作为圣王指点世人为学的标准次第、规模。

“章句”原本为汉儒所创的一种研究儒家经典之体例，其重点在于解释篇章字句。朱子以此体例解读《大学》文本，对于其中缘由，朱子在《大学或问》中解释说：

> 大抵《大学》一篇之指，总而言之，不出乎八事，而八事之要，总而言之，又不出乎此三者，此愚所以断然以为《大学》之纲领而无疑也。然自孟子没而道学不得其传，世之君子，各以其意之所便者为学。于是乃有不务明其明德，而徒以政教法度为足以新民者；又有爱身独善，自谓足以明其明德，而不屑乎新民者；又有略知二者之当务，顾乃安于小成，狃于近利，而不求止于至善之所在者。是皆不考乎此篇之过，其能成己成物而不谬者鲜矣。②

朱子按照“三纲八目”的格局，解读了《大学》所确立的为学规模。“三纲”是明德、新民、止于至善，“八目”就是“八事”，即格物、致知、诚意、正心、修身、齐家、治国、平天下。前四目为内在圣德的成就，后三目是外在事功的成就，修身之目属于对前后之目的会通。朱子还认为“三纲”体现着内圣外王的格局，其中“明明德”属于内在圣德成就层面，“新民”属于外在教化之功层面，“止于至善”是对内圣外王两个层面的会通。

朱子认为在“三纲八目”中，“三纲”还是“八目”的基础。在这个基础上，朱子一方面确立了儒门的为学规模，并以之评判其他学派的为学次第、规模。他认为申、韩等法家缺失儒门“明明德”，佛、老又缺失了“新民”环节，那

① 陈确撰：《陈确集》，第552页。

② 朱熹：《四书或问》，《朱子全书》第6册，第509页。

些能够两者并重的为学路数则又缺失“止于至善”环节，容易安于小成。另一方面又按照“三纲八目”对《大学》文本进行了重构。在《大学章句》中，朱子指出：

> 右经一章，盖孔子之言，而曾子述之。其传十章，则曾子之意而门人记之也。旧本颇有错简，今因程子所定，而更考经文，别为序次。①

这种经传相分的建构，使《大学》文本成了体现“三纲八目”这一儒门为学规模的文本。对此，陈确在其《大学辨》中质疑道：

> 《大学》首章，非圣经也。其传十章，非贤传也。程子曰“《大学》，孔氏之遗书”，而未始质言孔子。朱子则曰：“右经一章，盖夫子之意，而曾子述之；其传十章，则曾子之意，而门人记之也。”古书“盖”字，皆作疑词。朱子对或人之问，亦云“无他左验”，且意其或出于古昔先民之言也，故疑之而不敢质，以自释“盖”字之义。程、朱之说如此，而后人直奉为圣经，固已渐倍于程、朱矣。②

在陈确看来，朱子经传相分的“章句”型文本根本没有证据，是故他坚决反对将《大学》圣典化，自然也不认同将文本重构。明代心学大师王阳明同样不认同将《大学》文本进行重构，而是提倡《大学》古本，并撰写了《大学古本序》《大学古本傍释》等。

不过，阳明同陈确不一样，他与朱子一致，都将《大学》圣典化，将“大学”解成“大人之学”，并撰写《大学问》，标榜圣人在《大学》中的智慧。阳明在《大学问》中指出：

> 故曰：“物格而后知至，知至而后意诚，意诚而后心正，心正而后身修。”盖其功夫条理虽有先后次序之可言，而其体之惟一，实无先后次序之可分。其条理功夫虽无先后次序之可分，而其用之惟精，固有纤毫不可得而缺焉者。此格致诚正之说，所以阐尧舜之正传而为孔氏之心印也。③

---

① 朱熹撰：《四书章句集注》，第 4 页。

② 陈确撰：《陈确集》，第 552 页。

③ 王守仁撰：《大学问》，吴光、钱明、董平姚等编校：《王阳明全集》，上海古籍出版社 1992 年版，第 972 页。

与朱子视《大学》为教法的进路不同，阳明则把《大学》当作孔圣继承尧、舜的心法。教法是以《大学》文本涵具启发、指点士人道德实践的道理为前提的，因为这些道理需要从《大学》文本中开显，由是《大学》也相应地需要一个标准本子。但阳明心法的理路则是"六经皆我注脚"，经典里语句是对自己心中所明觉道理的印证。阳明弟子钱德洪解释《大学问》时说：

> 《大学问》者，师门之教典也。学者初及门，必先以此意授，使人闻言之下，即得此心之知，无出于民彝物则之中，致知之功，不外乎修齐治平之内。学者果能实地用功，一番听受，一番亲切。师常曰："吾此意思有能直下承当，只此修为，直造圣域。参之经典，无不吻合，不必求之多闻多识之中也。①

显然，阳明重视"直下承当"，要求当下即心明理，经典里的圣贤道理是对自己所明之理的悟觉。阳明指出："后之人惟其不知至善之在吾心，而用其私智以揣摸测度于其外，以为事事物物各有定理也，是以昧其是非之则，支离决裂，人欲肆而天理亡，明德、亲民之学遂大乱于天下。"②

概言之，朱子从教人之法角度对《大学》文本进行了重构，阳明则从心法角度重新提倡坚持《大学》古本。不过，两者都是将《大学》圣典化，并且阳明对《大学》所呈现的道德实践之学作了进一步深化。陈确虽然提倡古本，却是从知识之学的角度，不认同朱子将《大学》经传相分，更反对将《大学》圣典化。

三、改经与守经

如上所述，朱子按照"三纲八目"重构了一个有经有传的《大学章句》，以一个标准经典文本实施教化，从而实现世人对圣人之理的自觉，由此他又打破古本，训"亲"为"新"。他在《大学》章句中曰："程子曰：'亲，当作新。'"③当然，深谙训诂规范的朱子也知道这种"某当作某"的训释不够客观，其《大学或问》指出：

---

① 王守仁撰：《大学问》，《王阳明全集》，第 973 页。

② 王守仁撰：《大学问》，《王阳明全集》，第 969 页。

③ 朱熹撰：《四书章句集注》，第 3 页。

曰:程子之改亲为新也,何所据?子之从之,又何所考而必其然耶?且以己意轻改经文,恐非传疑之义,奈何?曰:若无所考而辄改之,则诚若吾子之讥矣。今亲民云者,以文义推之则无理,新民云者,以传文考之则有据,程子于此,其所以处之者亦已审矣。矧未尝去其本文,而但曰某当作某,是乃汉儒释经不得已之变例,而亦何害于传疑耶?若必以不改为是,则世盖有承误踵讹,心知非是,而故为穿凿附会,以求其说之必通者矣,其侮圣言而误后学也益甚,亦何足取以为法耶?①

从这段材料可知,朱子也了解"某当作某"是训经中"不得已之变例"。朱子为什么还要改字为训?因为他还是从建构标准经典文本出发,让《大学》所涵具的圣人之理即"三纲"之理更为圆融,实现其"足取以为法"。他的《章句》将"三纲"之理训释如下:

明德者,人之所得乎天,而虚灵不昧,以具众理而应万事者也。但为气禀所拘,人欲所蔽,则有时而昏;然其本体之明,则有未尝息者。故学者当因其所发而遂明之,以复其初也。新者,革其旧之谓也,言既自明其明德,又当推以及人,使之亦有以去其旧染之污也。止者,必至于是而不迁之意。至善,则事理当然之极也。言明明德、新民,皆当至于至善之地而不迁。盖必其有以尽夫天理之极,而无一毫人欲之私也。此三者,大学之纲领也。②

在这段解释中,朱子首先从其天理本体识度出发,认为圣人启发、指点的道德实践有个超越根据,即"得乎天""虚灵不昧"的与天道贯通的性(理)(本)体,这个性体具有"具众理而应万事"的功能。然而,由于现实生活中的每个道德实践主体又受各自所禀之气的拘限,因而要通过不断道德实践化掉这些对至善性体的拘限,"复其初","革其新",从而实现像圣人那样从容中道,做到事事合乎当然之理。儒门的精神修行不是自了,重在推己及人,实现天下人至善性体,"复其初","革其新",最终成就让天下人止于至善的事功。这样整个天下就可以成为"人欲净尽,天理流行"的王道世界。

对于朱子解读的《大学》所具有的圣人指点、启发世人的道德实践"三纲领",阳明表示认同,但反对将性体与本心当下明觉割裂的道德实践路向。

---

① 朱熹:《四书或问》,《朱子全书》第6册,第509~510页。

② 朱熹撰:《四书章句集注》,第3页。

他从“心即理”出发，不承认有个外在于本心（心之本体）明觉的性体。阳明认为，“大人”人格成就不是经过一个实施教化或自我读经而不断修行历程后就能明天理、性体等，而是当下就能明觉。所以“大人”是当下能否明觉每个道德实践主体所固有的“仁心之本若是”，如果当下能明觉，自然而然就会有不容已的“以天地万物为一体”的力量。据此，《大学问》指出：

> 阳明子曰：“大人者，以天地万物为一体者也，其视天下犹一家，中国犹一人焉。若夫间形骸而分尔我者，小人矣。大人之能以天地万物为一体也，非意之也，其心之仁本若是，其与天地万物而为一也。岂惟大人，虽小人之心亦莫不然，彼顾自小之耳。”①

既然每个道德实践主体当下即能明觉这个“以天地万物为一体”的心体（也即性体），那么就需要持守并推致这一心体（性体）到事事物物，以发挥心体（性体）之大用。如此，明明德就是个明体，亲民就是达用。

《大学问》指出：

> 明明德者，立其天地万物一体之体也。亲民者，达其天地万物一体之用也，故明明德必在于亲民，而亲民乃所以明其明德也。是故亲吾之父，以及人之父，以及天下人之父，而后吾之仁实与吾之父、人之父与天下人之父而为一体矣；实与之为一体，而后孝之明德始明矣！亲吾之兄，以及人之兄，以及天下人之兄，而后吾之仁实与吾之兄、人之兄与天下人之兄而为一体矣；实与之为一体，而后弟之明德始明矣！君臣也，夫妇也，朋友也，以至于山川鬼神鸟兽草木也，莫不实有以亲之，以达吾一体之仁，然后吾之明德始无不明，而真能以天地万物为一体矣。夫是之谓明明德于天下，是之谓家齐国治而天下平，是之谓尽性。②

在阳明看来，儒家所讲的每个道德实践主体都能当下即明觉的“亲亲”之仁心，就可以契会能够实现生命价值圆满的超越本体。这个超越本体是性体也是心体，是本然至善的。正是这种至善的心体（性体）发用，才有了与父母、兄弟、君王、丈夫或妻子、朋友以至山川鬼神鸟兽草木等“以亲之”的一体感通。朱子将至善作为明体达用后的成效，认为是明明德、新民之后所成就的永远“不迁”的“至善之地”，而阳明则将其视为心体（性体）所本然，只要明

---

① 王守仁撰：《大学问》，《王阳明全集》，第 968 页。

② 王守仁撰：《大学问》，《王阳明全集》，第 968～969 页。

觉了心体(性体)也就明觉了至善。

《大学问》指出:

> 故止至善之于明德、亲民也,犹之规矩之于方圆也,尺度之于长短也,权衡之于轻重也。故方圆而不止于规矩,爽其则矣;长短而不止于尺度,乖其剂矣;轻重而不止于权衡,失其准矣;明明德、亲民而不止于至善,亡其本矣。故止于至善以亲民,而明其明德,是之谓大人之学。①

至善是明德、亲民的内在不容已的律令,没了它,明明德与亲民就没了"头脑"。如何发挥这一律令或"头脑"作用,阳明强调了"诚意"之功。他在《大学古本序》中指出:

> 《大学》之要,诚意而已矣。诚意之功,格物而已矣。诚意之极,止至善而已矣。止至善之则,致知而已矣。正心,复其体也;修身,著其用也。以言乎己,谓之明德;以言乎人,谓之亲民;以言乎天地之间,则备矣。是故至善也者,心之本体也。动而后有不善,而本体之知,未尝不知也。意者,其动也。物者,其事也。至其本体之知,而动无不善。然非即其事而格之,则亦无以致其知。故致知者,诚意之本也。格物者,致知之实也。物格则知致意诚,而有以复其本体,是之谓止至善。圣人惧人之求之于外也,而反覆其辞。②

在阳明看来,每个道德实践主体当下的心中有个至善的律令,这个律令在每次意念发动时就会发挥不容已的范导之力,这就是意念之"诚"。要想时时事事都能发挥这个至善律令对意念的范导之力,就必须做好"致(良)知"工夫,只有致了能明觉是非善恶之"则"的良知,才能在意念发动时发挥正确的范导功能,实现"诚意之极",即"止至善"。当然"非即其事而格之,则亦无以致其知",意念发动要即于事、物上,在事、物上体现所致的是不是作为至善之则的"良"知,抽走了这些意念发动所即的事、物,那么这个"致知"就会虚无化。是故,致知为"诚意之本",格物是"致知之实"。只有在事、物上体现出至善之则,那么就意味着能知至善之则的良知被致,一旦良知被致,那么也就意味着发动于事事物物上的意念有了内在至善律令不容已之"诚",这个"诚"就能澄明作为超越本体的心体(性体),以实现至善的生命境界。由

① 王守仁撰:《大学问》,《王阳明全集》,第969~970页。

② 王守仁撰:《大学古本序》,《王阳明全集》,第242~243页。

此，不管是格物、致知、正心、诚意都是对内在至善之心体（性体）的明觉，格物是将至善心体发用于物、事上的，致知是持守和推至这个至善心体，正心是让心恢复这个至善心体，诚意则是让至善心体范导意念发动。主张“知行合一”的阳明认为，“一念发动处便是行了”，作为印证圣贤道德实践智慧的《大学》就成了如何明觉至善心体以范导意念发动即诚意的圣典。

奉持教化明理的朱子更着力于构建一个更合理的教化文本。至善之理并不是内心的一个律令，而是经过居敬涵养和即物穷理之后才能对其明觉。其中读圣贤经典、明成圣之理就是涵养与明觉至善性体非常重要的方式。由此，他在道德实践中特别推崇格物。为了给他的格物论找依据，他不仅改字、改文序训经，而且直接增补经文。《大学章句》指出：“盖释格物、致知之义，而今亡矣”，所以“闲尝窃取程子之意以补之”。[①]

在朱子看来，《大学》是个由宗圣曾子秉承孔圣遗教所著的用于教人明理的标准圣典。其中，有经有传体现着一个“三纲八目”的为学规模、次第。既然传文中缺失了对格物、致知两目的解读，所以需要增补之，以实现《大学》文本的典范化。

在陈确看来，《大学》并非圣典，朱子所推崇的“三纲八目”也并非孔圣教人为学的标准。他的《大学辨》指出：

> 古人之学虽不离乎明，而未尝专言明。推之《易》《诗》《书》可见，恶其逃于虚焉故也。而《大学》首言“明明”，固已倍矣。且古之君子，非有所亲疏于民也；而有以民饥民溺为己责者，有以一夫不被泽为耻者，又有箪瓢陋巷以自乐者，而其道则靡不同。此古人之学，所以能善因乎时势而莫之有执也。今使推高禹、稷、尹为大人之学，而贬绝颜子为小人之学，则可笑矣。故君子之学不言新民而新民在，言新民而新民反不在。亦犹吾向之论学也，不言大而大见，言大而大或不见也。
>
> 至善，未易言也；止至善，尤未易言也。古之君子，亦知有学焉而已。善之未至，既欲止而不敢；善之已至，尤欲止而不能。夫学，何尽之有！有善之中又有善焉，至善之中又有至善焉，固非若邦畿丘隅之可以息而止之也。而《传》引之，固矣。故明、新、至善之言，皆末学之夸词，

① 朱熹撰：《四书章句集注》，第6页。

伪士之肤说也。[①]

在陈确看来，明明德并不高明，是违背圣典的，因为“逃于虚”；古之学不全是“新民”，也不刻意言新民；“至善”在为学过程中是难以轻易说出的，“止至善”更是自不量力。所以“三纲”纯属于“末学之夸词，伪士之肤说”，怎么可能是孔圣教人之遗法。

综上，纵观《大学》从《礼记》一篇到《四书》之端的历程，二程开启了《大学》圣典化，朱子完成了构建，阳明进一步深化，最后清初的陈确等又对《大学》圣典化作了解构。据此我们可以从传统诠释中得出三点启示：

一要知势。经典的诠释离不开诠释者所处的世势，世势不同，诠释者就有了不同的解读课题。譬如朱子的课题是如何抗衡佛、老，以实现儒门对生命形上超越智慧的开显，陈确则是如何开显经典的实用之学。

二要明理。对于经典，虽然不同诠释者出于不同视界作出了不同诠释，但所有诠释哪怕是错误诠释，都体现了其形成如此诠释的义理视界。譬如，阳明的亲民训释与古本持守，朱子的新民训释与章句建构，都源于他们不同的义理视界。

三要辨据。经典诠释之所以如此，除了义理视界问题，也有文本本身文献的客观事实问题。文献事实如何，可以更好地帮助我们正本并理解诠释者某些“曲解”的程度和性质。

① 陈确撰:《陈确集》,第553～554页。

翻译·诠释·建构：以退溪诠释“物格”注为中心

周元侠

摘要：面对朱子《大学章句》“物理之极处无不到也”（“物格”注），朝鲜儒者在翻译时出现了“厓”和“是”的争论。退溪早年反对“理之极处自到吾心”的观点，晚年则主张“物格理到”说。考察退溪诠释“物格”注的思想变化，可以看出其经历了从语言翻译向建构哲学体系的“质的飞跃”。从哲学建构角度看，“物格理到”说与理动说、理发说一脉相承，都是坚持理的活动性；从经典诠释角度看，退溪在引用朱子原话论证理动、理发、理到说时，显示了他对“朱子本意”的独特理解和诠释。朝鲜儒者对“物格”注的争论，在一定程度上反映了儒家经典在海外流传时面临的翻译、诠释乃至哲学重构的一种模式。

关键词：格物　物格　理到　心到

随着儒学在朝鲜半岛的传播，韩国儒者对儒家经典必然要进行翻译和诠释，大体而言，韩国儒者翻译儒家经典历经了口诀、释义、谚解三个阶段，李昤昊在论及《论语》翻译时说，从前 57～668 年“开始就进行了用国语来理解《论语》的努力，经过口诀、释义等阶段，到了朝鲜前期终于完成了《论语》的国译完译本《论语谚解》”①。又说：“‘口诀’也可叫作‘吐’。口诀是指解读汉文的时候利用汉字的音和训在句读处添加助辞或词尾等。……国语被创

周元侠，福建社会科学院哲学研究所副研究员，主要从事儒家哲学研究。

① 张崑将编：《东亚论语学：韩日篇》，华东师范大学出版社 2012 年版，第 50 页。

造出来之前口诀主要利用了汉字的比划，但国语被创制出来以后则是利用了国语。"[①]这里所言"国语"是指韩国语，即训民正音，是1443年世宗大王始创的表音文字。口诀又称"悬吐"，林月惠说："朝鲜儒者以'悬吐'的方法来解读汉文典籍……所谓'悬吐'，即是以汉文或韩文附加于汉文语句下的助词。"[②]训民正音产生之前，悬吐是将汉字附加到句子中表示语法结构，如"者""是""亦"表示主格助词，"之""也"表示终结词尾，等等。训民正音产生后，大量使用韩文附加于句子中。退溪(1501～1570)所处的16世纪正值口诀、释义、谚解并存的时期，因此在退溪的著述中，有口诀，如他对格物、物格注的翻译；有释义，如他所著的《三经四书释义》是有名的释义书，被校正厅《谚解》大量采用，而校正厅《四书三经谚解》正式出版发行是在1590年，已是退溪去世之后的事情。谚解是在释义的基础上完成的，"释义是指用国语来说明经典里难解的句子，谚解则是指将经典全文译成国语"[③]。可见，在尚未形成韩文全译本的时代，朝鲜儒者研读汉文经典必须自行翻译，这样一来，儒者对经典文本中的重要概念、语句等的翻译就会出现多种方式。这就是退溪翻译、诠释"物格"注的大背景。

朱子注"致知在格物"曰："致，推极也。知，犹识也。推极吾之知识，欲其所知无不尽也。格，至也。物，犹事也。穷至事物之理，欲其极处无不到也。"[④]注"物格而后知至"曰："物格者，物理之极处无不到也。知至者，吾心之所知无不尽也。"[⑤]退溪早年就关注到格物、物格及其注释的翻译，对朝鲜儒者的多种观点及辩论作了总结，提出符合朱子学基本立场的看法，后来经过与奇高峰的一番辩论，晚年提出"物格理到"说，重构了朱子的理本体论。退溪前后的思想转变展现了儒家经典在流传过程中可能发生的翻译、诠释和哲学建构的一种模式。

---

① 张崑将编：《东亚论语学：韩日篇》，第48页。

② 林月惠：《异曲同调：朱子学与朝鲜性理学》，(台北)台湾大学出版中心2010年版，第122页。

③ 张崑将编：《东亚论语学：韩日篇》，第48～49页。

④ 朱熹撰：《四书章句集注》，中华书局1983年版，第4页。

⑤ 朱熹撰：《四书章句集注》，第4页。

一、"物格"注的厓是之辨

厓是之辨是韩国儒者在翻译《大学章句》中格物、物格及朱子注释时产生的问题,"厓""是"是翻译过程中按照韩语语法习惯必须添加的汉字。退溪记载:

> 某少时入成均,时尹先生倬为大司成,尝问"物格"注"极处"吐。尹公曰:"当云是。"问:"是谓理之极处是自到吾心否?"公但曰:"非也。"不言其所以非之故,每以不能审问为恨。元判书太初,往年尝为余言。昔金大司成老泉,读"欲其极处"与"物理之极处",皆曰是,后朴瓢道人光佑主金说。而李晦斋复古,则两处皆读曰厓。深以朴说为不可,朴亦不服,辨争甚力。李公因叹今人不晓人言意,不可与论学。然三公所以为说者,则皆不可得闻也。癸丑年间,某忝为成均日知馆事,骆峰申先生论此以厓辞为是而略解其义。又云:"苟知此意,则工效注,虽云极处是,固亦无妨。"因手披传十章之末而指之曰:"假如言读此书。自卷初至此处是无不尽也,岂不可也?"某窃详申公此语,实得其意。盖虽曰极处是,其所谓到者,依旧只是穷至其极处耳,非谓极处是自至于我也。①

针对"欲其极处无不到也""物理之极处无不到也"的翻译,朝鲜儒者的争论焦点在于"是"和"厓"的使用。归纳起来,朝鲜儒者的观点可分为三派:(1)尹倬、金老泉、元太初、朴光佑认为两处都在"极处"后添加"是",相当于现代韩语中的助词"이",表示前面的名词是主语;(2)即"物理之极处"是"无不到"的主语。李晦斋则坚持在"极处"后添加"厓",相当于现代韩语的处所格助词"에",表示前面的名词是方向、处所,即"物理之极处"是"无不到"的目标方向;(3)申骆峰则兼采两种观点,认为只要明白义理,厓、是均可。

"厓是之辨"表面上是语言翻译的问题,但实际上却表达了不同的义理。"厓"表示"物理之极处"是"到"的方向,而"是"表示"物理之极处"是主语,这与朱子预设"心"为格物的主体不同,于是退溪问尹倬:"理之极处是自到吾心否?"李晦斋感叹:"今人不晓人言意,不可与论学。"其实,即便使用"是"辞

① 《格物物格两注说·记尝闻见诸公语》,《陶山全书》第 2 册,退溪学研究院,1988 年,第 368 页。

的译者也不承认“理之极处”能“自到吾心”，尹倬面对退溪之问直言“非也”。不过，据《大学释义》，退溪问尹倬的是另一问题：“滉向问此于尹大成倬先生曰：‘所谓到者，心到理极处否？’公曰：‘非也。’当时未晓，今方觉是。”[①]与“理之极处是自到吾心否”涉及理能否“自到”不同，“心到理极处”涉及“物格”与“知至”的区别。无论如何，用“是”翻译“物格注”总是存在歧义。如果用“厓”翻译，则不存在以上歧义，但又会出现其他问题，这在《格物物格俗说辨疑·答郑子中》中有详细论述。申骆峰认为，翻译“物格注”用“厓”“是”均可，但强调“物理之极处是无不到也”的意思仍是“我”(吾心)穷至物理之极处，而不是“物理之极处自至于我”。退溪完全赞同申骆峰的立场，他说：

> 但物格注吐，如申公所释之意，则或厓或是，两无所碍。李公必欲并此处去是而取厓，此则微似大执耳。申公又曰：“李复古云：‘心到极处。’此说非也。若谓心到，则是已涉知至，非物格也。”元公亦云：“李公谓‘我到极处’，非也。”愚谓穷到极处，固心也、我也。然说着“心到”“我到”，便有病，只当云“穷到极处”，可也。[②]

从义理上说，退溪与晦斋、骆峰都认为“物理之极处”不是“自到”，而是由心发挥主体作用。但就语言表述而言，退溪批评晦斋“微似大执”，认为晦斋为了强调心的主体作用，直接说“心到”“我到”，将“物格”等同于“知至”，在退溪看来，“穷到极处”的表述比“我到极处”更符合朱子学的内在逻辑。从以上记载看，朝鲜儒者对于“物格注”的翻译一直存在语言表述和义理体系之间的矛盾，如果用“是”，可能导致“理自到吾心”的歧义；如果用“厓”，可以避免理“自到”的问题，但又容易造成物格、知至的混淆。如何平衡语言翻译与朱子学义理之间的关系，是朝鲜儒者必须面对的问题。退溪经过思考，将格物、物格及其注释翻译如下：

> “格物”物乙格乎麻是注：“欲其极处厓无不到也。”“物格”物厓格为隐注：“物理之极处厓是无不到也。”“格”字有“穷而至”之义，“格物”，重在“穷”字，故云：物乙格乎麻是。“物格”重在“至”字，故云：物厓格为隐。一说，物理之极处是，亦通。[③]

---

① 《增补退溪全书》第3册，成均馆大学校大东文化研究院，1971年，第191页。

② 《格物物格两注说·记尝闻见诸公语》，《陶山全书》第2册，第368～369页。

③ 《格物物格俗说辨疑·答郑子中》，《陶山全书》第2册，第366页。

退溪认为，“格”有“穷而至”之义，但“格物”的重点是“穷”，“物格”的重点在“至”，由此二者的翻译有别。严格区分“格物”“物格”的重点体现了中韩理学家的问题意识不同，朝鲜儒者一向强调工夫和功效的区分，陈来指出：“对于《大学》开始一段文字中讨论的八个条目及其前后逻辑关系，在中国理学中争论最多的是‘格物’的问题，而对于‘物格而后知至，知至而后意诚，意诚而后心正……’则很少讨论……朝鲜‘理学’把格致到治平称为功夫，把物格到天下平称为功效。”[①]关于“物理之极处无不到”的翻译，退溪采纳了申骆峰的观点，主张“厓”“是”均可用，只是在语言表述略有变化，将“物格注”翻译为“物理之极处厓是无不到也”“物理之极处是”。接下来，我们将对这些译法可能带来的质疑予以反驳。

退溪提出“物理之极处厓是无不到也”可能面临两种质疑：“今人以厓是辞为疑者有二焉。一谓理本在吾心，非有彼此。若云厓是，则是理与我为二而分彼此，故不可也。一谓工效，注若云厓是，则是涉工夫着力，故不可也。”[②]这两种质疑回答了尹倬等人何以在否认“理自到吾心”的情况下，还坚持用“是”不用“厓”的原因。针对“理”与“我”分为二的质疑，退溪回应说：“以理言之，固无物我之间，内外精粗之分。若以事物言之，凡天下事物，实皆在吾之外。何可以理一之故，遂谓天下事物皆吾之内耶？……惟其事事物物之理，即吾心所具之理。不以物外而外，亦不以此内而内。”[③]在退溪看来，“心具众理”不仅是“理一”之理，还是事事物物蕴含的“分殊”之理。从普遍之理看，理没有内外之分，从分殊之理而言，理无不在吾外。由于心具众理，心能认知理，所以事物之理借由心的作用得以呈现，这种心的认知过程并非空间的移动，即“非谓心离躯壳而自此走彼之谓也”[④]。用“厓是”并不是非将理我分而为二，而是充分考虑了心能认知理的情况。

第二种质疑认为用“厓是”没有很好地区分工夫、功效，而把功效当成了工夫。退溪反驳道：

> 是亦不然。众理融会，乃是知至之事，不当言于物格之效。况语有主宾，亦理势自然，何可避也？昔江德功欲训致知以穷理，朱子非之曰：

---

① 陈来：《宋明理学》，华东师范大学出版社2004年版，第317页。

② 《陶山全书》第2册，第366页。

③ 《陶山全书》第2册，第366页。

④ 《陶山全书》第2册，第366页。

> “知者，吾心之知。理者，事物之理。以此知彼，自有主宾之辨。不当以此知也字训彼理也字也。”今详此说，所论乃致知工夫。实是众理融会之妙，似若无物我之分，犹可以彼此主宾言之。况此物格之说，只是说那事物之理之极处厓无不到云耳，未说到这边融会之妙来。夫指其处而言其已至，则其有主宾之辨。比之朱子之说，岂不更分明乎。至者为主，极处为宾。如此则读之以厓是辞，何不可之有哉？虽于工效，仍用此辞，岂遽有着力之嫌乎？①

退溪认为“物格之效”与“知至”不同，“知至”强调认知主体达到了众理融会的程度，但“物格”仍然有“物”“我”之别，需要强调主宾之分，“至者”为主，“极处”为宾。

如果进一步追问，“至者”之“主”是什么，无疑地，退溪认为应是心，而不是理自身。接下来的举例明确表达了这一点：

> 比如有人自此历行郡邑至京师，犹格物致知之工夫也。已历郡邑，已至京师，犹物格知至之功效也。岂可谓于方行方至，可以言郡邑厓是历行为也、京师厓是来至他为也，以为工夫之说。于已历已至，必变辞曰：郡邑是已历为也、京师是已至罗沙，乃可谓工效耶？若如此说，则已历者非人，乃郡邑也。已至者非人，乃京师也。推之以释物格，则格者非我，乃物也。释极处，则到者非我，乃极处也。此不成言语，不成义理，胶胶不通之说，不可从也。②

“为也”“他为也”“罗沙”都是以汉字附加句尾，表示悬吐，此处需要注意的重点在于退溪用经由郡邑至京师的例子来说明“物格注”用“厓是”，而不能只用“是”。“是”表示主语是“郡邑”“京师”，“厓”则表示“郡邑”“京师”作为地点名词，是形式上的主语，真正的主语是人。“物格注”用“厓是”辞强调主体是心，而不是物、理，就像京师不能自到，理也不能自到。显然，此时退溪仍遵循朱子所谓“理无情意，无计度，无造作”的基本立场，强调“心”与“理”的能所、主宾之对应关系，不能接受“理自到”说。

如果用“是”翻译“物格注”，退溪主张译成“物理之极处是”，退溪说：

> 此与今人所谓是辞者辞同而旨异者也。夫今所云是者谓“物理之极

---

① 《陶山全书》第2册，第367页。

② 《陶山全书》第2册，第367页。

处是自无不到于吾心”，即牵拽向里之病，非也。吾所云是者谓“众理之极处是无一不到之处也”，则理依然自在事物，而吾之穷究无一不到处耳，故曰亦通。（须于“无不到”下又带一“处”字意说来，方得语意。……若不言“无不”而单言“格”字、“到”字处，用是辞释，则同归于上文变辞者之病。故经文物格不可用是辞，惟于注文用之可通耳）①

退溪所谓“物理之极处是”，表达“众理之极处是无一不到之处也”的意思，显然，“是”的主语和宾语都是表达处所的名词，“众理之极处”与“无一不到之处”所指相同，不存在指称上的歧义。在退溪看来，如果舍去“处”或者“无不”等字眼，使用“是”辞翻译都不妥当，都可能导致“物理之极处是自无不到于吾心”的误解。最后，退溪试图采用新译法，即“尝欲以愚意为物格之释曰物麻多格为隐后厓，如此则中含无不到之意，而无两争之端，但人创闻新语，未必相信耳②。”要之，至少在丁卯年（1567）与郑子中讨论时，退溪明确反对“理能自到吾心”的观点，因此在翻译“物格注”时，再三斟酌，时刻提防陷入“理自到”的“陷阱”之中。

二、退溪的“物格理到”说

退溪从早年关注“物格注”的翻译伊始，基本立场是强调格物、物格的主体是心，而非“理自到”。然而在看到奇高峰考证出的数条关于“理到”的材料后，退溪对“理到”有了新的理解，庚午年（1570）的《答奇明彦别纸》详细记述了这一转变，其曰：

“物格与物理之极处无不到”之说，谨闻命矣。前此滉所以坚执误说者，只知守朱子“理无情意，无计度，无造作”之说，以为我可以穷到物理之极处，理岂能自至于极处？故硬把“物格”之“格”，“无不到”之“到”，皆作已格、已到看。往在都中，虽蒙提谕“理到”之说，亦尝反复细思，犹未解惑。近金而精传示左右所考出朱先生语及“理到”处三四条，然后乃始恐怕已见之差误。于是尽底里濯去旧见，虚心细意，先寻个理

① 《陶山全书》第2册，第367页。

② 《陶山全书》第2册，第368页。

所以能自到者如何。[①]

这里奇高峰考朱子语及“理到”处三四条分别是指“理到之言出《戊申封事》”“随其所寓而理无不到’出《通书》‘发微不可见’条下”“无一毫不到处出《大学或问》注”。[②] 退溪由此得出“理自到”的结论，他说：“今目明彦引证‘理到’诸说参考《大学或问》‘理虽散在万物，而实不外一人之心一段’（见补亡章或问）小注朱子说而细思之始悟‘理到’之言未为不可，今当从明彦说。”[③]

《大学或问》小注的具体内容如下：

> 问：“《或问》云：‘心虽主乎一身，而其体之虚灵，足以管乎天下之理；理虽散在万物，而其用之微妙，实不外乎一人之心。’不知用是心之用否？”曰：“理必有用，何必又说是心之用！夫心之体具乎是理，而理则无所不该，而无一物不在，然其用实不外乎人心。盖理虽在物，而用实在心也。”又云：“理遍在天地万物之间，而心则管之；心既管之，则其用实不外乎此心矣。然则理之体在物，而其用在心也。”次早，先生云：“此是以身为主，以物为客，故如此说。要之，理在物与在吾身，只一般。”[④]

通过这段问答不难看出，无论是《或问》中朱子所谓“理虽散在万物，而其用之微妙，实不外乎一人之心”，还是此处朱子所答“理必有用，何必又说是心之用”，都是强调心认知理的作用。就“心”而言，“心具众理”，“心能管摄天下之理”，心能知觉万物之理；就“理”而言，“理虽散在万物”，遍在万物，但必须借由“心知”的作用，才能显现其功用。在朱子体系中，“理之用”是“虚”用，因为“理”本身并不活动；“心之用”才是“实”用，因为“心”能活动，正是朱子所谓“理之体在物，而其用在心也”，朱子始终坚持“以身为主，以物为客”。这样一来，“理”必待于“心之用”，“理必有用，何必又说是心之用”实际上表达的意思是，理为体，其用表现于心。无论如何，不能说“理自到”。

然而，退溪却据此作出如下推论：

> 其曰：“理在万物，而其用实不外一人之心”，则疑若理不能自用，必有待于人心，似不可以自到为言。然而又曰：“理必有用，何必又说是心

---

① 《答奇明彦别纸》，《陶山全书》第 2 册，第 114 页。

② 《与金而精》，《陶山全书》第 2 册，第 511 页。

③ 《答金而精》，《陶山全书》第 2 册，第 511～512 页。

④ 黎靖德编，王星贤点校：《朱子语类》卷十八，中华书局 1985 年版，第 416 页

之用乎?”则其用虽不外乎人心,而其所以为用之妙,实是理之发见者,随人心所至,而无所不到、无所不尽。但恐吾之格物有未至,不患理不能自到也。然则方其言格物也,则固是言我穷至物理之极处;及其言物格也,则岂不可谓物理之极处,随吾所穷而无不到乎?是知无情意、造作者,此理本然之体也;其随寓发见而无不到者,此理至神之用也。向也但有见于本体之无为,而不知妙用之能显行,殆若认理为死物,其去道不亦远甚矣乎?①

从表面上看,退溪运用朱子的“理必有用”说解决了理能“自到”的问题,但这种理解已非朱子原义,退溪将朱子所谓“理必有用,何必又说是心之用”理解为理本身就能呈现。在他看来,理是万物的本体,人心也是理的表现(用),那么,理的表现程度随着人心的认识所达到的程度而改变。在格物过程中,随着格尽物理、人心无所不到,理的表现也就无所不到。所以从理的本体来说,不能自到于极处,但从理的呈现(“至神之用”)来说,可以说理随着人心所至而“无不到”。简言之,“无情意、无造作”是形容“理本然之体”,而理“随寓发见而无不到”是“理之妙用”。由此,“理之用”与“心之用”都是“实”用,而且“理之用”为主导,“心之用”居客位。这就意味着“理”自身能发用,并随人心所至,而遍在万物万事之中显示理之妙用。

这种理解与奇高峰所谓“理到”有根本的区别,对此,退溪的弟子李德弘(1541～1596)说:

先生言于德弘曰:“吾初释‘物格’曰‘物애格’。或曰‘物이’,亦似无妨。”高峰亦言曰“朱子之说多有理到物至之语,当释曰‘物이’”云云。因此更思,朱先生曰“理虽在物,〔而〕用实在心”,盖理之体具在于物上,固不得到来于我;其用之妙,实不外一人之心,若穷此理,则昭昭然尽到我胸中矣。“物이”之说甚善。高峰虽未知此理之用到我之义,知得至此,幸甚,幸甚。②

在李德弘看来,高峰虽提供了“理到物至”的说法,但尚未认识到“此理之用到我之义”,这是符合事实的。联系到奇高峰与退溪四端七情之辨的基本立

① 《答奇明彦别纸》,《陶山全书》第2册,第114页。

② 《大学质疑》,《国际儒藏·韩国编·四书部·大学卷》第1册,华夏出版社、中国人民大学出版社2010年版,第330页。

场，他一直以朱子“理无情意造作”的观点来反对“理发”说，可知奇高峰所理解的理与朱子一样，是不活动的。针对退溪与高峰的“理到”说的区别，杨祖汉指出，“高峰引朱子语所谓之理到，是‘理至乎其极’之意，但并不一定表示理本身有其活动性”[①]。林月惠也说：“奇高峰虽言‘理到’，但‘理’本身不活动，此仍是朱子的思路。”[②]

《答奇明彦别纸》写后不到一个月，退溪就去世了，“理到说”无疑是退溪的晚年定论，这与他早年坚持“理不能自到吾心”的观点有了明显差别，与理动说、理气互发说一脉相承，都是坚持理能活动。在朱子体系中，理本身不活动，活动的只能是气。朱子说：“盖气则能凝结造作，理却无情意，无计度，无造作。……若理，则只是个净洁空阔底世界，无形迹，他却不会造作；气则能酝酿凝聚生物也。”[③]又说：“太极理也，动静气也。气行则理亦行，二者常相依而未尝相离也。”[④]在朱子看来，理必须借助气的动静来凝聚生物。朱子这种观点引起很多后学者的疑问，比如李公浩问退溪：“‘太极动而生阳，静而生阴。’朱子曰：‘理无情意、无造作。’既无情意、造作，则恐不能生阴阳。”退溪回答说：“朱子尝曰：‘理有动静，故气有动静。若理无动静，气何自而有动静乎！’知此则无此疑矣。盖‘无情意’云云，本然之体，能发能生，至妙之用也。……理自有用，故自然而生阴生阳也。”[⑤]退溪的回答表达了理自会动静的观点，其实朱子所谓“若理无动静，则气何自而有动静”是说理包含动静的依据而自身不动，即“盖谓太极含动静则可，（以本体而言也）。谓太极有动静则可，（以流行而言也）。若谓太极便是动静，则是形而上下者不可分”[⑥]。朱子说“气有动静”才是说气本身能动静，这里“理有动静”与“气有动静”之“有”字含义不同，前者为虚，后者为实。

《答李公浩问目》也是写于庚午年（1570），可见理动也是退溪的晚年定论。如果追溯到与奇高峰之间的四端七情辨论（1559～1566），更能清楚地

---

① 杨祖汉：《从当代儒学观点看韩国儒学的重要争论》，（台北）台湾大学出版中心 2005 年版，第 177 页。

② 林月惠：《异曲同调：朱子学与朝鲜性理学》，第 140 页。

③ 黎靖德编，王星贤点校：《朱子语类》，第 3 页。

④ 黎靖德编，王星贤点校：《朱子语类》，第 2376 页。

⑤ 《答李公浩问目》，《陶山全书》第 3 册，第 185 页。

⑥ 《答杨子直》，朱杰人、严佐之、刘永翔主编：《朱子全书》第 22 册，上海古籍出版社、安徽教育出版社 2002 年版，第 2072 页。

看出退溪的论证思路。当时退溪引用朱子"四端是理之发"来论证"四端，理发而气随之；七情，气发而理乘之"①。其实，在朱子那里，由于理不活动，所以理之"发"应是"虚发"，而退溪则把"理发"与"气发"看成同一层面上的发用，都是"实发"。

退溪这种坚持理能"自到""自动""自发"的观点引起栗谷学派的很多质疑，金沙溪的弟子李惟泰(1607～1684)在《大学答问》中对此作了详细梳理，择要引之如下：

> 盖尝闻之，理无为也，无形也，气有形也，有为也。以无形无为而为有形有为之主者，理也；以有形有为而为无形无为之器者，气也。故非气，则理无所盛贮，亦无为发用。故朱子于《中庸》费隐之说释鸢鱼之义曰："所以飞所以跃者，理也。气便载得许多〔理〕出来。若不就鸢飞鱼跃上看，如何见得此理？"只此一说亦可见理无形无为，而因形气上发见也。以人心言之，心，气之爽也。以其心之属火而虚而光明，故天下之理皆具于方寸之中，以此心而穷事物之理，则事物之理明；以此心而处事物之宜，则事物之理得也。盖所谓物格者，非有理之用，如有形之物能运动，而自诣其极也。故朱子曰："理〔却〕无情意、无计度、无造作"，是兼理之体用而言也。若曰"无情意造作者，此理本然之体也；其随遇发见而无不到者，此理至神之用也"，则恐非朱子之本意也。盖理之体固无情意造作也，理之用可谓有情意造作耶？②

"理无为、无形，气有形、有为"乃李惟泰引用沙溪的观点，也是栗谷学派的基本观点。他们认为，物格不是理之用，而是心之用，朱子所谓"理之用"乃是虚用，不是"随寓发见无所不到"的实用。沙溪与栗谷对"物格知至"的讨论很多，在沙溪看来，"大概物格云者，栗谷衣箱之譬极分晓，恐不可违也"③。"栗谷衣箱之譬"是指"譬如暗室中册在架上，衣在桁上，箱在壁下，缘黑暗不能见物，不可谓之册、衣、箱在某处也。及人取灯照见，则方见册、衣、箱各在其处分明，然后乃可谓之册在架、衣在桁、箱在壁下矣。理本在极处，非待格物始到极处也。理非自解到极处，吾之知有明暗，故理有至未至也"④。栗谷

① 《答李宏仲问目》，《陶山全书》第 3 册，第 89 页。

② 《大学答问》，《国际儒藏·韩国编·四书部·大学卷》第 1 册，第 427～428 页。

③ 《大学答问》，《国际儒藏·韩国编·四书部·大学卷》第 1 册，第 428 页。

④ 《读沙溪先生大学札疑》，《国际儒藏·韩国编·四书部·大学卷》第 3 册，第 605 页。

指出，只有当吾心之全体大知与理融会在一起时，才能穷尽理之极。物格知至的关键是以吾心之全体大知去穷尽物之理，而非理自到。理能否活动是退溪和栗谷两大学派之间的主要争论点，李惟泰说："退溪理气说有曰：'理发而气随之，气发而理随之。'栗谷曰：'发之者，气也；所以发者，理也。'其所争盖在于此。"①退溪和栗谷两大学派关于"物格理到"的争论经久不衰，以至近代学者李钟弘（1879～1936）仍受到"物格理到"说和"衣箱之譬"的影响，他说："愚尝以格物、物格为我穷到物、物到我之意看，及读《或问》'物格者事物之理，各有以诣其极而无余'之说，反复参究，得其影响。而又读栗谷之言，明白剀切，令人有披云见天也。"②要之，退溪结合他的理动、理发说，在翻译和诠释"物格注"的过程中提出"理到"这一创造性的观点，形成退溪学独特的理本论。栗谷和退溪两大学派对此展开长期的争辨，因此，"格物物格"成为韩国《大学》论著中的常见词条，其中既涉及语言翻译问题，又涉及退溪学、栗谷学派之间的根本差异，属于韩国儒学独特的理学课题。

三、"物格"注的翻译和诠释对退溪学的哲学建构意义

单纯从语言翻译角度看，退溪诠释"物理之极处无不到"似乎没有太大变化，由最初同意申骆峰的"是""厓"均可，到晚年也没有发生根本变化。但分析退溪前后思想的转变发现，相似的翻译方式下却隐含着本体论和认识论的巨大转变，即从最初明确否认"物理之极处自到吾心"转变为"物理之极处，随吾所穷而无不到""不患理不能自到"，这不仅是退溪思想的翻转，也是朱子理学的大翻转。作为朱子理学的追随者，退溪在其著作中处处透露出追求朱子本意的诉求。为何会出现如此异于朱子理学的观点？梳理韩国儒者对格物、物格及其注释的翻译和诠释可以看出，不同的语言系统和问题意识是造成物格注厓是之辨的首要因素，而"物格理到"说则源自退溪对朱子"本意"的创造性理解和诠释。

物格注厓是之辨最直接的原因是语言系统的差异。韩语是表音文字，主要结构是主语＋宾语＋谓语；而汉语是表意语系，每个字都有独立的意思，句子的基本结构是主语＋谓语＋宾语，由于字词意义具有独立性，所以

① 《大学答问》，《国际儒藏·韩国编·四书部·大学卷》第1册，第428页。

② 《读沙溪先生大学札疑》，《国际儒藏·韩国编·四书部·大学卷》第3册，第605页。

即便主谓宾不同时出现，也能表达出完整的意思。如《大学》中的“格物”和“物格”以及《章句》中的注释都省略了主语，朱子注“格物”曰：“穷至事物之理，欲其极处无不到也。”注“物格”曰：“物格者，物理之极处无不到也。”从语法结构看，格物是动宾句，“格物”之“格”为动词，“格物”之“物”为宾语。但从语义上说，由于朱子解释“格”为“至”（到），是不及物动词，那么“物”（事、事物之理）不是“格”的受词，而是“处所补词”，格物的意思是“穷至（格）事物之理（物）”，也即《章句》所谓“欲其极处无不到”。从《大学》文本而言，格致诚正修齐治平的主语都是人，按照朱子的体系而言，格物的主体应是“心”，这一点在“格物补传”已有明确表述。因此，“格物”是指吾心穷至事物之理之极处，而在《章句》中，朱子则省略了“吾心”。“物格”就语法而言，物是主语，朱子解释为“物理之极处”，格是谓语，用来描述主语“物”的状态。朱子注“物格”为“物理之极处无不到”，如果进一步追问：物理之极处何以能达到“无不到”的境界？那么，按照朱子的论证逻辑，物格仍要带入“心”，即“物理之极处吾心无不到”。显然，从语法与语义上分析，朱子对于物格、格物的诠释必得带入主体之“心”的作用。

然而，朝鲜儒者以“悬吐”的方式来解读格物、物格时，就不是简单地省略主体之“心”所能做到的。仅从语法结构考虑，用“厓”或“是”翻译“物理之极处无不到也”都有合理之处，但是二者含义有别。在韩语中，“是”是主格助词，表示前面是主语，“物理之极处是无不到也”表示“物理之极处”是主语，这与朱子暗含的“吾心”为主语便有分歧。“厓”是“方向、处所格助词”，附在名词之后表示前面的名词是指方向、处所，而不是主语，“物理之极处厓无不到也”避免了以“是”悬吐的歧义，将“物理之极处”看作是“无不到”的目标和方向，“吾心”仍然居主语的位置，这是李彦迪强调用“厓”的原因。但是，用“厓”又混淆了物格和知至的区别，所以退溪说李彦迪坚持用“厓”的做法“微似太执”。无论如何，不管是坚持“厓”辞的李彦迪还是主张“是”辞的尹倬，都不主张“理能自到吾心”，在此前提下，申骆峰和早年退溪都主张“厓”“是”均可用。换言之，在退溪提出“物格理到”说之前，朝鲜儒者都秉持了“物理之极处”不能“自到”的基本立场。

就退溪解释“物格”注来看，翻译为诠释和建构哲学体系提供了契机，退溪的“物格理到”说体现了翻译在儒家经典流传过程中起到的先行作用，而这种语言转换不可避免地涉及意义诠释，因为“翻译始终是解释的过程，是翻译者对先给予他的语词所进行的解释过程"①。退溪在翻译"物格"注时还受到朝鲜理学严格区分工夫和功效的影响,这种独特的学术脉络与语言系统一起成为退溪翻译和诠释"物格"注的"前见"。然而,不同"前见"下的翻译并不必然带来体系的建构,在相同的学术脉络和语言系统中,并非所有的翻译者和诠释者都能创造出令人信服的哲学体系。就"物格"注而言,从语言翻译层面上看,恐怕退溪没有超越申骆峰的基本看法,但当退溪结合"理发""理动"说而提出"理到"说时,退溪始终坚持理能活动的信念就在翻译和诠释"物格"注中得以贯彻,退溪学由此显示出与朱子学不同的发展理路。

如果将学术视野投到整个朱子学的发展过程中,可以发现,退溪对理活动性的坚持与朱子学体系的发展趋势正相契合,陈来指出:"李退溪坚持理(太极)自能动静是与明代朱学从肯定理能动静来强调理对于气的支配作用的倾向是一致的。"②退溪生活的时代,中国正值阳明学兴起,也是朱子学体系的内部矛盾正在显露的阶段,明儒质疑朱子理气动静说,如曹端指出:"朱子谓理之乘气,犹人之乘马,马之一出一入,而人亦与之一出一入。若然,则人为死人,而不足以为万物之灵,理为死理,而不足以为万物之原。"③曹端、薛瑄等试图通过强调太极是"所以能动静者"来解决理动问题。与中国理学家相比,退溪把理动说坚持得更加彻底、更加系统,将理动说融入性情论、认识论、本体论当中。崔英辰指出:"理发说、理动说、理到说等对理能动性的信念,从与高峰展开论辨之时便一直是退溪哲学的支柱。"④在理动的信念支撑下,退溪对理到说的论证思路与理动、理发说的论证模式完全一致,即"当这一信念与朱熹强烈的否定理之能动性的信念相冲突时,他采取了用体用论来克服两者矛盾,并使自己的观点合理化的做法"⑤。体用论是朱子理学中的重要内容,朱子所言体用往往有虚实之别,退溪则把理之用看作实用,由此去论证理动、理发、理到说。不仅如此,他还将理有体用说广泛用于本体论之外的领域。陈来指出:"物格理到的问题本来是朱子知识论中衍生出来的……李退溪自己实际上最后是以本体论的方式去处理这一本来属于知

---

① [德]伽达默尔:《真理与方法》下卷,洪汉鼎译,上海译文出版社 2004 年版,第 496 页。

② 陈来:《宋明理学》,第 313 页。

③ 黄宗羲著,沈芝盈点校:《明儒学案》,中华书局 1985 年版,第 1064 页。

④ [韩]崔英辰:《韩国儒学思想研究》,邢丽菊译,东方出版社 2008 年版,第 193 页。

⑤ [韩]崔英辰:《韩国儒学思想研究》,第 195～196 页。

识论的问题，从而使得这一问题成了显示退溪‘理学’本体论思维的一个问题。”[1]正是在这个意义上说，“退溪哲学思想最成熟、最完美的境界体现在他于庚午年己卯给高峰的书信《别纸》中”[2]。

值得注意的是，退溪对朱子理学的重构并非脱离朱子文本本意展开，可以说，退溪的所有创见都是在追求“朱子本意”的过程中产生，退溪和奇高峰以及其他儒者的论辩，无不以朱子原话作为论据。从经典诠释角度来看，退溪通过对“四端”“七情”“太极”“物格”等朱子学固有概念的诠释，揭示了朱子学体系固有的矛盾并试图解决之，最终通过对朱子固有概念及其“本意”的独特诠释发展了朱子学说，同时实现了具有朝鲜特色的哲学建构。与之相较，中国理学家在批判或者维护朱子学时，也不可避免涉及诠释朱子注的情况，比如王阳明对朱子学的批判也涉及朱子格物致知论，只是阳明和退溪对格物的关注点和出发点有明显区别。王阳明是以回到《大学》古本为出发点，试图转“格物”为“格心”，构建其心学体系，但“从经典学的立场来看，阳明哲学终究还有一些内在的难题没有解决”[3]。而以退溪为代表的朝鲜朱子学却通过对朱子著述的经典诠释，实现了前所未有的发展。关于这一时期的中朝朱子学的差异，陈来指出：“虽然朱学从明中至清代仍然维持着正统哲学的地位，作为有生命力的哲学形态在中国已日趋衰落。而与‘心学’的盛行刚好对应，嘉靖后朱学在朝鲜获得进一步发展的活力。退溪哲学的出现，一方面表明朝鲜理学的完全成熟，一方面表明朱子学重心已移到朝鲜而获得新的生命，为此后在东亚进一步扩大影响准备了条件。”[4]因此，研究以退溪为代表的朝鲜朱子学能够发现朱子学说自身逻辑发展过程中异于阳明心学的另外一种可能发展路径，即在“尊朱”的名义下进行经典诠释。尽管退溪所坚守的“朱子本意”一再受到栗谷学派的批评，但退溪追求“朱子本意”的初衷与对“朱子本意”的突破之间的矛盾恰恰反映了朱子学体系自身的矛盾和生命力。就“物格理到”说而言，语言翻译是诱因，而退溪对理活动性信念的坚守则是关键，这种信念来自对朱子学体系自身矛盾的认识。为了克服朱子学说中关于理气动静固有的矛盾，退溪通过对四端、七情、太极、

---

① 陈来：《宋明理学》，第 320 页。

② [韩]崔英辰：《韩国儒学思想研究》，第 193 页。

③ 陈来：《有无之境：王阳明哲学的精神》，北京大学出版社 2013 年版，第 147 页。

④ 陈来：《宋明理学》，第 320 页。

物格等固有概念的诠释，提出“理发”“理动”“理到”等观点，从而颠覆了朱子理不活动的本体论。换言之，退溪是在追求“朱子本意”的名义下通过经典诠释的方式完成了对朱子学体系的建构，并成为朝鲜儒学史上最有创造性的朱子学者。

试析李二曲对《大学》格物思想的新诠释
——兼论对程朱、陆王的和会融通

房秀丽　朱祥龙

摘要:"格物"是《大学》的重要思想,因被宋明儒家视为基本的修养工夫而受到重视。对"格物"的不同诠释,体现了宋明儒者不同的工夫路向,理学与心学的分野也在此尽显。清初会通派思想家李二曲非常重视《大学》的修养工夫,晚年著《四书反身录》,其《反身录·大学》对"格物"思想进行了创造性诠解,将程朱、陆王两家的工夫论整合为一体。首先,为应对王门末流因任"现成良知"的弊病,他重提格物的重要性;其次,二曲把格物解释为"穷理"和"明善",并强调从格"此物"到格"万物"的格物之序,体现了其一贯和会两家的立场;最后,通过互补缺失,他得出了"格物致知莫非良知之用"的结论,为创造性地诠释《大学》的格物思想并整合两家之学作出了独特贡献。

关键词:李二曲　格物　程朱　陆王

"格物"是儒家经典《大学》的重要思想,历来被诠释为基本的修养工夫,受到宋明儒家的重视。而对"格物"的不同诠释,体现了宋明儒者不同的工夫路向,理学与心学的分野也在此尽显。作为会通朱、王两派的重要代表,清初思想家李二曲对《大学》的格物思想进行了创造性诠解。李二曲(1627～1705),名颙,字中孚,世称二曲先生,与同时代的容城之孙奇逢、余姚之黄宗羲被誉为

房秀丽,山东工商学院人文与传播学院副教授,主要从事儒家哲学研究;朱祥龙,山东工商学院学生处教育管理科科长,主要从事思想政治教育研究。

清初三大名儒[①]。二曲晚年作《四书反身录》，对《大学》的格物论多有发明，本文试图以《四书反身录·大学》为基础，并参以《二曲集》其他资料，探讨李二曲对《大学》格物说的新诠释。

一、"格物乃圣贤入门第一义"——重提格物的重要性

"格物"二字出自儒家经典《大学》，宋明理学家对之加以发挥阐扬，使之成为成就圣贤的一项重要工夫。若作具体分析，则会发现程朱与陆王两派对格物的重视程度不同。朱熹继承了伊川的理性主义路向，作《大学格物补传》，非常重视格物的工夫。而陆九渊却大讲发明本心，对格物工夫不甚重视。王阳明虽然受朱学影响，也重视儒家经典《大学》，但偏重于将《大学》的"格物"解读为"致良知"之教，从而在一定意义上消解了格物。到了王门后学特别是左派那里，更是大讲良知现成，不言格物了。

在此种情势之下，处于明清之际的二曲才会重提对待格物工夫态度的问题。《富平答问》中记载了二曲与弟子的这样一场问答：

> 问："理欲之辨最细。昔贤谓'不虑而知，发于自然者，谓之良知，便是天理'，然好好色之心，何尝待虑？何尝不出于自然？如何却谓之'人欲'？七情如此者甚多，此犹易认也，且有明似天理，而细心体之，实属人欲者，此则难认矣。当念之初动时，学者何以辨别？"
>
> 先生曰："好好色之心，固发于自然，而好色之迹，惟恐人知。即此畏人知之心，亦曷尝不自然乎？可见一时之纵恣，终不能汩良知之本体，特明知而明昧之耳。真似、似真之辨，天理、人欲之界，所差只在毫厘间，非至明不能晰其几，此君子之所以贵穷理也。[②]

自孟子至阳明皆认为良知"不虑而知，发于自然"，对于这点，二曲及其弟子

① 全祖望在《二曲先生窆石文》中称："当是时，北方则孙先生夏峰，南方则黄先生梨洲，西方则先生，时论以为三大儒。"（李颙撰，陈俊民点校：《二曲集》，中华书局 1996 年版，第 614 页）当然，关于三大儒的说法，学界争论不一，亦有四大儒、五大儒之说。张岱年先生指出，清初最有名望的三个大儒是孙奇逢、黄宗羲、李颙。到了清末，人们讲清初三大儒，就改成了黄宗羲、顾炎武、王夫之。章太炎讲孙奇逢、黄宗羲、顾炎武、王夫之、颜元清初五大儒，梁启超则推崇黄宗羲、顾炎武、王夫之、颜元四人。参见张岱年：《中国哲学史史料学》，三联书店 1982 年版，第 180 页。

② 李颙撰，陈俊民点校：《二曲集》，第 130～131 页。

都会承认。问题在于，良知所发的情感虽出于自然，但好货好色之人欲又何尝不是出于自然。在常人看来，这比良知所发的道德情感更出于自然。二曲弟子所问者便是围绕此问题而来，而且此问题更关联着晚明以来思想界的一个重要问题——关于“现成良知”（或“见在良知”）[①]的争论。

“良知现成、当下具足”的思想在阳明那里就已发端[②]，只是没有得到太多强调，至龙溪才大加发挥，并成为其哲学的重要观念，聂双江称其“以见在为具足，不犯做手为妙悟”[③]。此种思想在龙溪那里因为只限于理论层面而失之玄虚，而经崇尚任性而为、倡导“百姓日用即道”的泰州学派宣扬发挥后，则是产生了混情欲为良知、“不复为名教所能羁络”的流弊。正像当时王门右派的学者罗念庵所描述的：“今人误将良知作现成看，不知下致良知工夫，奔放驰逐无有止息，茫荡一生有何成就？谚云：‘现钱易使。’此最善譬，今人治家，亦须常有生息，方免穷蹷。若无收敛静定之功，却说自有良知善应，即恐孔孟复生，亦不敢承当也。”[④]

二曲弟子提出“理欲之辨”的问题，其实也是有感于此问题的复杂性。二曲虽认为人欲并不能汩没良知本体，但又本着重视现实人性中负面因素的立场，强调天理、人欲所差只在毫厘之间，所以学者需要下格物穷理的工夫。正是在此种意义上，二曲才重新称述和强调朱子的格物工夫，他说：“余惟孟子没，孔子之道微，至宋儒出，而始有以接不传之绪，而朱子晦翁乃集诸儒之成。自是‘致知格物’之学，复明于天下，而孔子‘下学上达’之旨，人皆知所以实用其力，而无躐等空疏之弊，可谓正且大矣。”[⑤]继承了朱子这种思想，二曲把格物工夫提到“圣贤入门第一义”的高度来加以强调，认为“‘格物’乃圣贤入门第一义，入门一差，则无所不差，毫厘千里，不可以不慎”[⑥]。

---

① 彭国翔指出，龙溪所用的是“见在良知”的概念，没有“现成良知”之说，只是龙溪同时及之后的大部分学者却更多的运用“现成良知”的概念来理解龙溪的“见在良知”，遂使二者的用法发生混淆。参见彭国翔：《良知学的展开——王龙溪与中晚明的阳明学》，三联书店 2005 年版，第 70 页。

② 如阳明曾讲：“良知只是一个，随他发见流行处当下具足，更无去求，不须假借。”王守仁撰，吴光、钱明、董平等编校：《王阳明全集》，上海古籍出版社 1992 年版，第 85 页。

③ 聂豹撰，吴可为编校整理：《聂豹集》，凤凰出版社 2007 年版，第 377 页。

④ 罗洪先撰，徐儒宗编校整理：《罗洪先集》，凤凰出版社 2007 年版，第 696～697 页。

⑤ 李颙撰，陈俊民点校：《二曲集》，第 599～600 页。

⑥ 李颙撰，陈俊民点校：《二曲集》，第 404 页。

二、穷理与明善——格物释义

在明清之际的思想界，不仅二曲非常重视格物工夫，除王门左派之外的其他思想家也皆重视格物思想，如主张博物宏通的顾炎武和强调“习行”的颜元等。顾炎武讲“博学于文”，认为“读九经自考文始，考文自知音始”[①]，并著《日知录》，广泛考究人文地理、典章制度。颜元则将“格物”之“格”训为“‘手格猛兽’之‘格’，‘手格杀之’之‘格’”，认为格物即“孔门六艺之教”。[②]其他的思想家也本着各自学问的理路，各抒己见，这就造成了二曲所说的“‘格物’二字，诸说纷纷，犹若聚讼”[③]的状态。那么，二曲所说的格物又究竟何义呢？

（一）“格物，犹言穷理也”：格物释义

二曲在格物论上首先传承了程朱的说法，将“格物”释为“穷理”。他说：

> 格物，犹言穷理也。……天下之物，皆当有以格之，然有序焉。由知、意、心、身，深究密诣，循序渐进，本立然后家、国、天下可得而言矣。否则，后其所先，而先其所后，何繇近道。[④]

二曲训“格物”为“穷理”，这是继承了程朱对格物的解释。伊川认为“格犹穷也，物犹理也，犹曰穷其理而已也”[⑤]，朱子讲“格物，是物物上穷其至理”[⑥]。而二曲所讲格物须“有序”，也大体上沿用了程朱的路子，伊川讲“格物之理，不若察之于身，其得尤切”[⑦]，朱子亦讲从穷“事君事亲之礼”渐及“天地鬼神日月阴阳草木鸟兽之理”[⑧]。但二曲由于在心性论上基本坚持陆王的立场，故而认为心性为一，理即是吾心之理。此种理路必然会反映在其格物思想上，故必须对其格物思想施以进一步的开掘，如此才能揭示其格物工夫的深层内蕴。

---

① 顾炎武著，华忱之点校：《顾亭林诗文集》，中华书局 1983 年版，第 73 页。

② 颜元撰，王星贤、张芥尘、郭征点校：《颜元集》，中华书局 1987 年版，第 491 页。

③ 李颙撰，陈俊民点校：《二曲集》，第 40 页。

④ 李颙撰，陈俊民点校：《二曲集》，第 40 页。

⑤ 程颢、程颐著，王孝鱼点校：《二程集》，中华书局 2004 年版，第 316 页。

⑥ 黎靖德编，王星贤点校：《朱子语类》卷十五，中华书局 1986 年版，第 291 页。

⑦ 程颢、程颐著，王孝鱼点校：《二程集》，第 175 页。

⑧ 黎靖德编，王星贤点校：《朱子语类》卷十五，第 286～287 页。

二曲和伊川、朱子都解“格物”为“穷理”，但是对“理”的理解却显然不同。与伊川、朱子认为的“性即理”和“物物皆有理”不同，二曲明确讲“心理同然，古今一辙”[①]，理义于是成了“我”的心中之理，而非外在于“我”的物理。

(二)“物即身、心、意、知、家、国、天下，而知为主”：“物”之范围

与此相关，二曲对“物”的解释也与伊川、朱子拉开了距离。他首先把物的范围圈定为《大学》八条目所列之“物”，认为“身、心、意、知、家、国、天下，皆物也，而知为主”[②]，这样就把格物限定于儒家内圣外王之学的框架之内，与伊川、朱子广泛的格万物之理的泛认知主义倾向拉开了距离[③]。并且二曲认为，这些“身”“心”“意”“家”“国”“天下”之物与“知”并不具有同等的地位，而是拥有一种本末关系，“知”便成为居于家国天下之上能“物物”的特殊之物——本体，“有此‘物’而后能物物，亦犹乾坤虽与六子并列，而其所以为尊者，固自在也”[④]。

(三)“格物以明善”：“格物”之目标

顺着这种思路，二曲的格物便不再是朱学的向外求理的路子，而成为“明善复初”的方法。他说：

> “格物”二字，即《中庸》之“择善”，《论语》之“博文”，虞廷之“惟精”。“博文”原以“约礼”，“惟精”原以“执中”，“格物”原以“明善”。大人之学，原在“止至善”，故先格物以明善。[⑤]

二曲把格物当作明善的方法，其内在思路便逐渐与陆王学接近。当然，程朱格物的最终目的也是“明善”[⑥]，但二曲所明之“善”却显然与程朱之“善”不

---

① 李颙撰，陈俊民点校：《二曲集》，第 24 页。

② 李颙撰，陈俊民点校：《二曲集》，第 80 页。

③ 弟子问伊川“格物是外物，是性分中物”时，伊川回答“不拘。凡眼前无非是物，物物皆有理。如火之所以热，水之所以寒，至于君臣父子间皆是理”(程颢、程颐著，王孝鱼点校：《二程集》，第 247 页)。朱子亦认为，“眼前凡所应接底都是物。事事都有个极至之理，便要知得到”(黎靖德编，王星贤点校：《朱子语类》卷十五，第 282 页)。

④ 李颙撰，陈俊民点校：《二曲集》，第 406 页。

⑤ 李颙撰，陈俊民点校：《二曲集》，第 404～405 页。

⑥ 伊川认为“明善”是格物穷理的终极目的，“要在明善，明善在乎格物穷理”(程颢、程颐著，王孝鱼点校：《二程集》，第 144 页)。朱子继承了这种观点，在《大学章句集注》中，把《大学》第五章(即朱子所作“格物补传”一章)作为“明善之要”。参见朱熹撰：《四书章句集注》，中华书局 1983 年版，第 13 页。

同。朱子释“至善”为“事理当然之极”[①]，所以朱子的明善仍是以吾虚灵知觉之心向外探求事物之则（善之则）的过程。与朱子相对应，二曲对善的解释却是“善非他，乃天之所以与我者，即身、心、意、知之则，而家、国、天下之所以待理者也”[②]，而此身、心、意、知之则皆是“能物物”的良知本体所发，由此，“善”便不再是外在于吾心的事理之则，而成为内在于吾心的本体化的价值之源了。所以，二曲格物便不再走朱学以“人心之灵”求万物之理而期一旦豁然贯通从而合内外之道的路子，而是要人先从“格此物”开始，走“反身而诚”以“发明本心”的路子，如此便接近了象山的立场。

三、从格“此物”到格万物——格物之序

通过前文的分析，我们知道二曲将《大学》“格物”之“物”圈定为“身、心、意、知、家、国、天下”之物，并强调“知”为主，这就涉及对《大学》“致知在格物”及整个《大学》“八条目”的理解问题。众所周知，“格物”“致知”是八条目中之两条，但《大学》只大略言“致知在格物”，并未进一步分析所格之物为何，这便给朱子留下了相当大的发挥空间。朱子作《大学格物补传》，并自认为是“窃取程子之意”，其中讲“所谓致知在格物者，言欲致吾之知，在即物而穷其理也”[③]，似与《大学》强调本末的态度不合，也与《中庸》所讲的“惟天下至诚，为能尽其性；能尽其性，则能尽人之性；能尽人之性，则能尽物之性”的路子相异，而是颠倒了它们所认定的以诚身为本、以外物为末的次序。[④] 二曲强调八条目中“知为主”，这其实是把朱子颠倒了的次序重新扭转回《大学》的原义。所以，在二曲看来，格物不仅内容问题重要，先后本末次序也是

---

① 朱熹撰：《四书章句集注》，第 3 页。

② 李颙撰，陈俊民点校：《二曲集》，第 405 页。

③ 朱熹撰：《四书章句集注》，第 6～7 页。

④ 冯友兰先生指出：“《大学》在说了‘三纲领’之后，接着就说到：‘古之欲明明德于天下者，先治其国；欲治其国者，先齐其家；欲齐其家者，先修其身；欲修其身者，先正其心；欲正其心者，先诚其意；欲诚其意者，先致其知。致知在格物。’这一段话一连串用了六个‘其’字，都指的是‘古之欲明明德于天下者’那个人，意思是连贯的，就是说，‘明明德’要从自己本身做起。朱熹把‘格物’解释为‘即物穷理’，这就使这个连贯脱节了。‘明明德’就不是从自己本身做起，而是从外物做起了。……这就把《中庸》和《大学》所说的次序完全颠倒了。”冯友兰：《中国哲学史新编》第五册，人民出版社 1988 年版，第 180～181 页。

一个极重要的问题。

(一)格物“首要格为物不贰之物”:格物以立“大本”

在二曲看来,格物的第一步,是格此“为物不贰之物”。他说:

> 格物,首要格为物不贰之物。此物格则大本立,从而渐及于家国天下之物,方不外本内末,游衍驰骛。其格之之方,须先扫除廓清,不使尘情客气、意见才识,一毫牵滞于胸中。夫然后学问思辨,务使精神志虑,全副尽归之理路。①

二曲强调格物首要格此“为物不贰之物”从而立大本。“为物不贰”语出《中庸》。《中庸》言“天地之道,可一言而尽也:其为物不贰,则其生物不测”,二曲引此以表明此“为物不贰之物”是直承天地之道而来,是人之本体。如此一来,二曲先格此“为物不贰之物”即是在讲,格物工夫的第一步乃是先发明此本体,这其实遵循了象山先辨明为学端绪以立乎其大的思路。② 象山认为“所谓格物致知者,格此物致此知也”③,认为《易》之穷理、孟子之“尽心”皆是穷此理、尽此心,这就是象山承孟子所强调的“先立乎其大者”。二曲所运用的“扫除廓清”的格物方法即是象山“减担”的方法,所以格物的方法就不再是朱子“今日格一物,明日格一物”④以求一旦豁然贯通的理路,而是直觉体认、反躬内省而达至一旦“全体具呈”的状态。至此,才算悟得“我”之所以为“我”,才算复归“天赋本面”之本体,即所谓的“结圣胎”。

(二)一物不格,则一理未明:融纳朱子的求知精神

当然,二曲并不完全走象山的路子,而是以和会朱陆的态度,要人格得“此物”明了本体之后便“由内而外,递及于修齐之法,治平之略”⑤,认为“苟一物不格,则一物不备矣。……苟一物不格,则一理未明”⑥,便不是大人之学,这又是在王学的基础上融进朱子求知的精神。朱子认为,“圣贤不是教

---

① 李颙撰,陈俊民点校:《二曲集》,第 40 页。

② 牟先生指出,象山学的“立言重点在辨明端绪之得失”。参见牟宗三:《从陆象山到刘蕺山》,上海古籍出版社 2001 年版,第 41 页。

③ 陆九渊撰,钟哲点校:《陆九渊集》,中华书局 1992 年版,第 238 页。

④ 黎靖德编,王星贤点校:《朱子语类》,第 207 页。

⑤ 李颙撰,陈俊民点校:《二曲集》,第 405 页。

⑥ 李颙撰,陈俊民点校:《二曲集》,第 40 页。

人去黑淬淬里守着”，要人“大着心胸，大开着门，端身正坐以观事物之来，便格它”[①]。钱穆先生说朱子“另开一面，来广大己心，发明己心”，“意欲恢宏疆宇，廓开道路，把求知精神与博学精神充分加入”[②]，就道出了朱子的优长所在。

由此，二曲强调将致治所关的一切知识皆融纳其中。他说：“故君子于学也，隐而幽独危微之介，显而人伦日用之常，以至古今致治机猷，君子小人情伪，及礼、乐、兵、刑、赋、役、农、屯，皆当一一究极，而可效诸用，夫是之谓大人之学。”[③]这种遍格万物的态度就显非阳明特别是其后学所能之范围。所以，二曲接着又讲：“苟一物不格，则一理未明，一理未明，则临事应物，又安能中窾中会，动协机宜，此不学无术，寇相之所以见诮于张公也。”[④]这是对王学偏重德性、忽略知识的立场的批评，也是对朱子求知精神的肯认与继承。

（三）“借格物以醒主”与“由主人以格物”：格物与本体工夫之辨

“格物”既要“格此物”，又要格“修齐治平之法”，那么“格此物”明本体与格修齐之法、治平之略的关系是什么呢？对此，二曲作了一个非常形象化的比喻，他说：“此物未格，则主人正寐，借‘格物’以醒主；此物既格，则主人已醒，由主人以‘格物’。识得‘格物’者是谁，便是洞本彻原，学见其大。”[⑤]

本着这种由工夫达本体、由本体开工夫的理路，二曲格修齐之法、治平之略的工夫又带上了鲜明的王学化倾向。他说：

> “格物”原以“明善”。大人之学，原在“止至善”，故先格物以明善。善非他，乃天之所以与我者，即身、心、意、知之则，而家、国、天下之所以待理者也。本纯粹中正，本广大高明。涵而为“四德”，发而为“四端”，达而为“五常”。见之于日用，则忠信笃敬，九思九容，以至三千三百，莫非则也。如此是善，不如此是恶，明乎此，便是“知致”。知致则本心之明，皎如白日，善恶所在，自不能掩，为善去恶，自然不肯姑息，此便是“意诚”。以此正心则心正，以此修身则身修，以此治国则国治，以此平

① 黎靖德编，王星贤点校：《朱子语类》卷十五，第286页。

② 钱穆：《朱子学提纲》，三联书店2002年版，第138、139页。

③ 李颙撰，陈俊民点校：《二曲集》，第40页。

④ 李颙撰，陈俊民点校：《二曲集》，第40页。

⑤ 李颙撰，陈俊民点校：《二曲集》，第406页。

天下则天下平，即此便是“止至善”，便是“明明德于天下”。[①]

二曲认为，格物首先在格得“此物”，也即“本纯粹中正，本广大高明”的良知，此一良知发用则为“四端”“五常”、九思九容、三千三百之则，明乎此，便是“知致”。值得注意的一点是，二曲此处所说的“知致”并非《大学》“知至”的笔误，也与朱子、阳明所言的“知至”有别，而是一个独立的范畴。朱子将“知至”作为今日格一物、明日格一物最后豁然贯通之境，而阳明则认为推极吾心之良知而实践之即谓之知至。无论朱子、阳明对“致知”范畴的理解如何不同，但“知至”都是他们“致知”所达至的最终目标，而非一个独立的范畴。二曲此处创造出“知致”一词显有特殊用意，“致”乃致得之义，二曲用来表述格物工夫之第一步，故“知致”乃致得良知而先立其大本之义。正是在此种意义上，二曲才可以言：“知致则本心之明，皎如白日，善恶所在，自不能掩。”对这种由本心之明而使好善恶恶之情发于自然不能掩藏的状态，二曲称之为“意诚”。意诚以后，则以此正心而心正，以此修身则身修，以此治国而国治，以此平天下而天下平，一切皆如有源之水，混混而出。这其实是把程朱的“格物致知”工夫颠倒为“致知格物”，而与阳明“致良知”思想殊途同归。阳明训“格”为“正”，将《大学》“格物致知“打并为“致良知”之教，认为“所谓致知格物者，致吾心之良知于事事物物也。吾心之良知，即所谓天理也。致吾心良知之天理于事事物物，则事事物物皆得其理矣。致吾心之良知者，致知也；事事物物皆得其理者，格物也”[②]。这正是二曲格物先立大本渐推致事事物物家国天下的理路。

四、“格物致知莫非良知之用”——对朱、王之学的创造整合

二曲重提格物的重要性，把“格物”释为“穷理”和“明善”，又将“物”解释为《大学》“八条目”所列之物，并在此基础上强调格物之序，这仍是本着其一贯的和会朱、王的立场。生活于明清之际的二曲，对两派各自的优长及缺失有着更为清醒和理性的认识，故能在创造性整合两家之学从而创造性诠释《大学》的格物思想上作出自己独特的贡献。这表现于以下两个方面：

---

① 李颙撰，陈俊民点校：《二曲集》，第404～405页。

② 王守仁撰：《王阳明全集》，第45页。

一方面，二曲以朱子的求知精神拓宽王学的视野，并以穷家国天下之理的现实关怀矫救王学末流空疏莽荡之弊。对于王学此方面的问题，朱子确有可资利用的资源。朱子认为“圣贤不是教人去黑淬淬里守着”，要人遍格万理，在一定程度上融纳进外向求知的精神。二曲“‘万物皆备于我’，苟一物不格，则一物不备矣”[①]的求知热情与“体用全学”的宏大规模，就是对王学偏重德性、忽略知识的立场的批评，也是对朱子求知精神的肯认与继承。

另一方面，二曲又以陆王“先立其大”、先致其知的态度对待格物，这便将朱子的求知精神限定于儒家内圣外王之业的范围之内。因为有所长必有所短，以朱子求知的强烈兴趣，他所要穷得的知识并不一定能与儒家修齐治平的事业挂起钩来，朱子后学多落入博物考订不切身心即是明证。二曲看到了这一点，因此特别强调博杂之辨，主张“为明道存心而学”[②]，反对致察于名物训诂的学问。由此，他对“止于训诂之精、讲说之密”[③]的朱门后学北溪（陈淳）、双峰（饶鲁）提出严厉批评，发出“圣学大明于宋，而踵其后者乃如此”[④]的感叹。对于友人顾炎武作《日知录》，二曲也诚恳地劝导以“诚欲‘日知’，须日知乎内外本末之分，先内而后外，由本以及末，则得矣”[⑤]。这些都说明二曲对朱学陷入支离之病的警惕。为矫救此方面弊病，二曲又以象山先立其大的态度主张格物先格“此物”以立大本，并以之为首脑，渐及修齐之法、治平之略，这便将朱子的求知精神限定于儒家内圣外王之业的范围之内。

如此，二曲便成功地将朱子“格物致知”思想与阳明的“致良知”学说打并一路。他说：

> 致知以格物，格物以致知，盖莫非良知之用也。格物穷理，贵有补于修齐治平。否则，夸多斗富，徒雄见闻，若张茂先之该博，陶宏景之以一事不知为耻，是名“玩物”。如是则丧志愈甚，去道愈远矣。此等驳杂之弊，学人所当深戒。[⑥]

---

① 李颙著，陈俊民点校：《二曲集》，第 40 页。
② 李颙撰，陈俊民点校：《二曲集》，第 508 页。
③ 李颙撰，陈俊民点校：《二曲集》，第 528 页。
④ 李颙撰，陈俊民点校：《二曲集》，第 528 页。
⑤ 李颙撰，陈俊民点校：《二曲集》，第 508 页。
⑥ 李颙撰，陈俊民点校：《二曲集》，第 40～41 页。

观二曲此段话，便可明确看出二曲融会朱子“格物穷理”说与阳明“致良知”学说的立场，王学的良知须济以格物致知的真实工夫，而朱子的格物穷理又莫非良知之用。这一方面拓宽了阳明致良知的范围，从而使王学脱离了空疏之弊；另一方面又将朱子格物穷理限定于王学良知的主导之下，从而使朱学格物思想直接“有补于修齐治平”，摆脱了驳杂之病。这是二曲格物论对朱王两家之学所作出的巨大贡献，也是对《大学》格物说所作的全新诠释。

群己权界：儒家现代群治之方
——兼论严复自由理论的儒学根基

郭 萍

摘要：严复通过编译现代西方政治论著率先对中国的现代自由诉求作出了理论阐释，旨在由此解答现代中国的"群治"问题。其基本思路是中国唯有发展个体自由，才能成为现代民族国家（即"国群"），进而在现代民族国家竞争中自强自存。据此，严复认为，自由非但不与群治相抵牾，而且是现代中国的群治之方，故他以"群己权界"来概括自由之要旨。这并非简单的中西格义，而是一种现代自由观念的中国式表达，其思想实质是儒家群学原理的现代演绎。就此而言，严复用"以译代著"的方式构建了一套初级版本的儒家现代自由理论。

关键词：儒家　国群　自由　群己权界　群治

严复作为中国的现代自由之父，不仅提出了"以自由为体，以民主为用"的思想观点，而且通过编译现代西方社会政治论著对现代自由问题作了系统的理论阐释。然而，严复对现代西方政治学说，尤其是英国古典自由主义学说的诠释却是以儒家的政治伦理思想，特别是荀子群学为主要的思想依托①，即如高凤谦所说："严子所译著，大半言群治。"②

本文系国家社科基金项目"中国传统契约观念研究"（19BZX080）阶段性成果。

郭萍，山东大学儒学高等研究院副教授，主要从事儒学研究。

① 清代是荀学的复兴期，尤其自 1890 年后，荀子学说成为晚清儒者反思中国制度、解除族群危机的一个重要思想参考，其中不论排荀者（如谭嗣同）还是崇荀者（如章太炎），都常将荀子群学与西方现代社会学相比附。

② 高凤谦：《订正群学肆言序》，严复译：《群学肄言》，商务印书馆 1981 年版。

对此,人们不免会产生疑问:严复一面"以自由为体",一面"大半言群治"是否自相矛盾?殊不知,自由正是严复针对当时中国"群治"问题而提出的解决方案,其基本思路是中国唯有发展个体自由,才能成为现代民族国家,进而在现代的民族国家竞争中自强自存。这实际表明自由非但不与"群治"相抵牾,而且是现代中国的群治之方。

一、国群:荀子"群"概念的现代诠释

"群"作为严复思想的一个核心概念,乃是他运用荀子的"群"概念对英文"society"(今译:社会)一词的格义。其理由是,"荀卿子有言:'人之所以异于禽兽者,以其能群也。'凡民之相生相养,易事通功,推以至于兵刑礼乐之事,皆自能群之性以生"①。因此,"群"就是与禽兽相区别的人类社会,并且正与英文"society"相当,故也有学者直言:"在某种意义上说,'社会'的本质规定性就是'群'或'群体'。"②

但是,严复对"群"的理解绝不限于此,而是进一步将"群"解释为与"小己"相对待又相依存的"国群"(或曰"国")③,而且他强调的"国群"乃"函社会国家在内"④。也就是说,"国群"内在地包括两层含义,即作为政治法律共同体的国家和作为伦理生活共同体的社会。⑤ 尽管在严复的解释中,这两层含义往往相互重叠、合而为一,即"国家之为社会"⑥,但是基于当时中国的时局,严复更加侧重从国家的意义上解释社会,强调"国家为最大最尊之社会"⑦。因此,严复的"国群"概念具有明显的政治意味,这其实也是他通过诠

---

① 严复:《原强》,胡伟希选注:《论世变之亟——严复集》,辽宁人民出版社 1994 年版,第 8 页。

② 涂可国:《社会儒学视域中的荀子"群学"》,《中州学刊》2016 年第 9 期。

③ 所谓"小己之发舒,与国群之约束,亦必有其相剂之道,而无虑于牴牾"。严复译:《群己权界论》,商务印书馆 1981 年版,第 61 页。

④ 严复译:《群己权界论》,第 3 页。

⑤ 笔者曾撰文指出,严复的"群"实际指代国群、国家、社会三个概念,其中。"国群"即现代民族国家共同体,是其立意总旨,而"社会"(市民社会)、"国家"(政治国家)则是涵盖在"国群"之下的次一级概念。参见郭萍:《澄清不同层面的"群己权界"——基于严复〈群己权界论〉的分析》,《中国哲学史》2019 年第 1 期。

⑥ 严复译:《社会通诠》,商务印书馆 1981 年版,第 1 页。

⑦ 严复译:《社会通诠》,第 1 页。

释荀子“群”概念着意凸显的内容。他解释说：

> 荀卿曰：“民生有群。”群也者，人道所不能外也。群有数等，社会者，有法之群也。社会，商工政学莫不有之，而最重之义，极于成国。尝考六书文义，而知古人之说与西学合。何以言之？西学社会之界说曰：“民聚而有所部勒，祈向者，曰社会。”而字书曰：“邑，人聚会之称也，从口有区域也，从卪有法度也。”西学国之界说曰：“有土地之区域，而其民任战守者曰国。”而字书曰：“国古文或，从一，地也，从口以戈守之。”观此可知中西字义之冥合矣。①

由此可以看出，严复所谓“国群”与荀子的“群”概念不乏一致之处。其一，荀子认为，人类社会就是“有法之群”。其所谓“法”，就是社会规范，属于儒家广义的“礼”，因此荀子也说，凡是“群”，“不可少顷舍礼义”②。同样，严复也认为，“国群”作为社会，是“人聚会”“有法度”“民聚而有所部勒”。就此而言，二者都是指有制度、有组织的人类社会。其二，严复指出“国群”深具国家特质，而且有意表明国家是人类社会最重要的一种存在形态，所谓“最重之义，极于成国”，其与社会的不同在于“有土地之区域、而其民任战守者”。而荀子基于“群”概念所解答的也都是“王制”“王霸”“富国”“强国”等问题，其实质正是一种关于国家的政治伦理学说。因此可以说，荀子“群”概念也蕴涵着某种国家的含义。

尽管如此，严复所谓“国群”仍然与荀子的“群”概念存在着实质性的区别。这是因为，严复在以荀子“群”概念来格义现代西方的社会、国家概念时，已经清楚地认识到，不论是社会形态，还是国家形态，都是随着历史发展不断演变的，而绝非一成不变。对此，他基于经验主义的历史观和社会进化理论指出：

> 夫天下之群，众矣，夷考进化之阶级，莫不始于图腾，继以宗法，而成于国家。③
>
> 世之有政治，乃五洲不谋而合之一事。其不谋而合者，以民生有群故。群之所始，《社会通诠》所言，已成不易之说。最始是图腾社会，

① 严复译：《群学肄言·译余赘语》，第 xi 页。

② 王先谦撰，沈啸寰、王星贤点校：《荀子集解》，中华书局 1988 年版，第 165 页。

③ 严复译：《社会通诠·译者序》，第 ix 页。

……其次乃入宗法社会……而文化之进,如俄国、如中国,皆未悉去宗法形式者也。最后乃有军国社会。……宇宙有至大公例,曰"万化皆渐而无顿"。[①]

故稽诸生民历史,社会之形式有三:曰蛮夷社会(亦称图腾社会——译者注),曰宗法社会,曰国家社会(亦称军国社会——译者注)。[②]

照其说法,人类社会发展是从低级到高级、简单到复杂不断演变进化的过程,其中相较于西方国家,中国进入"宗法社会"最早且维持的时间最长,以至今日"未悉去宗法形式"。但不论中国还是西方,人类社会的发展具有普遍一致性,即在经历"宗法社会"之后,必然进入"国家社会",即便当前中国比西方后进,也终究不会例外,因此他称之为宇宙"至大公例"。

虽然这种线性进化论的分析存在着明显的缺陷,但仍需肯定的是,严复由此指出了人类社会发展的古今之变具有不分中西的一般共同性。按他对人类社会发展阶段的划分看,先秦时期的荀子正处于"宗法社会",其当时相应的国家形态就是以传统血缘宗法为基础的诸侯国(vassal state),而这恰恰是严复极力批判并主张"悉去"的社会形态。因为在他看来,近代中国已经迫切需要而且正在走向"国家社会"。

所谓"国家社会"是严复对英国社会学家甄克思著作 *A History of Politics*(严译《社会通诠》)中"modern(political) society"的中译,此也称"军国社会"[③](military society),意思是军事的或现代政治的社会[the military(or "political" in the modern sense)],有时也简称为"军政",以此表征根本不同于传统宗法社会的近代社会形态。他指出,传统社会"其所以系民,非军政,

① 严复:《政治讲义》,王栻主编:《严复集》,中华书局 1986 年版,第 1245 页。

② 严复译:《社会通诠》,第 4 页。

③ 秦晖教授指出,"军国"和"军国主义"这类词在后来抗战时期的中国带有严重贬义,但在清末民初传入中国,尤其是在一战和新文化运动期间,它们不仅没有贬义,而且明显是褒义词。早在 20 世纪初,严复就把传统社会的现代化描述为"宗法社会"变成"军国社会"的过程,在他看来,周秦之变就把这一过程完成了一半,现在要完成另一半。当时的革命派汪精卫、胡汉民、章太炎(有趣的是,这三人都是留日出身)等与他辩论,但辩论的主要是"排满"革命并非出于"宗法"偏见,也无碍于乃至有助于追求"军国主义"。换言之,在"军国主义"值得追求这一点上,改良派和革命派并无异见。参见秦晖:《日本如何由"个人独立"转向"军国主义"》,爱思想网,http://www.aisixiang.com/data/97547.html,2016 年 3 月 4 日。

乃宗法也"[①]。"学者欲求近世国家社会之原,舍兵事之演进,则乌从而求之?"[②]这里他以军政作为近代社会的突出特质,其实正是当时现代民族国家内外交战局面的概括,而国家社会(军国社会)其实就是指现代民族国家(modern nation-state)。对照前文便知,他通过格义诠释荀子"群"概念而提出的"函社会国家在内"的"国群"也就是"国家社会",即现代民族国家。其实,在中国近代思想家中,除严复之外,梁启超、康有为、章太炎等也经常在现代民族国家的意义上使用传统儒家的"群"概念,而他们实际寄托的也无不是近代中国人建构现代民族国家的诉求和理想,这显然已根本不是荀子"群"概念的含义了。

进一步看,作为一个既定的历史事实,现代民族国家的产生乃是基于个体主体意识的觉醒和个体主体价值的挺立,这就决定了个体成为现代民族国家的社会主体。正因如此,现代民族国家也被黑格尔之前的诸多近代学者称为"市民社会"(或译为"公民社会",英文"civil society")[③],这也就意味着现代民族国家与传统宗法社会的建构基础及存在意义都发生了时代性的转变。对此,严复指出:

> 宗法社会,以一族一家为幺匿者也。("幺匿",译言本位——译者注)
>
> (宗法社会)若子侄,若妻妾,若奴婢,皆家长之所治也。家长受治于族正,族正受治于大宗。
>
> (宗法社会)又未尝以小己为本位,此其异于言社会主义者,而又与国家主义殊也。故古之社会,制本于家。……吾人居今日之社会,皆以一身径受国家之约束法制者也。
>
> (国家社会)以一民之小己为幺匿者,民皆平等,以与其国之治权直接。

---

① 严复译:《社会通诠》,第 2 页。

② 严复译:《社会通诠》,第 65 页。

③ 这里的公民社会不是一个与政治国家二元分立的概念,也即黑格尔之前"市民社会"概念的传统用法,"阿奎那、布丹、霍布斯、斯宾诺莎、洛克和康德等人将'政治的'或'公民的'(civil)作为其同义词"(丛日云:《论黑格尔的"市民社会"概念》,《哲学研究》2008 年第 10 期)。在当今学界,将社会与国家重叠在一起的观点依然比较常见,如金观涛说:"现代社会组织蓝图",就是"作为民族国家的契约社会"。(参见金观涛:《现代民族国家与契约社会》,《中国法律评论》2017 年第 2 期)这里的"民族国家"与"契约社会"是统一在一起的,即国家即社会。

(国家社会)国有宪典,公立而明定之,使吾身不犯其所禁者,固可从吾之所欲。……卖浆者忽酒,种莽者忽烟,无涉于人,皆所自主。[①]

至于历久之余民,识合群之利……于是公益之义起焉,保民之责重焉。而其立法也,乃渐去于宗法、神权之初旨,而治权独立,真国家之体制以成。……虽时有迟速,期有长短,而其所经历者,固未尝不同也。[②]

由此表明,传统社会是以群体(宗族、家族)为价值主体,也即宗族、家族等群体是社会中根本性的、目的性的存在者,而个人(person)只是作为群体的一部分而存在,其实质是宗族、家族的附庸,仅仅具有促进宗族、家族利益的价值,而不具有自身独立的主体价值。但现代性的"国群"(国家社会)则是以个体(individual)为社会价值主体,个体本身就是现代社会目的性的存在者。在这个意义上,个体对家庭、社会、国家虽然仍要承担相当的责任和义务,但一切都是以个体权利的保障为前提,或者更明确地说,维护和实现个体的价值正是现代"国群"存在的唯一目的和根本意义。

因此,我们看到,严复在提出"国群"概念的同时也极力主张发展自利、自由、自治,而且认为发展个性(即"特操")是民德之本,所谓"行己自繇明特操为民德之本","人道民德之最隆,在人人各修其特操,在循异撰而各臻乎其极"。[③] "民德最隆之日,在在皆有不苟同不侪俗之风。"[④]这无不是在强调个体是具有独立价值的主体。不仅如此,他还指出,国民个体是国群生存与发展的动力,需要大力地培养发展。

教育以栽培特操为鹄,故行己自繇尚焉。[⑤]

故一国之中,必其民品不齐,而后殷赈繁殊,而国多生气。……故特操异撰者,兼成己成物之功,明德新民,胥由于此。……自小己而言之,则一人之身,以其特操异撰而生气丰;自国群而言之,以其民生气之丰,其国之生气亦以不啬。[⑥]

正是基于发展现代"国群"的立场,严复意识到"不自繇则无特操,无特操则

① 严复译:《社会通诠》,第 19、64 页。

② 严复:《政治讲义》,王栻主编:《严复集》,第 1267～1268 页。

③ 严复译:《群己权界论》,第 60、61 页。

④ 严复译:《群己权界论》,第 73 页。

⑤ 严复译:《群己权界论》,第 61 页"译者注"。

⑥ 严复译:《群己权界论》,第 68 页。

其群必衰”[①]，因此才明确提出发展个体自由是现代中国的群治之方。

二、自由：群治之方

严复所指的自由乃现实层面的“民生所享真实之利益”，而非哲学观念上的精神自由或意志自由。因此，他首先通过晚清中衰西盛、中乱西治的现实分析论证了自由作为国群治理方案的合理性和必然性。他指出，中国历代推崇以“大一统”牢笼天下，平争泯乱，最终导致民智日窳，民力日衰，社会长期不进化，由此强调当时中国的治理之方根本不在于制造坚船利炮，而在于开发民力、民智、民德，而开发民力、民智、民德的根本就是要发展个体自由。

> 第由是而观之，则及今而图自强，非标本并治焉，固不可也。……标者何？收大权、练军实，如俄国所为是已。至于其本，则亦于民智、民力、民德三者加之意而已。果使民智日开，民力日奋，民德日和，则上虽不治其标，而标将自立。[②]
>
> 夫吾所谓自由者，非独其名已也，乃民生所享真实之利益，国必有此，而后民得各奋其能，以自求多福于物竞之难谌，以庶几可幸于天择，苟于群无所侵损，则无人所得沮遏者也。[③]

由此，他一方面通过批判传统中国的一统专制，提出必须去除束缚国民之才、德、力发展的社会制度，发展个体自由；另一方面，考察西方社会得以强盛的治理要诀，指出“西治”的命脉就是以自由为社会发展的根本。

> 今将早夜以孳孳求所以进吾民之才、德、力者，去其所以困吾民之才、德、力者，使其无相欺、相夺而相患害也，吾将悉听其自由。民之自由，天之所畀也。[④]
>
> 夫与华人言西治，常苦于难言其真。……其命脉云何？苟扼要而谈，不外于学术则黜伪而崇真，于刑政则屈私以为公而已。斯二者，与

---

① 严复译：《群己权界论》，第 62 页“译者注”。

② 严复：《原强》，胡伟希选注：《论世变之亟——严复集》，第 19 页。

③ 严复译：《群学肄言》，第 295 页。

④ 严复：《辟韩》，胡伟希选注：《论世变之亟——严复集》，第 47 页。

中国理道初无异也。顾彼行之而常通,吾行之而常病者,则自由不自由异耳。[①]

彼西洋者,无法与法并用而皆有以胜我者也。……推求其故,盖彼以自由为体,以民主为用。[②]

除了从现实层面阐明自由是当时中国扭转败局、实现安治的关键,严复还通过译著更深入地指出,发展自由不仅仅是现实危局所迫,而且是“天之所畀”。

其中,他通过《天演论》为自由作为群治之方的必然性与合理性提供了一种经验主义进化论的依据。他说:“明天道之常变,其用在物竞与天择”[③],“群出于天演之自然,有能群之天倪,而物竞为铲锤”[④]。所谓“物竞”就是个体生命的张扬和竞争发展,这是生物自身演进的力量,也是种群进化的根本动力。而在他看来,近代在中西之间的国族之争就是“物竞”法则在人类社会中的具体表现,所谓“种与种争,及其成群成国,则群与群争,国与国争”[⑤]。所以,每个社会内部富有生气才能进化,才有竞争力,所谓“生必自繇而后可乐也,自繇者,诚乐生之要端,而亦进化之所待也”[⑥]。“行己自繇,人道之所以乐生,人群之所以进化。”[⑦]由此说来,中西竞争的胜败就根系于能否开放“物竞”,能否发展个体自由激发个体生命力。

再而严复通过《社会通诠》从历史的维度说明,人类社会由图腾社会到宗法社会,再到国家社会的发展是自然进化的过程,所谓“夫国家之为社会也,常成于天演”[⑧],而这一演进乃是一种宗教和宗法权威衰落、个体主体崛起的过程,因此发展个体自由就是顺应人类社会历史发展的普遍规律。除此之外,严复还通过《群学肄言》分析了现代社会治理的各种难题,指出社会是由个人集聚而成,其治理总要与人性相符合,而人性随着“外境”的变化而日益趋向独立,因此社会治理模式也要顺应人性的变化和需要,发展个体自由。

---

① 严复:《论世变之亟》,胡伟希选注:《论世变之亟——严复集》,第2~3页。

② 严复:《原强》,胡伟希选注:《论世变之亟——严复集》,第15~16页。

③ 严复:《天演论》,商务印书馆1981年版,第34页。

④ 严复:《天演论》,第35页。

⑤ 严复:《原强》,胡伟希选注:《论世变之亟——严复集》,第8页。

⑥ 严复译:《群己权界论》,第61页。

⑦ 严复译:《群己权界论》,第60页“译者注”。

⑧ 严复译:《社会通诠》,第1页。

基于不同维度的论证，严复揭示自由的阙如是阻碍中国社会演进的根本原因，而这也造成了现代中国社会的治理困境。据此，他明确提出，现代中国唯有以自由为治，激发个体生命力，才能摆脱内外忧患在国群竞争中自强自存，甚至是太平之盛也可不期而自至。

> 欲行法而不病国者，必自任民自由，各奋其能始矣。[①]
>
> 今日之治，莫贵乎崇尚自由。自由，则物各得其所自致，而天择之用存其最宜，太平之盛可不期而自至。[②]

三、群己权界：自由之要旨

然而，如严复自己所说："夫自由一言，真中国历古圣贤之所深畏，而从未尝立以为教者也。"[③]在传统语境中，"自由"一直是一个表达恣意妄为的贬义词，更与"群治"截然对立。因此，在维新时期，不论守旧派还是革新派，都对自由充满偏见或曲解，所谓"顾竺旧者既惊怖其言，目为洪水猛兽之邪说；喜新者又恣肆泛滥，荡然不得其义之所归"[④]。在此情况下，澄清现代自由的核心要旨，消除世俗偏见和误解便成为他的首要任务。

针对世俗之见，严复首先声明现实自由非但不与法度相背离，而且必须依靠法度来保障落实；也就是说，自由一定是有法度的自由。唯有如此，自由才是群治之方，而不会与群治相抵牾。他说：

> 夫国必法度立，而后民虽合群，而自由如故。[⑤]
>
> 小己之发舒，与国群之约束，亦必有其相剂之道，而无虑于牴牾。[⑥]
>
> 纯乎治理而无自由，其社会无从发达，即纯自由而无治理，其社会且不得安居。而斟酌二者之间，使相剂而不相妨者，此政治家之事业，而即我辈今日之问题也。[⑦]

---

① 严复译：《群己权界论》，第 69 页。

② 严复：《〈老子〉评语》，王栻主编：《严复集》，第 1082 页。

③ 严复：《论世变之亟》，胡伟希选注：《论世变之亟——严复集》，第 3 页。

④ 严复：《群己权界论·译者序》。

⑤ 严复译：《孟德斯鸠法意》，商务印书馆 1981 年版，第 218 页。

⑥ 严复译：《群己权界论》，第 61 页。

⑦ 严复：《政治讲义》，王栻主编：《严复集》，第 1279 页。

这里他特别强调，现实中的自由必然要与群体的约束相剂，而绝非恣意妄为。在这个意义上，他比附性地解释说："中国理道与西法自由最相似者，曰恕，曰絜矩。"[①]不过，他认为要准确表达自由的要旨，还是要通过归纳各种自由理论，抽绎其中的共同性。

> 其为公之界说曰："各得自由，而以他人之自由为域。"[②]
>
> 唯天生民，各具赋畀，得自由乃为全受。故人人各得自由，国国各得自由，第务令毋相侵损而已。侵人自由者，斯为逆天理，贼人道。其杀人伤人及盗蚀人财物，皆侵人自由之极致也。[③]

所以严复进一步通过编译穆勒 *On Liberty*（此书原定名为《自由释义》，出版前更名为《群己权界论》，其实表明严复的"自由释义"就是"群己权界"）一书，对自由的要旨作出了一种创造性表达，即"群己权界"。在穆勒原著中，与"群己权界"最相近的表达就是第四章的题目"Of the Limits to the Authority of Society over the Individual"，严译为"论国群小己权限之分界"（今译为"社会权力之于个人的限度"）。可以说，"群己权界"是严复在此基础上的一种凝练与创造，而且在他看来，这正是自由"理通他制"的核心要旨。他在《群己权界论·译凡例》中说：

> 穆勒此篇，本为英民说法，故所重者，在小己国群之分界。然其所论，理通他制，使其事宜任小己之自繇，则无间君上贵族社会，皆不得干涉者也。[④]
>
> 夫自繇之说多矣，非穆勒氏是篇所能尽也。虽然，学者必明乎己与群之权界，而后自繇之说乃可用耳。[⑤]

按字面意思看，"群己权界"就是划定"群权"与"己权"的范围界限，其中，"群权"是国群节制小己的公权力（the authority of society over the individual），"己权"是国民自治之权（the individual over himself），二者地位相当，保持平衡。但是严复明言，提出"群己权界"的意图是"自繇之说乃可用"，此即表明

---

① 严复：《论世变之亟》，胡伟希选注：《论世变之亟——严复集》，第 3 页。

② 严复：《天演论·演恶》，王栻主编：《严复集》，第 1393 页。

③ 严复：《论世变之亟》，胡伟希选注：《论世变之亟——严复集》，第 3 页。

④ 严复：《群己权界论·译凡例》，第 ix 页。

⑤ 严复：《群己权界论·译者序》。

限定“群权”对“己权”的干涉范围才是“群己权界”的根本旨趣。

那么，到底如何划定“群己权界”呢？他说：

> 使小己与国群，各事其所有事，则二者权力之分界，亦易明也。总之，凡事吉凶祸福，不出其人之一身。抑关于一己为最切者，宜听其人之自谋，而利害或涉于他人，则其人宜受国家之节制？是亦文明通义也已。①

对此，严复又从施用层面作了进一步解释：

> 曰以小己而居国群之中，使所行之事，利害无涉于他人，则不必谋于其群，而其权亦非其群所得与，忠告教诲，劝奖避绝，国人所得加于其身者尽此。过斯以往，皆为蔑理，而侵其应享之自繇权者也。此所谓行己自繇之义也。乃至小己所行之事，本身而加诸人，祸福与人共之，则其权非一己所得专，而于其群为其责。使国人权利，为其所见侵，则清议邦典，皆可随轻重以用事于其间，于以禁制其所欲为，俾其人无由以自恣，此所谓社会干涉之义也。②

可见，国群与小己权力的划分乃是以保障个体自由不受侵害为界，这可以简单概括为“私过可任自繇，而公恶不可纵”③。但不难看出，“群己权界”并不是要取消公权力，更不是纵容个体为所欲为（所谓“干之云者，使不得惟所欲为”④），而是肯定了公权力对于维护个体权利的必要作用，以及对于维系社会共同体的必要作用，因为“民生有群，群而有约束刑政，凡以善其群之相生相养者，则立之政府焉”⑤。（政府正是最典型的公权力实行者）但是，亦如严复所说：“最难信者亦惟君权，彼操威柄，不仅施之敌仇也，时且倒持，施于有众。”⑥因此，“群己权界”更为强调的是，在保持公权力正当干涉性的同时，必须将公权力限定在不戕害个体自由的范围之内，以便在现实层面上确保公权力施用的唯一的正当目的就是保护国民的个体自由，而非其他。

---

① 严复译：《群己权界论》，第 81 页。
② 严复译：《群己权界论》，第 100 页。
③ 严复译：《群己权界论》，第 85 页“译者注”。
④ 严复译：《群己权界论》，第 10 页。
⑤ 严复译：《社会通诠》，第 1 页。
⑥ 严复译：《群己权界论》，第 4 页。

如此一来，自由不再是一种笼统的价值诉求，或者一种抽象的群治之方，而是被落实为一种可以切实的保障个体权利、利益不受侵害和干涉的社会实践原则。虽然“群己权界”所涉及的具体内容总是随时随地在变化调整，并无法形成统一或固定的界限，但严复还是以政府行政为例，强调应当尽可能地缩减行政的范围，赋予国民更多的权利，以推动国民自治。在他看来，这不仅可以有效防范政府在行使公权力其间对国民权利的侵害，而且对于政府自身乃至整个国群的发展都大有好处。为此，严复从社会经济、政事、思想等领域分别作了简要的说明，这其实是实际运用“群己权界”的一种示范。他指出：

(1)对于经济活动，“事以官为之，不若民自为之之善也”①。其中，尤其是对工商事务政府不宜介入，所谓“此地方之工政，与夫民间商工之业，治以官者所以常折耗，治以民者所以常有功也”②。任民自营自利才有益于社会进化和国民自强。

(2)对于地方政事，“其事以官为之，虽善于民之自为，然国家以导诱其民，欲其心常有国家思想之故，又莫若听其民之自为也”③。而“父母政府”④事事亲力亲为反而让国民失去锻炼自治能力的机会，因此，现实中需要以“地方自治之制，以摩厉其治国之才”⑤。

(3)对于不同思想和意见，如果社会各领域的建设皆听命于政府，全国的人才皆唯政府所向，没有不同的思想和意见，那么不仅容易滋生行政弊端，产生不良的行政效果，而且会因压制个体诉求而导致社会动荡，也即“使官之治事太广，将徒益之以可以已之权力，其流极将至夺民自繇也”⑥。

其实，除了《群己权界论》的纲领性论述外，严复还通过编译《法意》和《国富论》分别从政治、经济领域演绎了“群己权界”这一通则。由于这些内容都是直接关乎社会实践和各领域制度规范的建构，因此可以说，“群己权

---

① 严复译:《群己权界论》,第 114 页。

② 严复译:《群己权界论》,第 115 页。

③ 严复译:《群己权界论》,第 115 页。

④ 所谓“父母政府”,“其政独可施之浅化之民，待其众如童稚，如蛮夷，必时加束缚检制，而不可稍纵自繇者而后可。至于文明自繇之国，未见此术之宜施行也”。严复译:《群己权界论》,第 107～108 页。

⑤ 严复译:《群己权界论》,第 118 页。

⑥ 严复译:《群己权界论》,第 116 页。

界"实际是严复为现代民族国家的社会建制提供的一种基本原则和衡量标准,而这也确保了自由作为群治之方的现实可行性。

四、分以义行:"群己权界"根植的儒学原理

由上可见,严复虽然通过荀子"群"概念提出了"国群"概念,但"国群"实质表征的是现代民族国家,与荀子"群"概念存在着本质差异。而他基于现代国群的生存发展而提出的以"群己权界"为要旨的群治之方,也根本颠覆了荀子基于传统宗法社会而提出以"明分使群"为核心的群治方案。然而,如果我们进一步探究"明分使群"背后的思想逻辑,就可以发现"群己权界"恰恰是儒家群学的一般原理在现代民族国家时代的一种具体演绎。

(一)荀子"明分使群"的本义

荀子的"明分使群"本身是基于传统宗法社会而提出的安顿群体生活秩序的政治伦理思想。其中,他以"分"为人类社会能群的原因,所谓"人何以能群? 曰:分"①,而他所说的"分"(动词,fēn 平声)就是指以宗族为主体的社会生活方式所决定的社会分工,而"分"的具体内容乃是宗法社会的名分(名词,fèn 去声),也即表征每个人尊卑等级的伦理身份。因此,荀子的"明分"本义就是明确地区分每个人的名分,并且通过建构相应的社会制度(礼)加以落实,所谓"礼者,贵贱有等,长幼有差,贫富轻重皆有称者也"②。由此,每个人都明确自身在宗法伦理网络中的职分、地位、从属关系等等,从而就能有效维护宗族、家族的价值和利益,促进宗法社会的有序发展。

这其中处于伦理等级顶端的是君王,以至于整个宗法社会的构建就是以其他各等级对君王的服从和归属为根本前提,故荀子曰:"君者,善群也。"③当然,君王也不是以个人利益为导向,而是以宗族整体利益为导向,划分大小宗和宗族成员的尊卑等级,并且主导制定一套垂直型的伦理等级制度加以保障落实,所谓"人君者,所以管分之枢要也"④。因此,其中每个人存在的唯一价值就是履行宗法伦理所赋予的职分,并没有独立的主体价值可

---

① 王先谦撰,沈啸寰、王星贤点校:《荀子集解》,第 164 页。

② 王先谦撰,沈啸寰、王星贤点校:《荀子集解》,第 178 页。

③ 王先谦撰,沈啸寰、王星贤点校:《荀子集解》,第 165 页。

④ 王先谦撰,沈啸寰、王星贤点校:《荀子集解》,第 179 页。

言，甚至君王本人亦是如此。如荀子所说：

> 故先王案为之制礼义以分之，使有贵贱之等，长幼之差，知愚、能不能之分，皆使人载其事而各得其宜，然后使悫禄多少厚薄之称，是夫群居和一之道也。①

据此而言，荀子"明分使群"的本义是指引着一种前现代的宗法社会的建制原则，其最终导向的是传统的君主专制政治。事实上，秦汉以降，以纲常伦理等级为基础的皇权专制正与这一思想一脉相承。因此，维新时期，有儒者就直接将荀子思想等同于专制政治而加以批判排斥，如谭嗣同说："彼为荀学者……况又妄益之以三纲，明创不平等之法，轩轾凿枘，以苦父天母地之人。"②"故常以为二千年来之政，秦政也，皆大盗也；二千年来之学，荀学也，皆乡愿也。惟大盗利用乡愿；惟乡愿工媚大盗。"③这无疑是将中国两千年的君主专制全然视为荀学的衍生物，进而据此痛斥荀学阻碍了中国社会的现代化、民主化进程。此类论说虽然偏激，但也不无道理。

前文论及，严复对传统宗法社会的种种批判其实已否定了荀子"明分使群"的本义。不过，与单纯的批判否定不同，严复提出以"群己权界"为要旨的自由理论是在现代民族国家的语境下积极地演绎了"明分使群"背后蕴含的一般儒学原理。

（二）"明分使群"蕴含的儒家群学原理

就具体内容而言，荀子"明分"是为了满足传统宗族社会发展的需要，并不具有普遍性，但是荀子强调"救患除祸，则莫若明分使群矣"④，"兼足天下之道在明分"⑤，"无分者，人之大害也；有分者，天下之本利也"⑥，也即要通

---

① 王先谦撰，沈啸寰、王星贤点校：《荀子集解》，第 70～71 页。

② 蔡尚思、方行编：《谭嗣同全集》（增订本），中华书局 1998 年版，第 337 页。

③ "荀乃乘间冒孔之名，以败孔之道。……又喜言礼乐政刑之属，惟恐钳制束缚之具之不繁也。一传而为李斯，而其为祸亦暴著于世矣。然而其为学也，在下者术之，又疾遂其苟富贵取容悦之心，公然为卑谄侧媚奴颜婢膝而无伤于臣节，反以其助纣为虐者名之曰'忠义'；在上者术之，尤利取以尊君卑臣愚黔首，自放纵横暴而涂锢天下之人心。……故常以为二千年来之政，秦政也，皆大盗也；二千年来之学，荀学也，皆乡愿也。惟大盗利用乡愿，惟乡愿工媚大盗。"蔡尚思、方行编：《谭嗣同全集》（增订本），第 336～337 页。

④ 王先谦撰，沈啸寰、王星贤点校：《荀子集解》，第 176 页。

⑤ 王先谦撰，沈啸寰、王星贤点校：《荀子集解》，第 183 页。

⑥ 王先谦撰，沈啸寰、王星贤点校：《荀子集解》，第 179 页。

过"明分"解决现实社会生活中争、乱、穷的祸患，这却体现着儒家安顿群体生活的智慧。

其中，荀子对如何实现"明分"的逻辑思考就蕴含着普遍性的儒学原理。他说：

> 人何以能群？曰：分。分何以能行？曰：义。故义以分则和，和则一，一则多力，多力则强，强则胜物，故宫室可得而居也。故序四时，裁万物，兼利天下，无它故焉，得之分义也。故人生不能无群，群而无分则争，争则乱，乱则离，离则弱，弱则不能胜物，故宫室不可得而居也，不可少顷舍礼义之谓也。①

这里荀子指出了实现"明分"的两个基本环节：礼与义。

"分"的实现系于"礼"。广义上说，儒家的"礼"也包括"法"，其实代表儒家对一切社会制度规范的总称。荀子明确说："辨莫大于分，分莫大于礼"，"国无礼则不正。礼之所以正国也"。这就是强调社会生活的有序维系必须落实为相应的社会制度("礼")。他主张"隆礼重法"就是为了"使群臣百姓皆以制度行"②。由此可以看出，儒家认为，群治问题要得到最终的解决必须依靠实际社会制度的建构。

但是任何社会制度的建构都不是凭空臆造的，而必须有所依据，也即所谓"礼义"。荀子指出"义"就是"分何以能行"的基础，这是比"礼"更为根本的环节。对此，他强调：

> 不知法之义而正法之数者，虽博，临事必乱。
>
> 人无法，则伥伥然；有法而无志其义，则渠渠然。
>
> 有夫分义则容天下而治，无分义则一妻一妾而乱。③

可见，如果合乎"义"，不论"分"什么、怎么"分"都可以达到和谐有序；如果"分"不合乎"义"，即便是处理日常事务也会争乱不断。这其实表明"分"的具体内容并不是最重要的，"分"的具体形式("礼")也不是最根本的，而能否"得之分义"才是最重要、最根本的。

---

① 王先谦撰，沈啸寰、王星贤点校：《荀子集解》，第 164～165 页。

② 王先谦撰，沈啸寰、王星贤点校：《荀子集解》，第 172 页。

③ 王先谦撰，沈啸寰、王星贤点校：《荀子集解》，第 230、33、518 页。

那么,究竟何为"义"?[①] 作为"礼"的依据,"义"并不是一种有具体内容的道德规范,而是一种表达适宜、适当、合适、合理、公正等意味的基础伦理观念,历代儒家对"义"的解释也都体现了上述含义。如《荀子·议兵》曰:"义者循理"[②],"义"即合理(rational);《礼记·祭义》:"义者宜此者也"[③],《中庸》:"义者宜也"[④],"义"即适宜(fit);《论语·学而》邢昺疏:"于事合宜为义"[⑤],"义"即合适(suitable)等等。

具体就"分义"而言,就是指"分"必须与社会的发展和需要相适宜。进一步说,"分"作为人伦之事,必须符合社会主体的价值诉求,要充分体现和满足社会主体的利益需求。然而,我们知道,社会生活本身绝非一潭死水,而是不断发展变迁的,这就决定了社会主体及其价值需要并不是一成不变的,而总是具有鲜明的时代性。因此,"分义"在很大程度上就体现为"时宜"(当然还有"地宜"的维度,但二者不相背),即"分"必须符合时代性,也就是必须以当下的社会主体价值为根据。由于"义"的具体内容变动不居,相应地,"礼"也就势必随"义"的要求而不断损益,这也正是孔子主张"礼有损益"的原因。

由上可以说,"明分"实质是一个"分以义行"进而"由义制礼"的过程,即如荀子所说:"夫礼义之分尽矣,擅让恶用矣哉?"[⑥]"皆使人载其事而各得其宜,然后使悫禄多少厚薄之称,是夫群居和一之道也。"[⑦]这其实正是儒家以经验主义的进路安顿社会群体生活的一般原理。

(三)"群己权界"对儒家群学原理的现代演绎

严复继承了原始儒家通过"明分"实现群治的思路,他通过分析社会主体价值和"群"演进的时代特质而提出的"群己权界"其实是体现了现代民族国家时代的"分义"。

其中,严复以"天演论"为哲学基础,揭示出社会主体及其价值诉求和相

---

① 黄玉顺教授提出的"中国正义论"对儒家的"义"以及仁、义、礼之间的逻辑关联作了深入系统的分析阐释。

② 王先谦撰,沈啸寰、王星贤点校:《荀子集解》,第279页。

③ 郑玄注,孔颖达正义:《礼记正义》,北京大学出版社2000年版,第1556页。

④ 朱熹撰:《四书章句集注》,中华书局1983年版,第28页。

⑤ 何晏注,邢昺疏:《论语注疏》,北京大学出版社2000年版,第12页。

⑥ 王先谦撰,沈啸寰、王星贤点校:《荀子集解》,第332页。

⑦ 王先谦撰,沈啸寰、王星贤点校:《荀子集解》,第70～71页。

应的社会制度具有时代性。他指出，人性总是随“外境”不断演变，没有一成不变的人性，而社会就是由个人积聚而成，所谓“人类相合为群”①，因此社会也在不断演变进化，社会主体及其价值诉求和社会制度亦必然发生时代性变化。

> 故不知人性者，不可以言群。而人性之天演，生学言之，于群学言其合者，于生学言其分，不知分者无以知合，不知人者无以知群。人性者生学之玉振，而群学之金声也。
>
> ……人者生物之一科，而最为善变者也。自其善变，而其变常受成于所遭之外境。且所谓外境，其本于自然者无论已，所最重者，又即在其群之所自为，是故欲言治功，必通夫变之理。变之理者，凡有血气所莫能外者也。不通夫变之理，则其于群也，必愆于思而悖于事。②

由于主体价值随时代发展而不断变化，因此要实现社会和谐、国家富强就需要以当下社会主体的价值诉求为导向来安排社会秩序。相应地，社会制度也要随之因革损益，以顺应社会主体的变化，否则社会就无法得到安治。

> 故一群之风俗人心，实与其时之形制相表里，有参差而无相绝者也。且夫群变之殷，莫若革命矣，顾其成者，必其顺乎天而应乎人者也。③

据此，他指出，当前人类社会已发展到国群时代，中国要在国群竞争中自存自强，就要发展并满足国群社会的主体价值诉求。在他看来，当今时代，民智已开，民德演进，传统的宗教神学权威或宗法伦理权威已经衰减，宗族或家族不再是国群社会的主体，取而代之的是个体主体，也即“以小己为本位”④。因此，唯有维护和发展每个国民的体格（“民力”）、科学教育（“民智”）、心理德性（“民德”），张扬国民的个性，才能达到国群的“郅治”。

> 治道以演进为期，而演进在民之各成其所异，故必扶植栽成其所异，其民之性量以完，而郅治之馨香以至。⑤

---

① 严复：《政治讲义》，王栻主编：《严复集》，第1267页。

② 严复译：《群学肄言》，第261～262页。

③ 严复译：《群学肄言》，第304页。

④ 严复译：《社会通诠》，第64页。

⑤ 严复译：《群己权界论》，第69页。

这就表明国群时代的“分义”就是要发展个体自由,实现个体的主体价值。对此,笔者也曾指出,自由是主体性问题,当社会主体由前现代的宗族、家族转变为现代的个体主体时,个体自由也就相应地成为现代社会的价值诉求。[①]

然而,严复认识到,要切实保障每个人平等地享有自由,就必须以不侵损他人自由为界限,所谓“自入群而后,我自繇者人亦自繇,使无限制约束,便入强权世界,而相冲突。故曰人得自繇,而必以他人之自繇为界”[②]。这其中,国群公权力一方面对维护个体自由具有必要而积极的作用,但另一方面,其本身又是威胁个体自由的祸首。因此,严复提出,必须“使小己与国群,各事其所有事,则二者权力之分界,亦易明也”[③],以限制国群施用权力的范围,防范其对个体自由的侵害,国群的社会制度也应当依据此“义”而设置。可见,这是一种以个体主体价值为根据的“分”,“分”的具体内容已不再是传统宗法社会的尊卑等级名分的划分,而是现代民族国家的国群权力与国民个体权利的划分,也即“群己权界”,其实质正是对儒家群学一般原理的一种现代演绎。

余　论

严复通过中西格义而阐明的自由理论,乃是近代儒家初步运用儒学话语,第一次对现代自由问题进行的系统理论阐释。其中,他创见性地提出现代自由之要旨即“群己权界”,已然一针见血地指出了现代自由问题的要害和关键。可以说,尽管现代自由理论日臻完善,远非严复所能及,但其中的核心内容并没有真正超出“群己权界”的解释范围,或者说在某种意义上,现代自由理论的发展正是对“群己权界”思想的不断深化拓展的过程。

不过,严复以自由为现代民族国家的群治之方,着意强调自由对于国群富强及国群生存竞争的意义,甚至提出,为了国群自由,有必要“己轻群

① 参见郭萍:《自由儒学导论——面向自由问题本身的儒家哲学建构》,《孔子研究》2018 年第 1 期。

② 严复:《群己权界论·译凡例》,第 vii 页。

③ 严复译:《群己权界论》,第 81 页。

重”[①]，这使得他的自由理论具有强烈的民族主义色彩[②]，甚至体现出某种威权主义的倾向，故具有明显的局限性。作为一种同情的理解，这种局限性在很大程度上是由于当时中国救亡图存的危局使然，而且从历史事实看，这也是现代民族国家发展初期的一种普遍现象（此问题需另文论述）。其实，时至今日，现代自由虽然有了深入发展，但整体上仍然是一种现代民族国家层面上的自由，也即各民族国家对内讲求民主自由，对外则奉行强权争霸，因而当前的自由仍然不同程度地体现出民族主义的色彩。这从现代自由诉求的进一步发展来讲，无疑是亟须超越的。

但是，如史华慈等学者认为，严复只是将自由视为国家富强的手段而非目的本身，却是言过其实。事实上，严复多次明确强调，切不可以国家利益为名义，侵害或牺牲个体权利。他说：

> 独至主治当国之人，谓以谋一国之安全，乃可以牺牲一无罪个人之身家性命以求之，则为违天蔑理之言。此言一兴，将假民贼以利资，而元元无所措其手足。是真千里毫厘，不可不辨者耳。
>
> 凡遇公益问题，必不宜毁小己个人之产业，以为一群之利益，亦不宜另立国律，使有侵损，如巧立名目者之所为。[③]
>
> 是故治国是者，必不能以国利之故，而使小己为之牺牲。盖以小己之利而后立群，而非以群而有小己，小己无所利则群无所为立。[④]

可见，严复以自由为现代民族国家的群治之方，并不同于否弃现代自由价值的集体主义（collectivism）或国家主义（nationalism），其思想意旨是要从现实的社会治理维度，提出与中国建构现代民族国家相匹配的社会秩序安排方式。总而言之，严复用“以译代著”的方式构建了一套初级版本的儒家现代自由理论，这不仅代表着一种积极的价值方向，而且对于儒家现代自由理论的建构具有开创性的意义。

---

① 严复译：《天演论》，第 44 页。

② 严复思想中体现的“民族主义”，并不是当时中国社会存在的“排满”意义上的民族主义，而是现代民族国家竞争意义上的民族主义。

③ 严复：《法意》，卢云昆编选：《社会剧变与规范重建：严复文选》，上海远东出版社 1996 年版，第 452、451 页。

④ 严复：《天演进化论》，卢云昆编选：《社会剧变与规范重建：严复文选》，第 292 页。

康有为“大同”思想与儒学的现代转型

刘星　孙建霞

摘要：康有为的《大同书》是对公羊“三世说”以及《礼记·礼运》篇“大同”核心思想的传承与发展，是对西方科学知识与西方空想社会主义思想的吸收与升华，是对佛教慈悲观、儒家仁学思想的熔铸与发展。康有为所建构的“大同之世”理想社会是一个既有东方文化色彩又极具世界意识的思想体系，是中国传统文化和西方异质文化充分融合的产物，对儒学的现代转型具有重要意义。

关键词：《大同书》　公羊“三世说”　儒学转型　“大同之世”

康有为的《大同书》《新学伪经考》《孔子改制考》被其弟子梁启超称为最具代表性的三部著作，后两部作品基本是对旧学的整理，而“其自身所创作，则《大同书》也”①。虽然《大同书》问世已 100 多年，但其所建构的“大同之世”的理想社会至今依然具有重要价值。应该说，康有为“大同之世”理想社会是集古今中西思想于一体，是一种更为理想的社会发展形态，充分体现了人类诸多美好的愿望与诉求，呈现给后人的是一种更为理想的社会模型。

本文系国家社科基金项目“康有为《春秋》新解与儒学的创新和发展研究”（19BZX070）阶段性成果。

刘星，内蒙古师范大学马克思主义学院、思想政治教育理论与实践研究中心教授，主要从事中国哲学、康有为问题研究；孙建霞，《济南职业学院学报》副编审，主要从事中华优秀传统文化研究。

①　梁启超：《清代学术概论》，中国人民大学出版社 2004 年版，第 201 页。

学界对康有为《大同书》的宗教化倾向、蕴含的科学元素以及对空想社会主义因素等领域的探究都具有重要价值。[①] 然而，对康有为“大同之世”的理论建构及其现代价值系等视角的研究却鲜有言及。本文旨在对康有为“大同之世”的形成背景、基本特征以及儒家价值底色进行阐释，探究理论建构对儒学现代转型的启示与价值，为儒学由传统走向现代提供一种发展的可能性。

一、康有为《大同书》的成书背景

康有为处在“传统与现代”“君主与共和”“保皇与革命”这样一个“二千年未有之变局”的特殊时代。面对灾难深重的中国，康有为是在“保国与保教”“儒学与西学”“大同与小康”之间通盘思考，试图为中国寻找经世救国方案的一代思想家。自幼饱读儒家经典的康有为，不仅儒学功底相当深厚，而且知道要实现国家民族复兴的大任，只靠诵读经典是不行的，更重要的是要学习西方的自然科学和社会科学知识以补益儒学之不足。受廖平《知圣篇》《辟刘篇》的影响，康有为的思想发生重要转向，“形成了其公羊学思想体系”[②]为特质的通经致用之学，以救亡图存、报效国家。康有为认为，儒家“时时以民生、国事为念”的经世致用之学固然重要，但西方科学之“新理”是当时的中国之学最为欠缺的，“西学甚多新理，皆中国所无，宜开局译之，为最要事”[③]。康有为“大同之世”的理想社会具有一定的民族主义色彩，其所谓的“大同之世”与民族主义并没有本质的区别，“大同毕竟是未来遥远的前景，救国才是目前的任务”[④]。

戊戌变法失败后，康有为避难印度大吉岭，不仅对儒家经典进行了全面阐释，还开始酝酿一部思考、规划人类未来等一系列重大社会问题的著作，这就是康有为撰写《大同书》的初衷。应该说，康有为的“大同境界”形成较

① 详见范广欣：《康有为〈大同书〉论家与孝：对“毁灭家族”说的重估》，《中国哲学史》2019 年第 1 期；曾亦：《论康有为〈大同书〉中的婚姻、家庭问题》，《社会科学》2015 年第 6 期；曹润青：《〈论语〉与大同》，《读书》2018 年第 11 期；魏义霞：《大同近代形态的两种版本——康有为、谭嗣同大同思想比较研究》，《天津师范大学学报》(社会科学版)2016 年第 6 期；等等。

② 彭平一：《戊戌前后湖南今文经学的学术播迁及其影响——以王闿运和皮锡瑞为始末》，《湖南大学学报》(社会科学版)2009 年第 5 期。

③ 梁启超：《康有为传》，团结出版社 2004 年版，第 101 页。

④ 汪荣祖：《康有为物质救国论的历史意义》，《广东社会科学》2018 年第 4 期。

早，但撰写《大同书》显然是在1902年之后。虽然康有为在其"自编年谱"中提及"吾既闻道，既定大同"[①]，但《大同书》成书于1884年前后是否属实却值得商榷。[②] 毋庸置疑，康有为"大同之世"的社会理想显然是其维新变法思想的重要来源，也"是'大同书'组成的一个主要部分"[③]。

关于大同思想的由来，中国古代文化典籍保存着丰富的"大同"思想资源。诸如《诗经》的"乐土"概念，《墨经》的"尚贤""尚同"政治主张以及《论语》的"均无贫""和无寡"思想主张等。儒家经典《礼记·礼运》篇对"大同"思想有过详细的描述：

> 大道之行也，天下为公，选贤与能，讲信修睦。故人不独亲其亲，不独子其子，使老有所终，壮有所用，幼有所长，矜寡孤独废疾者皆有所养。男有分，女有归。货恶其弃于地也，不必藏于己，力恶其不出于身也，不必为己。是故谋闭而不兴，盗窃乱贼而不作，故外户而不闭。是谓大同。[④]

这里描写的是一幅未来社会构想的臻美图景，也成为后世儒家文人孜孜以求的最高社会理想。康有为对"大同之世"的理论建构是对清末民初那个灾难深重的中国所作出的最具天才般的设想。《大同书》的奇思妙想，在百年之后的今天仍然发挥着重要作用，诸如建立社会主义公有制，构建社会主义和谐社会以及新时代"为世界谋大同"等，曾经的"空想"已经或者正在变成现实。因此，康有为"大同之世"的社会构想是一种有效的"乌托邦"，影响深远，"他的乌托邦构想极具想象力与挑战性，他足列世界上伟大乌托邦思想家之林"[⑤]。

---

① 梁启超：《康有为传》，第100页。

② 康有为虽作为近代重要的思想家，但其著作中有"倒填年月"的现象也是不争的事实。对于康有为《大同书》的成书年代本文不再赘述，可详见李泽厚：《"大同书"的评价问题与写作年代——简答汤志钧先生》，《文史哲》1957年第9期；张玉田：《关于"大同书"的写作过程及其内容发展变化的探讨——兼与李泽厚、汤志钧二位先生讨论关于"大同书"的估价问题》，《文史哲》1957年第9期；汤志钧：《再论康有为的"大同书"——兼与李泽厚、张玉田二先生商榷》，《历史研究》1959年第8期等。

③ 汤志钧：《关于康有为的"大同书"》，《文史哲》1957年第1期。

④ 朱彬撰，饶钦农点校：《礼记训纂》，中华书局1996年版，第331～332页。

⑤ [美]萧公权：《康有为思想研究》，汪荣祖译，(台北)联经出版事业公司1988年版，第451页。

康有为《大同书》所昭示的对民主共和的反对以及对君主立宪的推崇，显然是逆时代潮流而动，这是一个不争的事实。但是也应该看到，康有为对君主立宪的坚守显然有其特定的时代背景。就当时世界各国的政权组织形式来看，除美、法等少数国家之外，日本与西方多数国家基本上采取君主立宪制的政体形式。康有为显然有自己研判时局的思维逻辑，那就是君主立宪政体下所谓的“君主”只不过是名誉上的“虚君”，只是维系国家统一的象征与标志，这就是康有为所设计的所谓“虚君共和”，国家的“实权”仍然掌握在议会或者内阁手里。因此，康有为认为君主立宪制度在当时之中国是最优方案，与革命的流血冲突相比，推行君主立宪制度这种渐进式的变革改良实为更可行、更有效的方式。“以《易》之‘生生’释‘仁’”[①]以及《大学》篇所谓“周虽旧邦，其命维新”为其理论的重要来源，也是其主张维新变法和反对暴力革命的重要原因。康有为认为，如果在中国推行君主立宪制度，光绪皇帝依然可以做他的皇帝，唯一不同在于，他仅仅是象征性的国家元首，这样既可以削弱西方列强对中国的瓜分势头，又可以避免军阀割据、军阀混战。

“大同之世”的社会构想一直是儒家知识分子、士大夫阶层矢志不移的追求。相对于《礼记·礼运》篇的“大同”理想，康有为在《大同书》中建构的“大同之世”有一幅更为具体、更为丰富、更为系统甚至更为美妙的社会理想图景，而这样唯美的图景正是康有为所想实现的终极目标。为了实现这样的理想社会，仅仅停留在空想阶段是不够的，因此康有为苦心钻研儒家经典以建构其“大同之世”理想社会，此外还积极涉猎西方的算学、物理、化学等自然科学知识。

> 经子之奥言，探儒佛之微旨，参中西之新理，穷天人之赜变，搜合诸教，披析大地，剖析今故，穷察后来。[②]

康有为是想吸纳东传的西方科学知识，以补益儒学，进而构建其“大同之世”理想社会。康有为有感于国家内忧外患的社会现实，试图通过钻研儒家经世致用之学，借以“察古今之变”，“参中西之新理”，以至“穷天人之赜变”。1885 年康有为“手定大同之制，名曰《人类公理》”，1887 年“推孔子据乱、升

① 唐明贵：《试论罗汝芳对〈论语〉的易学解读》，《周易研究》2019 年第 4 期。

② 梁启超：《康有为传》，第 99～100 页。

平、太平之理，以论地球”[①]，这些都昭示着他一直在为“大同之世”的社会理想而努力。康有为用“三统说”纵论古之先贤，用公羊“三世说”推演社会的未来，建构“大同之世”的理论建构，以实现复兴中华民族的远大理想。

二、康有为“大同之世”的基本特征

《大同书》对“大同之世”的理论建构是以儒家思想为主体，同时熔铸了西方自然科学、社会科学知识的内涵，并广泛汲取了古今中外先进思想的精华，是一部具有中国特色的空想社会主义理论著作。康有为所建构的“中国特色”主要体现在，其“大同之世”的社会构想，既有西方异质文化的特质，又具有强烈的儒家文化色彩。《大同书》和先秦儒家的“大同”理念有诸多相通之处，无一例外都以“仁学”为核心，不同之处在于前者充分吸收了西方文化的精华部分，试图把“仁”的思想诠释为一种“普遍性价值”。康有为的《大同书》有以下三个层面的特征。

（一）具有宗教般的救世情怀

康有为“大同之世”的社会构想呼应了世世代代中国人孜孜以求的理想社会，为处在水深火热之中的中国民众描绘了一幅人类社会未来发展的美好图景：

> 大同之世，水有自行之舟，陆有自行之车。今自行之车已盛矣，异日必有坐卧从容，携挟品物不须费力，大加速率之妙。其速率比于今者或伯千倍焉，其可增坐人数者或十百焉，或借电力，或炼新质，飘飘如御风焉。[②]

这是康有为对西方科学技术迅猛发展油然而生的敬意，也是他对未来现代化生活方式的憧憬与向往。康有为自幼被冠以“圣人为”的主要原因，是他自认为是禀赋不凡之人，骨子里透着不同凡响的灵光，坚信自己能够重新发现孔学的时代价值并最终成为孔子的正宗传人。为此，他深感自己必须担负起救民于水火、引领中华民族进入“大同”盛世的神圣使命。

---

① 梁启超：《康有为传》，第100、102页。

② 康有为撰，姜义华、张荣华编校：《康有为全集》第七集，中国人民大学出版社2007年版，第185页。

> 康有为生于大地之上……又当大地之交通，万国之并会，荟东西诸哲之心肝精英而酣饫之。神游于诸天之外，深入于血轮之中，于时登白云山摩星之颠，荡荡乎其骛于八极也。[①]

《大同书》建构的理想社会有两层含义：一是对现实事务的关注，以挽救中华民族的危亡；二是游离于现实之外，神驰于想象空间进行理论建构。康有为更多地是徜徉于两者之间，抑或是同时立足于两者之上扮演着双重角色：实际的改革家以及乌托邦的梦想家。康有为在其“自编年谱”中谓其学30岁已成，不求大变，这显然与事实不太吻合。康有为一生经历过多次思想转变，很多想法得不到落实后，他会另辟蹊径，把精力倾注在另外可行的方案上。

康有为撰写《大同书》的目的是建构一个理想社会，旨在经营天下，救民于水火。这种宗教情结源自他早年接受的佛教思想，但更为重要的是儒家思想宗教般的庄严性及其对“大同之世”笃定的坚守。同时，康有为也非常明白当时之中国的宗教文化现状，那就是外来的基督教显然在中国更具渗透力，对于普通民众的内心也更具穿透力，因而认为自己必须承担起重建儒教的重要使命，构建一种可以与西方基督教相抗衡的宗教力量。可以说，《大同书》是其孔教国教化的重要组成部分。

（二）具有西方科学元素的特质

康有为“大同之世”的理论建构经历了长期酝酿的过程，其物质救国论的思想主张以及深厚的西方自然科学与社会科学知识是他思想体系中最具特色的地方。康有为在《大同书》中建构的“大同之世”的理想社会是西方科技文明、物质文明与先秦儒家“仁学”思想的道德文明高度发展的产物。这样的“大同之世”构建的是人人平等、人人劳动的最理想的社会形态：

> 大同之人宫室皆建于公，私人几无宫室矣，盖无家则不须有室也。然智士累创新器，得赏甚多。[②]

凡此种种，充分说明康有为所设计的理想社会不是企图回到原始状态、古人所追求的朴素的“大同”社会，不是洪秀全所谓的天朝田亩制度，亦不是墨家所崇尚的“无差等”的绝对平均主义，而是物质文明和道德文明高度发达的

---

① 康有为撰，姜义华、张荣华编校：《康有为全集》第七集，第3页。

② 康有为撰，姜义华、张荣华编校：《康有为全集》第七集，第184页。

社会发展形态。这样的社会形态只有在生产力高度发达、物质财富极大富有的情况下才能实现,而所有这些都必须以先进的科学技术为前提。正基于此,康有为"从未间断对自然科学的热爱"①。

有感于中国特殊的社会形势,加之遍读西方自然科学和社会科学书籍,经过深入、独立的思考,康有为对古今中外的思想进行了系统整合与升华,所有这些都为他建构"大同之世"理想社会奠定了思想基础。康有为还潜心研习数学、几何学等科学知识,并受此启发,著成《人类公理》一书,几经易稿,最终形成了具有西方理性思维的《实理公法全书》这一重要著作。《实理公法全书》和《康子内外篇》两部书对康有为构建"大同之世"的理想社会具有重要作用。在这两部书中,康有为更多地关注道德价值与社会关系,而较少涉及实际事务,特别是把"真理""原则"等核心问题放在突出重要的位置,初步形成了其乌托邦理论的基石。康有为在建构"大同之世"理想社会的同时,依然关注社会现实,从乌托邦的巅峰回归冯桂芬、张之洞等所坚持的工业救国道路。所有这些在其《大同书》里都有清晰的表达:

> 大小舟皆电运,不假水火,一人司之,破浪千里,其疾捷亦有千百倍于今者。
>
> 大同之世,什器精奇,机轮飞动,不可思议。②

在康有为看来,现代工业水平的发展是实现"大同之世"的前提和基础,中国未来的发展要以固有的道德文明为"体",以西方工业化道路为"用",中西方道德文明与物质文明的强强联合才是中国未来发展的必由之路。

以工业化为基础的近代西方社会,对自古以来根深蒂固、自给自足的以农耕经济为主的传统中国社会而言,单在科学发展水平、工业化先进程度方面亦有碾压之势。西方国家在"科学""工业"与"物质"的带动下,展示出旺盛的生命力以及更为广阔的发展空间。其得意门生梁启超在对西方科学有了更为深刻的认识之后,也"倾向于科学万能主义,并站在科学的立场来评判儒学"③。因此,康有为认为中西方存在巨大差距,并指出中西方差距的根

---

① 刘星:《康有为今文经学的嬗变与维新思想的形成》,《湖南大学学报》(社会科学版)2019 年第 3 期。

② 康有为撰、张荣华编校:《康有为全集》第七集,第 185、186 页。

③ 苗建荣:《论梁启超对儒学与西方科学的态度》,《科学技术哲学研究》2019 年第 4 期。

源在于西方发达的科学技术。《论语·述而》："好古，敏以求之者也"，①康有为试图建构"大同之世"社会理想是对传统思想中"大同"思想的继承和发展，不仅凸显了其"好古""敏求"的一面，更重要的是他不再像《礼记·礼运》那样，局限于从远古时代寻找梦幻中的海市蜃楼，而是立足当下，从西学、西政中汲取养料，凭借自己对西方自然科学、社会科学知识的潜心学习、深度探究，结合独具特色的公羊"三世说"理论，构建起关于整个人类社会进化的理论体系与"大同之世"的社会理想。

(三)具有空想社会主义的性质

戊戌变法失败之后，动荡的时局使康有为陷入万念俱灰的痛苦深渊，开始漠视这个令他迷惘的世界，转向一个超脱现实的领域，到达一种"无邦""无国"的臻美之境，甚至幻想一种没有道德价值判断、没有人际关系牵绊的唯美境地。康有为在1926年著成的《诸天讲》一书，重在对"乌托邦"的憧憬与阐发，而其所谓的"乌托邦"不是"重建的乌托邦"，而是"逃避的乌托邦"。②康有为在印度大吉岭完成的《大同书》，是对公羊"三世说"推演的典范之作：

> "几何公理"和"三世"说糅合在一起，创造了大同学说，而后来，在万木草堂时，他又将其一分为二，依几何公理写成《实理公法全书》，依三世说写成《大同书》。③

康有为清楚地知道，中国的发展仅仅停留在理论、思想层面是不够的，还要依靠强大的经济基础作为保障。康有为的物质救国论思想成为他建构"大同之世"社会理想不可或缺的组成部分。《中庸》："今天下车同轨，书同文，形同伦"，显示出对理想中"大同之世"的无限向往。康有为大同思想的建构，显然具有理想成分。在他所谓的大同理想中，人类社会已经实现了世界各个种族的同化，世界不同民族、种族之间都生活在统一的国度里，接受统一政府的管辖，人人享有平等的权利，使用统一的语言，共享同等的精神文明，还可以在星际畅游，永生不死。康有为对大同理想的描写非常具体：

---

① 朱熹撰：《四书章句集注》，中华书局1983年版，第98页。

② [美]萧公权：《近代中国与新世界——康有为变法与大同思想研究》，汪荣祖译，江苏人民出版社2007年版，第311页。

③ 房德邻：《儒学的危机与嬗变——康有为与近代儒学》，(台北)文津出版社1992年版，第236～237页。

圣者因人情之所乐而乐之，则为创出世之法，炼神养魂之道，长生不死之术，以求生天证圣之果，轮回不受，世界无边。[①]

虽然这仅是一幅粗糙的乌托邦图景，是一种幻象，但它却是《大同书》中“大同之世”理想社会的雏形。康有为从根本上表现出一种既想拥抱儒家又试图摆脱儒家的思想倾向，这显然是受佛教所宣扬的佛法平等和基督教所倡导的在上帝面前“人人平等”等观念的影响。总之，康有为早期的“大同之世”社会构想融合了佛学、儒学和西方科学知识的精华，不仅是对古代“大同”思想的继承和发展，而且是在新的历史形势下进行的传承与创新。

《大同书》继承和发展了先秦儒家朴素的“大同”思想，并且吸收了基督教、佛教以及美国作家贝拉米的空想社会主义思想的精华，描绘出一幅华丽的乌托邦图景。康有为选择在1913年刊出《大同书》的部分篇章，其目的显然不是说当时已经到了“升平世”的阶段，而是为了配合其孔教运动不得已而为之。康有为旨在向世人展示一幅关于人类至高理想的美妙画卷，以之作为人们心灵世界的精神依托，让人们相信只要信奉孔教就一定能够实现“大同之世”的理想社会，过上一劳永逸、殷实富足的生活。

三、康有为“大同之世”的儒家价值底色

康有为的思想经历了“以西化儒”“儒西并尊”“以儒化西”三个阶段。康有为逃亡后期，提出了“儒西并尊”思想，而1913年归国之后终归于“以儒化西”的“尊儒”立场。同样，康有为思想历程的转变在《大同书》中也有具体的表现。

（一）“中学中理”优于“西学西理”

在完成“儒西并尊”“以儒化西”思想转型之后，康有为开始对“孔子之学”的“中学中理”优于“西学西理”判断进行论证阐释，旨在建立“统摄文、史、哲的国学学科”[②]，为“中学中理”本土化的发展指明未来前进的方向。《大同书》一书中充斥着对“西学西理”的贬抑以及对“中学中理”的光大与发扬，可以说其是阐释“中学中理”优于“西学西理”的典范之作。康有为在论

---

① 康有为撰，姜义华、张荣华编校：《康有为全集》第七集，第7页。

② 张少恩：《从经学到国学：近代以来孟子学诠释的学科演进与范式转型》，《深圳大学学报》（人文社会科学版）2019年第4期。

及"老寿之苦"的时候，对欧美自私自利的人性论与养老制度等进行了无情的挞伐：

> 欧美人人自立，然老而贫者，子更不养，穷独无告；老而富者，亲戚毒之以分其产，寡得保首领以没者。[①]

康有为认为西方社会的老人得不到善终，"是故贫贱而寿，则有沟壑断弃之忧；富贵而寿，则有死丧疾病之苦"[②]。在这里，康有为重在强调中华民族优秀的传统美德、古已有之的"父慈子孝"的价值观优于西洋之"人人自立""自私自利"的价值观。康有为系统阐释了西方国家一直承受着兵祸之灾，诸如埃及、巴比伦、腓尼基、希腊等国时战时和、争斗不止，无异于中国春秋战国的乱世局面：

> 大破奥而割其地，且并荷兰。复以五十五万人攻俄，死者三十万。……统欧洲自罗马以还，大战八百余，小战勿论，其膏涂原野，惨状何可言耶！[③]

西方世界所盛赞的国家主义造成的是打打杀杀、尸横遍野的蛮夷境况，是自己承受战乱又把战争推延至其他国家的罪魁祸首，因此远远落后于中国传统儒家思想所秉持的"天下为公"的天下主义。康有为在《大同书》中论及世界种族问题时指出，百年之前的美国有数百万之巨的土著印第安人，但遭到白人的驱赶、杀戮，所剩无几，而檀香山的土著居民也面临灭顶之灾，今亦零落为数万人。康有为据此得出结论：

> 以此而推，今若非洲之黑人虽有万万，千数百年后皆为白人所夷灭，此天演之无可逃者也。[④]

康有为认为西洋人表面上高举"民主""人权""平等"的口号，但实质上却在推行种族灭绝、种族歧视政策，这是其表里不一的表现。同时，他认为只有在"大同之世"才能达到真正的平等状态。"夫大同太平之世，人类平等，人类大同，此固公理也。然物之不齐，物之情也。"[⑤]在论及"欧美人子之

---

① 康有为撰，姜义华、张荣华编校：《康有为全集》第七集，第 28 页注⑤。

② 康有为撰，姜义华、张荣华编校：《康有为全集》第七集，第 28 页。

③ 康有为撰，姜义华、张荣华编校：《康有为全集》第七集，第 127 页。

④ 康有为撰，姜义华、张荣华编校：《康有为全集》第七集，第 44～45 页。

⑤ 康有为撰，姜义华、张荣华编校：《康有为全集》第七集，第 45 页。

薄报”时，康有为认为如今的欧美诸国自认为是文明国度，虽然在子女教育方面较之以溺爱子女为特点的中国父母有其值得称道的地方，但其最突出问题在于“薄情”，孩子一旦成家立业就基本断绝了同父母的联系。

> 父母贫病而不见侍养，人子富贵而不预欢游，父子既不同居，祖孙更如陌路。吾与欧美人游，盖未尝见有抚其孙者，况曾、玄乎！乃至老父寡母，茕独寡欢，穷困之无养而亦听之。①

康有为指出西洋人的“薄报”远不及中国人的“厚报”，以此说明西洋人的文明远不及中国人的文明。康有为认为“西学西理”只是服务于“升平世”的一个阶段而已，是通达“太平世”的必要工具，而“中学中理”却能够立足于“小康”“太平”，终至“大同”之境。“西学西理”和“中学中理”是价值理性与工具理性的关系，于是康有为得出“中学中理”优于“西学西理”的结论。

> 至于十岁后，则就学于远方万数千里之高等学、大学，从此长于学堂。至于冠岁，皆与父母远矣。父母间两三岁至学堂一省视之。及既出学，则自谋业，自娶妻，与父母不相见焉。其娶妇必别居室，无有与父母同居者。其就业移居于千万里外者无论矣。②

论及中西方在亲亲之间、亲子之间谁更文明的问题时，康有为认为文明是要用事实说话的，只有文明之名而无文明之实的说辞都是站不住脚的。中国古有“百善孝为先”之言，只有遵行“孝道”才是文明的开始。而欧美等国的“孝道”无法与中国以儒家伦理纲常为特点的“孝道”相媲美。同时，其作为耶稣虔诚的信徒，谓人人皆为“兄弟姊妹”但实非如此的双重价值标准也是世界动乱的症结所在。西方宗教信仰是西方世界纷争的主导因素。从这个意义上来讲，耶教无法与孔教相提并论。

（二）致力于“以儒化西”的努力

《大同书》重在对儒式“普遍性价值”的阐发，无论是“西学西理”还是“中学中理”，康有为都遵循着“合则尊之，违者抑之”的释读原则，其价值指向都是要达到“以儒化西”的目的。

> 诸圣群哲乃惄然焦然，思有以拯救之、普渡之，各竭其心思、出其方

① 康有为撰，姜义华、张荣华编校：《康有为全集》第七集，第 84 页。

② 康有为撰，姜义华、张荣华编校：《康有为全集》第七集，第 83 页。

术施济之，而横览胥溺之滔滔，终无能起沉痼也。[①]

康有为怀揣着救民、救世情怀，对百姓欲“拯救之、普渡之”。因此，康有为认为只有实现“大同”才是王道，才是减少“生人之苦”的根本途径。“大同之道，至平也，至公也，至仁也，治之至也。虽有善道，无以加此矣。”[②]

在论及“中西族制”之得失的时候，康有为认为“中国祠墓”传统、中国族制方式是世界族制的楷模。

> 夫中国祠墓之重，尊祖追远之义至美矣；其不祭祠墓者，是谓忘本，至不孝矣，而大地各文明国咸无之。[③]

康有为直指印度等国的风俗是“焚其先骸而无墓”，相比较而言，中国在“祠墓”方面做得更好，欧美等国家就相对欠缺。在论及中国之“祠庙”时，康有为指出这是其他“万国所无”的。康有为认为中国的“敬宗收族”之事也做得最好，中国的宗法制度是本族人所敬奉的根本，是其他西方国家所没有的。“就收族之道，则西不如中；就博济之广，则中不如西。”[④]康有为在这里旨在阐发中国的宗法制度优势在于不忘本、不忘族，劣势是自亲其亲，而欧美国家没有了家族的羁绊，更能够“博济之广”。谈到祭祀的时候，康有为指出，“中国长于自殖其种，自亲其亲，然于行仁狭矣，不如欧美之广大矣”[⑤]。中国的祭祀之制是西方国家所无法比拟的，但由于我们是自亲其亲，以致“行仁狭”，不如欧美之广大，因此中西两相比较，各有所长。

康有为在《大同书》中一方面讲“西不如中”，另一方面又纵论“中不如西”，其主要是为了表明“儒”“西”各有千秋，并建构“儒西并尊”的思想格局。康有为谈及中国的家庭时，认为一般家庭不管家境贫富，父母都是竭尽全力地养育子女，让其免除饥寒、饮食得宜、衣裳保暖等，在这样的家庭中孩子都能“神明畅朗，身体健强，童龀诵数，童幼入学，得闻圣贤之训”[⑥]。而欧美等国虽然谈“独人自力”之说，但“欧美今大发独人自立之说，然求至太平世之

---

① 康有为撰，姜义华、张荣华编校：《康有为全集》第七集，第 6 页。

② 康有为撰，姜义华、张荣华编校：《康有为全集》第七集，第 6～7 页。

③ 康有为撰，姜义华、张荣华编校：《康有为全集》第七集，第 81 页。

④ 康有为撰，姜义华、张荣华编校：《康有为全集》第七集，第 81 页。

⑤ 康有为撰，姜义华、张荣华编校：《康有为全集》第七集，第 81 页。

⑥ 康有为撰，姜义华、张荣华编校：《康有为全集》第七集，第 90 页。

人格，实未能也”[1]。康有为认为中国与欧美国家对于子女教育，培养的多是“据乱世”的人格特征，都未能通达“太平世”的人才要求，只有回归孔子之道，才是真正可行的发展模式。康以为对孔子的“仁学”思想极为重视，“故仁智同藏而智为先，仁智同用而仁为贵矣”[2]。

（三）《大同书》展现的儒家价值底色

从全书的基本内容来看，《大同书》算是康有为诠释儒式“普遍性价值”的一部典范力作，其颠覆性无异于《新学伪经考》，其建设性堪比又一部更高层级的《孔子改制考》。这里所谓的“普遍性价值”就是“太平”或“大同”，康有为试图重建的价值体系具备有别于西方普遍性文明的儒式价值底色。康有为在《大同书》的结尾得出“耶教”“回教”均不能和“儒教”同日而语的论断，认为此二教“一入大同即灭”。谈到“佛教”时，康有为虽肯定其价值，但也确信佛教不适合中国的现世社会。

> 佛学者不生不灭，不离乎世而出乎世间，尤出乎大同之外也。……若佛学之博大精微，至于言语道断，心行路绝，虽有圣哲无所措手，其所包容尤为深远。[3]

也就是说，“佛教”也不适合于“大同”社会，只有孔子之学才是“大同之世”的价值底色。康有为所谓“普遍性价值”的主体不是“西学西理”，而是“中学中理”，他旨在彰显“中学”“儒学”的重要性。

> 大同太平，则孔子之志也，至于是时，孔子三世之说已尽行，惟《易》言阴阳消息，可传而不显矣。盖病已除矣，无所用药，岸已登矣，筏亦当舍。[4]

康有为撰写《大同书》的目的是要建构一个以“儒学”“儒教”为“普遍性价值”的“大同之世”，以应对中国面临的“耶教”“回教”以及“佛教”等其他宗教流派的冲击。在康有为心中，“西学西理”还包括西方的自然科学和社会科学知识，诸如达尔文进化论、星云假说等知识体系。康有为认为，“西学西理”只能代表“升平世”的价值，到了“太平世”也就是“大同世”阶段，“西学西理”终将走向灭亡。康有为试图建构一个无限祥和、无限臻美的“大同之世”

---

① 康有为撰，姜义华、张荣华编校：《康有为全集》第七集，第 90 页。
② 康有为撰，姜义华、张荣华编校：《康有为全集》第七集，第 4 页。
③ 康有为撰，姜义华、张荣华编校：《康有为全集》第七集，第 188 页。
④ 康有为撰，姜义华、张荣华编校：《康有为全集》第七集，第 188 页。

理想社会：

> 故太平之世，人人皆色相端好，洁白如玉，香妙如兰，红润如桃，华美如花，光泽如镜。今世之美人，尚不及太平世之丑人也。[①]

康有为的“普遍性价值”就是他所建构的“大同之世”理想社会，而这种理想便是“人无所思，安乐既极，惟思长生，而服食既精，忧虑绝无”[②]。这既是康有为希冀利用“西学西理”走上现代工业化道路的向往，也是以达到物质财富极大富有为预设的畅想，更是对“孔子之学”“圣人之学”的继承和发展。“大同之世”的理论建构从另一个侧面彰显了儒学的内在张力与根本动力。

四、康有为“大同之世”对现代儒学转型的启示

清末民初是儒学现代转型的重要时期，康有为立足儒学，站在“尊儒”“尊中”的立场大胆接纳东传之西方科学以构建“大同之世”的理想社会而做出的努力，客观上促进了儒学的现代转型。康有为从强调公羊“三世说”到“转向自由奔放、畅说理想、设计人类未来的《大同书》”[③]的努力具有重要的现实意义。康有为是继龚自珍、魏源之后又一个更全面、更系统地关注现实并力图改变社会现状的先进中国人，他既是现实的，又是理想的，“理想主义与现实主义在康有为身上的高度结合，的确表现了‘人类秉性之奇诡’”[④]。康有为对儒学的改铸为近代儒学的发展提供了另外一种可能性。

第一，《大同书》彰显的入世诉求为儒学的现代转型奠定了理论基础。残酷的社会现实以及动荡的时局一直困扰着康有为，作为一个救世心切的儒家文人，他急迫地想让内忧外患、灾难深重的中国摆脱困境，以应对“二千年未有之变局”。康有为的《大同书》为当时之中国提供了一个极具价值的宏伟蓝图，虽然由于时代的局限，康有为未能找到通往大同的道路[⑤]，但是其

---

① 康有为撰，姜义华、张荣华编校：《康有为全集》第七集，第187页。

② 康有为撰，姜义华、张荣华编校：《康有为全集》第七集，第188页。

③ 茅海建：《戊戌时期康有为“大同三世说”思想的再确认——兼论康有为一派在百日维新前后的政治策略》，《社会科学战线》2019年第1期。

④ 王钧林：《康有为的大同理想与孔学》，《文史哲》1997年第1期。

⑤ 毛泽东在1949年撰写的《论人民民主专政》一文提道：“康有为写了‘大同书’，他没有也不可能找到一条到达大同的路。”毛泽东：《论人民民主专政》，人民出版社1960年版，第5页。

思想却对近代以来的中国人具有重要的启迪作用。康有为通过吸收与发展今文经学的公羊“三世说”、西方的“物质”救国思想以及西方科学知识，建构起独特的“大同之世”的理想社会，对当时中国社会的发展具有重要意义。

“儒学是入世干政之学，必须回应时代的挑战，解决如何治国平天下的政治实践问题。”①康有为《大同书》对人类现实苦难的控诉，揭露了旧有的封建制度存在固有的矛盾，即便是当时如日中天的资本主义制度依然存在着不可调和的矛盾。康有为的批判矛头不仅指向中国旧有的封建制度，而且指向欧美等西方资本主义制度。康有为以中国传统的儒家思想为指导，建构“大同之世”的理想社会，试图解决这些最为棘手的问题。他认为传统的儒家思想与近代西方社会在本质上是相容的，有着更多的契合之处，问题的关键是如何发挥西方科学的优势，用“中学中理”来匡扶其正确的发展方向。康有为“援西入儒”“以儒化西”的努力为儒学的现代转型提供了又一种可能性。

康有为在《大同书》中直陈以儒学为内核的中国文明本身缺乏“物质”的元素，只有“援西入儒”，积极汲取西方的自然科学知识与社会科学知识，才能从根本上改变“儒学”固有之不足。康有为提出的“物质救国”主张旨在凸显“物质”之力对于救亡图存的重要意义，中国改革开放以来所取得的举世瞩目的成就充分表明了“物质”之力的重要性，并进一步佐证了马克思经济理论中“经济基础决定上层建筑”的重要结论。康有为“大同之世”理想社会的功绩在于，提供了一种对待中西方文化、中西方文明的崭新思考，那就是在保证儒家思想至上性的同时，积极汲取西方有益成分为我所用，建构“大同之世”理想社会，为儒学的优先性与至上性提供理论支撑。

第二，《大同书》对本土化资源的深度挖掘为儒学的现代转型提供了思想养料。康有为进行的“孔教运动”是其作为儒家知识分子所开展的一种文化救亡、文化自主运动，是面对来势汹汹的耶教所被迫进行的“兵来将挡，水来土掩”的自救活动，是面对西方宗教的入侵力图捍卫儒家正统地位的一种努力。与其说康有为是一位文化保守主义者，毋宁说他是一位文化激进主义者，他试图借助基督教立教、传教等形式实现儒学的宗教化转变，以达到“师夷长技以制夷”、以儒教对抗耶教之目的。

十六年的海外经历，使康有为深谙西方文明的优势与不足。在他看来，

① 王钧林：《儒学的传承与创新》，《孔子研究》2017年第1期。

西方文明并不可怕，除了先进的机械设备与科学技术之外再没有能够凌驾于中国之上的东西。西方的经济制度、政治体制催生的贫富分化是一切不平等的根源，康有为试图运用西方的科学和技术来补益儒学之不足，并深度发掘以儒家思想为特质的中华文明的内生性价值，以儒学为本位并从儒学内部开显出一条适合中国未来发展的道路。康有为始终坚持以"尊孔""尊儒""保国"与"保教"为宗旨，旨在保存以儒学为主体的中华民族精神的精髓，延续儒学最深沉的、最核心的价值。"事实上，孔教运动尊孔而不复古……孔教运动从始至终，一直是儒学的革新运动。"[①]康有为是要让儒教由原来知识分子的单一信仰一跃成为全民族的"普遍性价值"，旨在向世人昭示他是"尊孔""尊中"，而不是"保守"和"复古"。可以说，"大同之世"的理想社会是"以传统价值理念来锚定人类社会未来的发展方向，并融合西学，呈现了一个中国式的未来社会想象"[②]。康有为认为以他所建构的"大同之世"，再辅以"物质"的进步，中华民族的复兴指日可待。

第三，《大同书》超越本土化的世界意识为儒学的现代转型开辟了一个发展的方向。康有为立足儒学，博采中西、古今之精华，进行儒西合流的努力，开了"以儒化西"的先河。"中华民族长期被维系，一个非常重要的因素就在于以儒学为代表的中国文化"[③]，儒学不是一成不变的僵死教条，而必须随着时代的转换而转换，积极吸收最先进的文明成果返本以开新，并寻求自身的转型与发展。康有为"大同之世"的理论建构是以传统儒家的政治哲学为依傍并试图对其进行超越性的尝试。面对西方宗教——耶教凌厉的攻势，儒学不可避免地面临着时代的挑战，康有为"援西入儒"，致力于把"孔教"发展为"国教"的努力具有重要的现实价值。作为儒者的康有为，在《大同书》中所开显的"大同之世"的社会理想有着强烈的复兴儒学的志向，诚如牟宗三对康有为的评价："一个国家是须要有一个共同所信念之纲维以为立国之本。此意识他们是有的，此亦可说是一个识大体的意识。"[④]牟先生一方面对康有为的思想提出异议，另一方面又不得不承认他具有"一个识大体的意识"。作为20世纪中国政治思想史上重要的思想家，康有为从折中中西

① 颜炳罡：《孔教运动的由来及其评价》，《齐鲁学刊》2004年第6期。

② 马永康：《大同的"发明"——康有为〈礼运注〉析论》，《中国哲学史》2019年第4期。

③ 丁宁：《王学典对话，文明相处的最好方式》，《走向世界》2015年第30期。

④ 牟宗三：《生命的学问》，(台北)三民书局1970年版，第109页。

思想的视角推动儒学现代化，是具有重要意义的。因此，他是“从儒家新解中努力调融中西思潮的学者”①。

康有为的“大同之世”的理论建构源于西方资本主义社会的种种弊病及其对西方近代文明的无限“失望”，由此试图从儒家“大同”思想中汲取养分，并找寻救治中国的良方。这种对于儒家传统思想的坚守，势必把儒家思想摆在了无可比拟的优越位置上。在康有为看来，“大同之世”理想社会所涵具的道德价值早已雄踞世界文明之巅。

康有为进行的“大同之世”的理论建构尽管带有明显的空想社会主义色彩，但它却是连接空想社会主义与共产主义的桥梁和纽带，对中国两千多年“王者至尊”的封建宗法等级制度吹起了战斗号角，是对“天下为公，是谓大同”境界的无限向往，又是对“天予人权、平等独立”的社会政治信念的坚守。可以说，康有为处在“传统与现代”“君主与共和”“保皇与革命”之间，是那个时代通盘考虑国家民族危亡等重要问题并拿出整套建设方案的先进中国人，其在《大同书》中建构“大同之世”的努力客观上促进了儒学的现代转型。

① 黄俊杰：《从〈孟子微〉看康有为对中西思想的调融》，《近代中国经世思想研究会论文集》，（台北）“中央研究院”近代史研究所，1984 年，第 578 页。

《离骚》"惟草木之零落兮，恐美人之迟暮"臆解

——兼说"抚壮"

张　恒

摘要：对于《离骚》"惟草木之零落兮，恐美人之迟暮"一句中"美人"的解读，众说纷纭。从文本出发，我们认为"美人"当是屈原塑造的"高尚人格"的代称，在文中应具体指除屈原之外的贤才忠臣。而"草木"并非简单地用以表示时间的变化，与"美人"对言，代指像"美人"一样的贤才忠臣或暗喻"忠贞"。从前后语义分析，下句中"抚壮"当理解为"扶壮"，"壮"指屈原和"美人"这样的贤才忠臣。

关键词："美人"　"草木"　"抚壮"　忠贞　贤臣　《离骚》

《离骚》中语词多有歧义，尤其对"惟草木之零落兮，恐美人之迟暮""不抚壮而弃秽兮，何不改此度"两句众说纷纭，对"美人""抚壮"的解释更是莫衷一是。我们认为，要想较切实际地理解屈原的意图，就必须忠实于文本本身。为方便讨论，径将相关文句摘引如下：

> 汩余若将不及兮，恐年岁之不吾与。朝搴阰之木兰兮，夕揽洲之宿莽。日月忽其不淹兮，春与秋其代序。惟草木之零落兮，恐美人之迟暮。不抚壮而弃秽兮，何不改此度？乘骐骥以驰骋兮，来吾道夫先路。①

"汩余若将不及兮，恐年岁之不吾与。朝搴阰之木兰兮，夕揽洲之宿莽。"王逸注曰："言我念年命汩然流去，诚欲辅君，心中汲汲，常若不及。又恐年岁忽

张恒，山东大学尼山学堂2019级本科生，主要从事古文字与古文献研究。

① 洪兴祖撰：《楚辞补注》，中华书局2006年版，第6～7页。

过，不与我相待，而身老耄也。”[①]诚如是，故屈原“朝搴”“夕揽”，不敢荒废一息时间。而后王逸解释道：“木兰去皮不死，宿莽遇冬不枯，以喻谗人虽欲困己，己受天性，终不可变易也。”[②]王说自然可通，屈原以“木兰”“宿莽”自喻，以示忠贞坚定。我们认为还可以有另一种解读，“木兰”“宿莽”喻屈原所欲荐举的“贤才”。一方面，后文“余既滋兰之九畹兮，又树蕙之百亩。畦留夷与揭车兮，杂杜衡与芳芷”[③]正是屈原以“兰”“蕙”“留夷”“揭车”“杜衡”“芳芷”等喻“贤才”，表示自己种植众芳，培养、举荐贤才，而以“木兰”“宿莽”喻贤才，与此正同。正因为年岁不与吾，将不及，屈原担忧国家缺少忠贞贤才，趁己年华，选贤举能，以效君国。然上官大夫、靳尚等奸佞之人谮毁、倾轧贤才，故荐举之贤才需具备坚定忠贞之品性，以防奸诈。另一方面，引出后两句“日月忽其不淹兮，春与秋其代序。惟草木之零落兮，恐美人之迟暮”。这两句当是屈原对“木兰”“宿莽”一类贤才的哀叹，承接上句屈原自己举荐贤才而说。何以哀叹，日月更迭，春秋相代，尽管拥有“去皮不死”“遇冬不枯”的特性，然终将“迟暮”“零落”。

“草木”当偏指“兰”“蕙”“留夷”“揭车”“杜衡”“芳芷”“木兰”“宿莽”这类芳草佳木，与“美人”互言，都用以比喻除了屈原之外的贤才忠臣（“草木”或偏指芳草佳木，暗喻“美人”这类贤才忠臣的美好品质）。“日月忽其不淹兮，春与秋其代序。惟草木之零落兮，恐美人之迟暮。”王逸认为“美人”指“怀王也”。洪兴祖从之，并补充道：“屈原有以美人喻君者，‘恐美人之迟暮’是也；有喻善人者，‘满堂兮美人’是也；有自喻者，‘送美人兮南浦’是也。”[④]今人对“美人”的解读主要分为三类：一是代指君主（楚怀王或楚顷襄王），二是屈原自喻，三是比喻贤才（此又可以细分为臣、楚怀王和屈原、包含屈原的贤人志士三类）。[⑤] 不难看出，今人的理解大致同洪兴祖所论及补。将“美人”理解为“君”是可以的，但我们认为这种可能性很小（详下文）。另外，将“美人”作为屈原自称也是存在问题的。原因有二：其一，《离骚》中屈原言及自我时，多用“余”“吾”“朕”“予”等代词，“美人”指代屈原自我与全篇称呼体例不

① 洪兴祖撰：《楚辞补注》，第 6 页。

② 洪兴祖撰：《楚辞补注》，第 6 页。

③ 洪兴祖撰：《楚辞补注》，第 10 页。

④ 洪兴祖撰：《楚辞补注》，第 6 页。

⑤ 详参张紫琦：《〈离骚〉中“美人”一词含义考辩》，《职大学报》2021 年第 4 期。

符[①]；其二，从行文逻辑上讲，“汩余若将不及兮，恐年岁之不吾与。朝搴阰之木兰兮，夕揽洲之宿莽”两句已经言明屈原感叹自己年岁不与、将不及，故不必要再次强调。关于这两句，王逸总说：“人君服饰美好，故言美人也。言天时运转，春生秋杀，草木零落，岁复尽矣。而君不建立道德，举贤用能，则年老耄晚暮，而功不成，事不遂也。”[②]王逸这样是将“美人”看作后一句“不抚壮而弃秽兮，何不改此度”的主语，即认为“美人”是“楚怀王”，故五臣注就顺势将“抚壮”理解为趁着怀王壮年的时候。以此，“抚壮”正与“迟暮”相呼应，似乎文从字顺，自然无碍，洪兴祖从之，今人又多信从此说。可是仔细考究，按此理解，有些地方自相抵牾。

“荃不察余之中情兮，反信谗而齌怒”“怨灵修之浩荡兮，终不察夫民心”[③]两句话较为明确地以“荃”和“灵修”作为“君”的代称，全文很少指称君王，多直接省而不言。而这两句话也正因为屈原要直抒胸臆，表达对“君”的怨愤，故借“荃”“灵修”来指称君。“荃”“灵修”都是美好的事物，故以此来证明“美人”应该指称“君王”，似乎是有道理的。但若以此来说明“美人”应是君王的代称，其实是与全文一般以“美人”指代忠贞贤臣的情况相违背的。我们认为，这是屈原调和语言冲突的一种方式。虽然君王昏庸无能，任用奸佞，听信谗言，然屈原仍用“灵修浩荡”来表达，以“荃”来指称，这是避免臣对君的僭礼，有为君王避讳之意，是屈原有意调和语言冲突的艺术表现。另外，顷襄王恶贯满盈，昏庸无知，屈原绝不可能用“美人”代指他。“美人”也并非指楚怀王，楚怀王虽然早期进忠纳谏，联齐抗秦，但是后期他听信谗言，昏聩至极，放逐屈原，在屈原眼里楚怀王绝对称不上是明君。[④]

“哀高丘之无女”“相下女之可诒”“求宓妃之所在”“见有娀之佚女”“孰求美而释女”“聊浮游而求女”[⑤]等等都是以“美人”比喻贤臣的本证；“余既滋兰之九畹兮……哀众芳之芜秽”“户服艾以盈要兮，谓幽兰其不可佩”“苏粪壤以充帏兮，谓申椒其不芳”“兰芷变而不芳兮，荃蕙化而为茅”[⑥]等等，或以芳草佳木比喻贤臣忠贞，或以恶草杂秽比喻奸臣邪佞，亦即以“草木”比喻贤

① 参见洪兴祖撰：《楚辞补注》，第 11、12 页。

② 洪兴祖撰：《楚辞补注》，第 6 页。

③ 洪兴祖撰：《楚辞补注》，第 9、14 页；

④ 详参张紫琦：《〈离骚〉中“美人”一词含义考辩》，《职大学报》2021 年第 4 期。

⑤ 洪兴祖撰：《楚辞补注》，第 30、31、32、35、42 页。

⑥ 洪兴祖撰：《楚辞补注》，第 10～11、36、40 页。

臣的本证。以芳草佳木或美女来比喻贤良忠臣，全篇前后体例一致。前文“惟草木之零落兮，恐美人之迟暮”中“美人”“草木”总括用以比喻贤臣，后文又以各种具体的芳草佳木和宓妃佚女分说，以此比喻屈原所愿求荐之贤臣。如此，以“草木”“美人”比喻贤臣忠良，例证充足。另外，“惟草木之零落兮，恐美人之迟暮”与后文“哀众芳之芜秽”密切相关，“兰芷变而不芳兮，荃蕙化而为茅”又是另一种不受君主重用、深受奸佞谗毁的结果，这些都是君王“不抚壮而弃秽”导致的。因此，“迟暮”“零落”与“抚壮”正相扣合，以引出下面两句“不抚壮而弃秽兮，何不改此度？乘骐骥以驰骋兮，来吾道夫先路”，屈原至此谏君。

“不抚壮而弃秽兮，何不改此度？乘骐骥以驰骋兮，来吾道夫先路。”王逸注：“年德盛曰壮。弃，去也。秽，行之恶也，以喻谗邪。”五臣云：“抚，持也。言持盛壮之年，废弃道德，用谗邪之言，为秽恶之行。”洪兴祖补：“谓其君不肯当年德盛壮之时，弃远谗佞也。”①今人对此句理解众说纷纭，对“抚”义的训释是其症结所在。今按，五臣理解为“持”，洪兴祖进一步理解为“趁着”之类，都是随文释义，缺乏文献例证，或者辗转训诂，曲折取义，自不可取。我们认同“抚”作“扶”讲。周新曙论述已明，现具引如下：

> “抚”字原来是“扶”字的假借。在作为动词用时，“抚”“拊”“扶”互为通用。《诗经·小雅·蓼莪》中的“拊我畜我，长我育我”。这里的“拊”就是扶养的意思。《后汉书·梁竦传》“抚我畜我”。这里的“抚”也是扶养，与“拊”是同义的。《列女传·魏芒慈母传颂》：“芒卯之妻，五子后母，慈惠仁义，扶养假子。”这里的“扶”也与“抚”是一样用法。再从它们的读音来看，“拊”，朱熹注“音抚”。在中古，“抚”属于“敷”声母，“扶”属于“奉”声母。但上古没有轻唇音，它们都属于双唇音。并且在上古韵部中，它们同属于“鱼”部。可以肯定，它们的读音在上古是相同的。②

“抚壮”与“弃秽”对言，“壮”代指贤良忠臣，而“秽”代指奸佞小人。此句总言屈原劝谏君王亲贤远佞，不要使忠良贤臣“零落”“迟暮”“芜秽”或者“化而为茅，以致不芳”。另外，需要指明的是，此处的“壮”当包括“美人”“草木”和屈原这些贤才。

---

① 洪兴祖撰：《楚辞补注》，第 6、7 页。

② 周新曙：《〈离骚〉“抚壮”解》，《黄冈师专学报》1984 年第 2 期。

“乘骐骥以驰骋兮，来吾道夫先路。”王逸注曰：“骐骥，骏马也，以喻贤智。言乘骏马，一日可致千里。以言任贤智，则可成于治也。”[①]其说甚是，此言屈原期待谏君纳贤后而出现的好结果。承前文而言，文意密合无间。若按之前所论，将“不抚壮而弃秽”解为“君主不趁着年壮远离奸佞”，便是只强调了远佞，而没有提到任贤，于前后文意并不切合。这一点也正佐证“抚”当作“扶”讲。

故总言之，“汩余若将不及兮，恐年岁之不吾与。朝搴阰之木兰兮，夕揽洲之宿莽”是屈原自己感叹时间流逝，希望趁己年华正盛，选贤举能，以效君国；“日月忽其不淹兮，春与秋其代序。惟草木之零落兮，恐美人之迟暮”隐喻像屈原一样的贤良忠臣得不到君主重用而深受奸佞诋毁，以致老耄、被堕弃；“不抚壮而弃秽兮，何不改此度？乘骐骥以驰骋兮，来吾道夫先路”概述君主亲佞远贤，这也正是“美人迟暮”“草木零落”的直接原因。故屈原希望君主任用贤能，也透露出屈原自己希望受到重用、为王前驱的愿望。从句式文意考究，如此理解，“美人”“草木”“抚壮”，文从字顺，于文意甚是贴合。

① 洪兴祖撰：《楚辞补注》，第7页。